索引（CSSCI）来源集刊

语言学研究

Linguistic Research

第三十二辑

■北京大学外国语学院外国语言学及应用语言学研究所 编

中国教育出版传媒集团
高等教育出版社·北京

图书在版编目（CIP）数据

语言学研究. 第三十二辑 / 北京大学外国语学院外国语言学及应用语言学研究所编 . -- 北京：高等教育出版社，2023.3

ISBN 978-7-04-059625-0

I．①语… II．①北… III．①语言学－文集 IV.
①H0-53

中国版本图书馆 CIP 数据核字 (2023) 第007262号

策划编辑　常少华	责任编辑　秦彬彬	封面设计　赵　阳	版式设计　孙　伟
责任校对　艾　斌	责任印制　赵义民		

出版发行	高等教育出版社	网　　址	http://www.hep.edu.cn
社　　址	北京市西城区德外大街4号		http://www.hep.com.cn
邮政编码	100120	网上订购	http://www.hepmall.com.cn
印　　刷	北京中科印刷有限公司		http://www.hepmall.com
开　　本	787mm×1092mm 1/16		http://www.hepmall.cn
印　　张	15.75		
字　　数	300千字	版　　次	2023 年3月第1版
购书热线	010-58581118	印　　次	2023 年3月第1次印刷
咨询电话	400-810-0598	定　　价	42.00元

本书如有缺页、倒页、脱页等质量问题，请到所购图书销售部门联系调换
物 料 号　59625-00

《语言学研究》编委会名单

编委会主任： 胡壮麟

顾　　　问（以姓氏拼音为序）：
　　　　　　陈嘉厚　汪大年　王逢鑫　王文融　吴贻翼　祝畹瑾

编　　　委（以姓氏拼音为序）：
　　　　　　曹志耘　陈保亚　程晓堂　褚敏　段晴　高彦梅
　　　　　　郭锐　胡旭辉　刘丹青　刘利民　彭广陆　任一雄
　　　　　　申丹　苏金智　王东亮　王洪君　王厚峰　文秋芳
　　　　　　谢秩荣　杨德峰　张薇

主　　　编： 高一虹
副　主　编（以姓氏拼音为序）： 姜望琪　钱军　王辛夷　赵华敏
编辑部主任： 高彦梅

本辑执行主编： 高一虹　胡旭辉
本辑编务： 刘臣玮

主　　　办： 北京大学外国语学院外国语言学及应用语言学研究所
编辑部地址： 北京大学外国语学院新楼450
邮　　　编： 100871
电　　　话： 010-62752364
Email: ling_research@126.com

目 录

经典译文

书评

语言学沙龙

Contents

"语言景观的理论与实证研究"专栏

"语言景观的理论与实证研究"专栏主持人语

北京语言大学　卢德平*

❶ 两种指向

Landry 和 Bourhis（1997:25）提出了语言景观的经典定义："公共道路标识、广告牌、街道名称、地名、商店标识，以及政府建筑物附属公共标识上的语言，共同形成了某一特定领域、地区或城市群的语言景观"（汉译引自戈特，2020:14）。这一定义旨在从城市公共符号中的语言透视一定地理范围的社会语言学现实，"符号中的语言"成为此后语言景观研究的基本指向（Cenos & Gorter, 2006; Backhaus, 2007; Landry & Bourhis, 1997; Ben-Rafael et al., 2006; Shohamy & Gorter, 2009; Pan, 2009; Jaworski & Thurlow, 2010; Blommaert, 2013; Lou, 2016）。"透视"的社会语言学现实，既包括双语或多语的不平等关系，也包括语言权利的分布状况，以及由此形成的言语社区的范围和边界等。"符号中的语言"提供透视的依据，包括哪种语码出现，哪种未出现，多语码如何排列，视觉上何者显示度更高，以及这些指标如何与族群语言活力形成关系等方面。

但是，"透视"成立的前提是，一定区域的社会语言学现实和语言景观中的语言表征具有因果关系。也就是说，"符号中的语言"的生产者自愿充当表征语言地位、语言权利的角色（Landry & Bourhis, 1997; Cenos & Gorter, 2006）。"自上而下"的语言景观，其生产者是政府机构、学校、公共设施等，更重视语言权利问题，对各种语言变体的态度表现为或平等对待，或有主有次，有利于实现"符号中的语言"对于社会语言学现实及其建构结果的透视作用（Ben-Rafael et al., 2006; Ben-Rafael, 2009）。但"自下而上"的语言景观，其"符号中的语言"未必基于对所属言语社区

*　作者简介：卢德平，北京语言大学语言学系教授，博士。研究方向：语言符号学。
　　Email：dplu dplu@163.com。通信地址：100083 北京语言大学语言学系。

本文系北京市社科基金重大项目"北京城区符号生态体系研究"（项目编号：20ZDA22）的阶段性成果，同时获北京语言大学院级科研项目（中央高校基本科研业务费专项资金项目，项目编号：20YJ090003）资助。

语言权利的表达，而更多考虑接受者的需求。这种情况普遍出现在商业类语言景观之中。一定的双语或多语群体，往往抑制自己的语言而选择外群体的强势语言，以获取更高价值的市场资源（Huebner, 2006; Spolsky & Cooper, 1991）。这是"符号中的语言""透视"功能失灵的一面。

无论哪一种情况，"符号中的语言"透视社会语言学现实，都和城市社会形成的语言意识密切相关，"看到语言景观上的语言，接受者就对这种语言产生意识。随着时间的流逝，这种语言意识又影响到语言景观的生产者，等到表达机会，就会根据周围的状况做出语言选择（井上史雄，2011:77）"。在中国，"自上而下"的语言景观"透视"社会语言学现实的功能多转化为对社会规范的传达（卢德平、姚晓霞，2021），而"自下而上"的语言景观则表现为对城市空间的符号化转述。换言之，通过语言景观可以透视出，在多语社会，不同语言变体之间存在着地位、权利的竞争，而在单语社会，人们则通过对语言的艺术化加工，如字体、版面的艺术化，以及和其他模态符号的合作，来实现差异化的表达需要。

可以看出，Landry 和 Bourhis的定义是工具性的，它将城市符号中的语言视为对实际语言状况的投射，是洞悉一定地域语言现实的镜子，从而使语言景观拥有了关于社会语言学机制的诊断价值（Blommaert, 2016）。语言景观是认识的工具，而实际语言状态是认识的目标。一方面，这一基本取向构成了语言景观研究的"第一波"基本特征——"……以对特定区域具体化的'语言'进行共时、静态、计量的探讨为特点（Blommaert, 2016:1）"。另一方面，"第二波"语言景观研究以语言民族志为主要方法，体现出"将符号视为多模态交流实践的痕迹，而这样的交流实践嵌入在获得历史构型的社会政治结构场域之中"（Blommaert, 2016:2）的研究转向。

语言景观研究在语言指向和空间指向上的不同选择，分别构成了语言景观研究的第一波和第二波特征。"第一波"在研究方法上是定量的，而"第二波"更多是定性的。第一波和第二波的分歧，主要是围绕书面语言向语言景观转移而形成的不同认识。形成这种学术分化的根源固然是多方面的，但分歧的焦点在于，语言景观研究是以空间符号中的语言为对象，还是以空间中的符号为对象。前者蕴含着语言政策和语言规划所关注的语言地位问题，以及社会语言学所关注的语言权利问题，后者则侧重探讨语言和其他模态的符号一起表达城市的空间特性，表征城市的社会实践。

❷ 基本问题

问题在于，以文字方式出现在空间的语言是否属于城市空间的独立表征系统？独立指独立于自然语言，属于城市空间的专门表达方式。确实，Scollon 和 Scollon（2003）提出"地理符号学"（geosemiotics）以来，一些研究（Ben-Rafael, 2009; Blommaert, 2013; Jaworski & Thurlow, 2010; Stroud & Mpendukana, 2009），更多是将语言景观解释为一种独立的表达系统，使语言景观本身获得本体性学术地位，而非对于社会语言学现实的单纯佐证或映射。

语言景观研究需要解释以下两个基本问题：

第一，语言景观作为一种空间的语言存在（environmental print），语境发生了变化，不同于日常口语，也不同于书面语言。是否还能坚持语言景观依然预设着自然语言条件，并将语言景观视为社会语言学现实外化的结果？

Landry 和 Bourhis的研究显然坚持这样的观点。其成立的理由，主要是基于双语或多语的并存关系。虽然当时加拿大魁北克地区将空间语言和自然语言挂钩，诉求语言权利，证实了Landry 和 Bourhis的研究结论，但自然语言和空间语言两种语言的关系，是间接或隐性的，并不意味着两种方式之间必然存在显性的决定性关系。也就是说，任何一种语言方式，都具有直接的指涉功能。指涉的对象，在自然语言中是概念、事件、关系，而空间语言即语言景观，指涉的对象则是空间及城市社会活动。撇开语言的指涉功能，聚焦于自然语言和空间语言二者间可能存在的映射关系，是Landry 和 Bourhis开辟"语言指向"的基本出发点。

第二，与Landry 和 Bourhis从语言景观反推双语或多语能见度和显著性的做法相比，语言景观研究是否需要采取空间表征的思路？

在Landry 和 Bourhis（1997）的开创性研究之后，2006年发表于《多语主义国际期刊》（*International Journal of Multilingualism*）的四篇经典研究已经呈现出两种指向的分化。Gorter、Backhaus等的研究仍然在坚持Landry 和 Bourhis确立的研究传统，比如，Gorter（2006:2）认为，语言景观研究需要关注"语言以书写形式在公共场域的使用"。与此同时，社会学家Ben-Rafael等的研究则更多转向"再符号化"（Iedema, 2003）之后语言代码所归属的语言景观单位。Ben-Rafael等（2006:14, 27）将语言景观界定为"特定地域位于公共设施或私营企业内外的任何符号或告示"，并且认为，"语言景观分析有助于揭示人员、群体、协会、组织，以及政府机构处理复杂现实中符号游戏的不同方式"。

语言与空间的关系，成为语言景观研究面临的主要问题。为此，其他一些代表性学者也有类似的表述。Scollon 和 Scollon（2003:12）认为，"多元符号系统构成了我们所说的场所的意义，需要采取综合观"。Pennycook 和 Otsuji（2015:148）认为，"语言景观将我们带入了语言的空间性"。Shohamy 和 Gorter（2009:4, 1）认为，"语言景观是将公共空间设置为身份问题、民族语言政策、政治和社会冲突等时产生的语境"，语言景观关注的是"环境中的语言，以及公共空间中陈列或显露的语词、图像"，其原因在于，"语言不仅被人们说和听，而且被表现和陈列，或为了功能，或为了象征"，因此需要探索"场所和空间中的语言所传达的深层意义和信息"。

可以看出，这一思路是从对语言地位、权利、活力的关注转向对空间语境表达功能的研究。不可否认，语言景观"符号中的语言"，残留着日常口语、书面语言向空间语言转移的痕迹。在转移到语言景观之后，能指（文字形式）和所指（概念）的搭配关系依然在场。但这种转移，发生了符号功能的根本性变化，功能目标由人际关系（日常口语）、观念读解（书面语言）向空间表现（语言景观）发生转变。这种转移以语词迁移为主，同时存在语句或文本迁移。商业店铺名、路名、楼宇名、机构名等常见的语言景观以语词迁移为主，而广告类语言景观以语句或文本迁移为典型的迁移方式。这可以看作从语言学角度考察语言景观作为"符号中的语言"的出发点。

❸ 符号空间

研究语言景观和空间的关系，涉及四个维度：（1）空间话语和语言景观的代码构成；（2）语言景观的文本属性；（3）语言景观的生产者和接受者；（4）依托语言景观的社会空间生产。

就空间话语和语言景观代码的关系而言，可以看到，语言景观是城市空间话语的选择性代码。这里所说的"代码"并不局限于语言变体，而是指语言景观中的语言成分是城市空间话语的选择性浓缩。人们每天在谈论、生产着大量的社会话语，这些话语的表现形式包括日常口语、书面文献、网络信息等。这些属于城市"空间的表现"，而以此形成的语言景观则是社会话语的代码性体现，使空间成为"被表现的空间"，"不仅使空间被'读解'，而且使之被建构"（Lefebvre, 1991:7）。

值得注意的是，语言景观"符号中的语言"，在功能上实现了对社会话语的代码性过滤，和日常口语、书面文献、网络信息等在文字上重叠，但在语境的结合以及功能的表现上存在很大的差异。也就是说，"符号中的语言"，并非直接从空间派生而来，而是来自社会话语中关于空间的谈论，"并不直接适用于'对象'（空间），而是适用于谈论（空间）对象的话语"（Lefebvre, 1991:16）。因此，需要区分开一般社会话语、空间社会话语、空间"符号中的语言"三种表达方式。三者的关系有重叠也有区分。

就语言景观的文本属性而言，从社会话语的口语、书面语向语言景观"符号中的语言"迁移的过程中，不仅语境发生了变化，而且语言景观的文本书写，相对于现有的空间社会话语，构成了一种"断裂"性告别（Derrida, 1982），同时又开启了新的空间话语。如同日常对话中的插话显示了会话主体控制话语流的权势，从日常话语中"断裂"也显示了语言景观生产者的社会经济能力。缺乏公权力的机构不能在城市空间设置"自上而下"的语言景观，没有租赁或购买城市空间的经济能力，也无法设置"自下而上"的语言景观。

虽然存在着流动性较高的"以游行标语、车身广告、涂鸦、街头艺术、T恤衫、网络界面、语音广播等为代表的非典型语言景观"（尚国文、周先武，2020），但固定于一定空间的语言景观更为普遍。相对于空间的固定性使语言景观获得了语境条件，形成了语言景观"到位"（emplacement）的理由（Scollon & Scollon, 2003）。正是这种空间到位的语言景观，其书写的文本和城市日常空间话语，互为界限。相对于日常社会话语流，空间文本构成分界效果。

这种"界限"也是一种连接，但语言景观文本固定于空间中，连接的不是符号生产者和接受者，而是空间语境和接受者。日常话语发生在现实的生产者和接受者之间，完成即消失，遗留下来的是变化了的观念。"断裂"出来的语言景观，却使符号生产者隐身，同时对符号接受者形成全纳性包容。在时间轴线和空间轴线移动的接受者，构成了反复阅读特定语言景观的城市景象，同时彰显出文本的"可重复性"特点（Derrida, 1982:314-316）。同一个人的历时、重复性阅读，或不同的人在同一空间中接续、重复的阅读，都对语言景观文本的"可重复性"提供了注脚。

语言景观的这种阅读方式，使"符号中的语言"发生了变化：所指"概念"发生了"虚化"，同时新的空间意义实现了"充盈"（Barthes, 1972:123-124）。也就是说，语言符号的所指"概念"，不再是接受者关注的重点，而相关空间及活动，成为阅读的指向。空间关联意义的充盈，说明在语言符号的所指上，增加了概念之外的空间意义。可以看出，在书面语言转移到空间中的语言景观之后，语言的形式和内容都发生了变化。语言符号仅仅是资源，而实现其空间指向的功能，则是语言景观的特性。

关于语言景观生产者和接受者的关系，可以看出，语言景观中的语词主要由分类名词和修饰成分充当，其基本原因是，空间中的符号标记要保证接受者判断和行动的自主性。语言景观是由语词及其他模态符号组成的"符号集"(Langacker, 2013)，借助阅读的合作，它开辟了一条命题路径和语义序列。语言景观更多提供的是空间"关键词"，而在命题的构成上，它听命于接受者的言语行为。做出"直陈"（constative）类，还是"施行"（performative）类言语行为（Austin, 1962），是接受者在获得语言景观的提示之后独立实施的社会行为。

作为从自然语言向空间语言迁移的结果，语言景观摆脱了自然语言抽象能指（"音响-形象"，参见索绪尔，1980：101）和抽象所指（"概念"，同上）的结合方式，具体化为和特定空间语境的结合，从而恢复了符号的物质性。这说明，语言符号从能指、所指抽象的任意关系转变为对空间语境的"物质性"标引关系（Silverstein, 2003）。诉诸较高能见度的文字设计，依附具体空间，旨在借助符号手段提高语言景观的物质性。物质性和具体性不可分割。观看语言景观，产生具体的行为，从事空间实践，都是语言景观物质性标引关系的必然指向。

正如上文所言，语言景观之于空间生产的关系，与社会话语存在着内在的联系。在一定的语言景观产生之前和之后，谈论城市空间安排的社会话语发生了变化。"日常话语是用来区分，而非分离特定的空间，并且通常用于描述社会空间；对应于空间的特定用法，因而也对应于所表达和构建的社会实践"（Lefebvre, 1991: 16）。在特定的语言景观产生之前，空间话语更多是关于空间可能性的元话语，履行了区分和描述空间的功能。通过选择性代码将空间话语现实化为具体的语言景观，空间意义获得清晰。语言景观中止了此前的空间话语，但又开启了新的话语形态。新的社会话语不断赋予城市空间新的意义，而语言景观的实质是对这些历时分层意义的标识。从这一角度看，语言景观符号对于城市空间的标引具有分级特征（Silverstein, 2003），它能索引到空间实践的不同时期的不同意义。

❹ 专题研究

上述基本问题构成了本专题的研究线索。卢德平、姚晓霞关于北京市三里屯酒吧一条街语言景观的研究解释了空间话语和语言景观相互交织，构建城市"一条街"的符号学规律。文章揭示出，各家酒吧以符号手段，设计出风格迥异的语言景观，进行区别化的"自我呈现"，形成了"格式塔"一条街的多种声音（Ben-Rafael，2009）。分析发现，"自下而上"的语言景观对"自上而下"的语言景观进行了商业挪用，同时利用昼夜交替的规律消解了空间中多重声音的张力。这项研究指出，13家酒吧在语言景观中对于中文和英文的呈现，往往以英文为主，以中文为辅，突破了语言政策的语码规范。但国际化、对外开放的经济政策又为突破语言规范提供了合理化的依据。

孟凯的研究揭示了语言景观对音节数量的选择存在着规范性偏好，说明了即使在同一语言变体内部，在语音、词汇、句法等不同层面，仍然存在着大量可以表达社会意义的丰富符号资源。这一发现揭示了针对中国国情，需要采取不同于西方多语背景的研究思路。这给国际上依据移民和多语背景建立的语言景观研究框架，提供了有价值的补充。

刘鑫妍、赵守辉的研究聚焦语言景观的空间语境。研究揭示，仿古指向和当代生活指向的语言景观可以并存于同一空间，验证了"层级化共时压缩"理论（Blommaert，2005）的解释力。这项研究提出了，社会空间的构建具有历史维度。换言之，依据拟真、记忆、本真等隐性机制形成的空间表达方式，是城市历史文化的运行条件。

尚国文的研究侧重探讨城市表达的情感机制。本文的研究对象是中国特有的一种"自上而下"的语言景观。这类语言景观旨在规范公共空间中人与环境的关系，其语用效果是"劝导性"的，诉诸情感机制。公共空间中的行为规范，通常来自人与人之间的缄默规范，而行政管理部门将这种行为规范成条文、设置为城市空间的语言景观。这实际上是在实施一种隐性的制度表达。研究这类语言景观与"自下而上"的商业店铺类语言景观的关系，有助于揭示两类语言景观在表达上的张力，解释中国城市空间的生产和再生产规律。

陈默的研究采用实验方法，探讨城市语言景观与留学生城市认同之间的关系。这项研究引入了认知者角色，对于语言景观的接受问题，提出了量化的思路。本文认为，语言景观和城市认同之间存在着十分密切的关系。外国留学生受语言景观的影响，在城市空间中不断进行自我协商，动态构建着对于城市文化和语言的认同。

参考文献

❏ Austin, J. L. 1962. *How to Do Things with Words*. Oxford: Oxford University Press.

❏ Backhaus, P. 2007. *Linguistic Landscapes: A Comparative Study of Urban Multilingualism in Tokyo*. Clevedon: Multilingual Matters.

❏ Barthes, R. 1972. *Mythologies*. Trans. by Annette Lavers. New York: The Noonday Press.

❏ Ben-Rafael, E. 2009. A sociological approach to the study of linguistic landscapes. In E. Shohamy & D. Gorter (eds.), *Linguistic Landscape: Expanding the Scenery*. New York & London: Routledge. 40-54.

❏ Ben-Rafael, E., Shohamy, E., Amara, M.H., & Trumper-Hecht, N. 2006. Linguistic landscape as symbolic construction of the public space: The case of Israel. In D. Gorter (ed.), *Linguistic Landscape: A New Approach to Multilingualism*. Clevedon: Multilingual Matters. 7-30.

❏ Blommaert, J. 2005. *Discourse*. Cambridge: Cambridge University Press.

❏ Blommaert, J. 2013. *Ethnography, Superdiversity and Linguistic Landscapes*. Bristol: Multilingual Matters.

❏ Blommaert, J. 2016. *The Conservative Turn in Linguistic Landscape Studies*. Jan Blommaert's research blog. On 5 January 2016. http://alternative-democracy-research.org/2016/01/05/the-conservative-turn-in-linguistic-landscape-studies/ (2022-4-10).

❏ Cenos, J. & Gorter, D. 2006. Linguistic landscape and minority languages. In D. Gorter (ed.), *Linguistic Landscape: A New Approach to Multilingualism*. Clevedon: Multilingual Matters. 67-80.

❏ Gorter, D. (ed.), 2006. *Linguistic Landscape: A New Approach to Multilingualism*. Clevedon: Multilingual Matters.

❏ Derrida, J. 1982. *Margins of Philosophy*. Trans. by Alan Bass. Brighton: The Harvester Press.

❏ Huebner, T. 2006. Bangkok's linguistic landscapes: Environmental print, codemixing and language change. In D. Gorter (ed.), *Linguistic Landscape: A New Approach to Multilingualism*. Clevedon: Multilingual Matters. 31-51.

❏ Iedema, R. 2003. Multimodality, resemiotization: Extending the analysis of discourse as multi-semiotic practice. *Visual Communication* 1(1): 29-57.

❏ Jaworski, A. & Thurlow, C. 2010. Introducing semiotic landscapes. In A. Jaworski & C. Thurslow (eds.), *Semiotic Landscape: Language, Image, Space*. London: Continuum.

1-40.

❏ Landry, R., & Bourhis, R.Y. 1997. Linguistic landscape and ethnolinguistic vitality: An empirical study. *Journal of Language and Social Psychology* 16(1): 23-49.

❏ Langacker, R. 2013. *Essentials of Cognitive Grammar*. Oxford: Oxford University Press.

❏ Lefebvre, H. 1991. *The Production of Space*. Trans. by Donald Nicholson-Smith. Cambridge: Basil Blackwell.

❏ Lou, J. 2016. *The Linguistic Landscape of Chinatown: A Sociolinguistic Ethnography*. Bristol: Multilingual Matters.

❏ Pan, L. 2009. Dissecting multilingual Beijing: The space and scale of vernacular globalization. *Visual Communication* 9(1):67-90.

❏ Pennycook, A. & Otsuji, E. 2015. *Metrolingualism: Language in the City*. London & New York: Routledge

❏ Scollon, R. & Scollon, S. Wong. 2003. *Discourses in Place: Language in the Material World*. York & London: Routledge.

❏ Shohamy, E. & Gorter, D. 2009. *Linguistic Landscape: Expanding the Scenery*. London：Routledge.

❏ Silverstein, M. 2003. Indexical order and the dialectics of sociolinguistic life. *Language & Communication* 23:193-229.

❏ Spolsky, B. & Cooper, R. 1991. *The Language of Jerusalem*. Oxford: Clarendon.

❏ Stroud, C. & Mpendukana, S. 2009. Towards a material ethnography of linguistic landscape: Multilingualism, mobility and space in a South African township. *Journal of Sociolinguistics* 13(3): 363–386.

❏ 井上史雄，2011，経済言語学論考——言語・方言・敬語の値打ち。東京：明治書院。

❏ 戈特（Durk Gorter）（著），方小兵（译），张天伟（校），2020，西方语言景观研究学术简史。《语言战略研究》（4）：13-22。

❏ 卢德平、姚晓霞，2021，中国城市政治语言景观的符号学构成。《文化软实力研究》（1）：15-27。

❏ 尚国文、周先武，2020，非典型语言景观的类型、特征及研究视角。《语言战略研究》（4）：37-47。

❏ 索绪尔（Ferdinand de Saussure）（著），高名凯（译），1980，《普通语言学教程》。北京：商务印书馆。

（责任编辑：高一虹）

语言景观与空间的关系
——基于"三里屯酒吧一条街"的分析

北京语言大学　卢德平　姚晓霞*

[提　要]　对北京市"三里屯酒吧一条街"的调查发现,"自上而下"设立的街名、"自下而上"设立的酒吧名,以及店铺广告等语言景观,由具体的空间规定,体现出空间功能从不确定的可能性转变为确定的选择,反映了13家酒吧在这一转化过程中路径的差异。这一过程需要语言符号的介入。从13家酒吧的情况看,语言符号转变为语言景观,在能指上发生分化,在所指上延伸了意义。语言景观表征了"酒吧一条街"的空间意义,通过消费者、游客、市民的传播,形成了关于"三里屯酒吧一条街"的社会话语,在北京市的城市空间体系中实现了合理化。"三里屯酒吧一条街"语言景观构成了"语言意识形态"规范下的"空间神话",为解读北京城市空间的意义提供了线索。

[关键词]　语言景观;空间功能;能指;所指;空间神话

❶ 问题的提出

　　本文探讨语言景观和空间的关系,是为了回答这样的问题:语言景观是如何通过阅读和实践,帮助人们建构城市空间意义的?为此,空间和语言符号存在什么样的关系?进而言之,Barthes(1972)"当代神话"含义上的城市"空间神话"是如何形成的?城市"空间神话"是如何以"语言意识形态"(Silverstein, 1979)为基础的?本文所分析的北京"三里屯酒吧一条街"的语言景观及关联空间,可以说明我们这里提出的问题。

* 　作者简介:卢德平,北京语言大学语言学系教授,博士。研究方向:语言符号学。Email : dplu_dplu@163.com。通信地址:100083北京语言大学语言学系。姚晓霞,北京语言大学语言学系硕士研究生,研究方向:语言符号学、社会语言学。Email : yxx3050@163.com。通信地址:100083北京语言大学语言学系。

　　本文得到北京市社科基金重大项目"北京城区符号生态体系研究"(项目编号:20ZDA22)的经费支持。在写作过程中梁昱同学提出了一些有价值的观点,特此致谢。

Silverstein（1979:193）认为，"语言意识形态，是关于语言使用者所表达语言的信念，也即认为所感知的语言结构和用法是合理和正当的。"同理，将语言景观使用于城市空间，语言符号在所指上发生了从概念到空间功能的转化，在能指形式上产生了名词化偏向。城市语言景观对语言的这种使用方式，在社会上广为接受，其合理化和正当化成为市民的基本认识。

Barthes所说的"神话"是指，建立在语言基础上，依据能指和所指的双层嵌套关系形成的流行观念体系。当这种观念体系被广泛接受的时候，人们就从语言走向了"神话"。但"神话"依然不能脱离语言，而且是"偷窃的语言"（Barthes 1972:131-136）。"偷窃"二字表现为语言符号的字面意义阅后即弃，而其间接意义则获得不断的加工、延伸、扩容。同样，语言景观为"空间神话"的形成发挥了桥梁作用。"空间神话"正是经由语言景观的中介，"偷窃"了自然语言，在和空间功能的关联中，加工、延伸、扩充着语言的间接意义，在潜移默化中形成了"语言意识形态"。

值得注意的是，城市空间和语言发生联系，产生了语言景观，也正是由于空间语境规定了语言景观，语言才发生了变化。我们说空间语境规定了语言景观，一方面，脱离空间的条件谈不上语言景观，更无法分析其不同于书面语或口语的特征。另一方面，空间的潜在功能只有通过语言外显，才能获得言语共同体成员的辨识、记忆、实践、传播。通过语言符号外显空间功能，构成了语言景观成立的基本动机。

同时，语言以书写方式出现于空间，为一定空间贴上标签，使处于不确定状态、具有多种可能性、可选择的空间功能固定为特定的功能。为空间贴上语言标签，使空间不再在功能上沉默，通过和语言标签的联系获得了表达。标签是对多种潜在空间功能的限制性标记，标记出的功能反映了空间使用者的意向，也帮助空间使用者快速对应，实施适合空间语境的活动。语言景观与空间的这种标签关系，也是"空间神话"的基本策略。

围绕上述问题的研究，本文更多关注语言景观与空间联系中的意义问题，与"地理符号学"（Scollon & Scollon, 2003）和"语言民族志"（Landry & Bourhis, 1997；Blommaert, 2014；尚国文, 2018）在研究视角和方法上差别较大。"地理符号学"以社会行动为轴心，考察的是互动秩序、视觉符号、场所符号三种维度之间的关系，而"语言民族志"重在揭示社会空间中的历史秩序（层级），较少以意义问题为考察的对象。

本文提出的问题，既来自理论研究，也来自作者于2020年9月13日下午、2020年10月1日至4日、2020年12月4日下午，以及2021年2月对"三里屯酒吧一条街"进行四次实地调查的过程及资料分析结果。第一次调查地点包括"三里屯酒吧一条街"和太古里商圈，主要采用移动设备拍摄酒吧街及其周边的语言景观。第二次调查在夜间，我们前往"米兰酒吧·Milan Club·60Bar"与"伍肆民谣·54逗号·Adam's"，对酒吧店员进行访谈，了解其店铺的主要顾客，以及店铺的经营历史。第三次调查主要对酒吧街附近的使馆区进行调研，观察使馆区语言景观的特征，但因相关管制，未能进行拍摄。夜间，前往"安娜的精酿酒馆·Anna's Craft Beer·

No.40""Corona·32 Bar""Swing·58 Bar & Bistro の",对其店员进行访谈。后对"伍肆民谣·54逗号·Adam's"中的两名顾客进行访谈,向其展示酒吧店铺的语言景观,询问他们对语码的理解程度及对不同风格的偏好。第四次调查的主要目的是拍摄语言景观,更新以往的图像资料。

我们也注意到,郎朗(2018)、徐茗(2020)对"三里屯酒吧一条街"的研究有一定的贡献。郎朗(2018)搜集了关于"三里屯酒吧一条街"的网络游记406篇(2009年1月至2017年7月间),对这些网络游记进行了描述和分析,在某种意义上反映了本文所论及的社会话语的表现方式。徐茗(2020)通过对"三里屯酒吧一条街"辖区各街道、大使馆等场所语言景观的语码使用问题的调查,揭示了"大约每4个标志中就有3个出现了汉语以外的语言,外语在这条街占据了优势地位,该区域国际化程度高"(徐茗,2020:79)。这些初步发现与本文具有一致之处。但从研究角度以及所要回答的学术问题看,本文的研究在解释的指向上明显不同。

❷ 能指的分化

位于北京市朝阳区的"三里屯酒吧一条街"全长约280米,分布着13家酒吧,以及烟草店、便利店、画廊等4家店铺,距离三里屯外交公寓仅210米,距离摩洛哥大使馆仅470米。[①]这条街道嵌入更大范围的城市空间——朝阳区,北京所有的驻华使馆,绝大多数外国商业、新闻机构入驻该区。以"自上而下"(Ben-Rafael et al.,2006)方式设立的"三里屯酒吧一条街"语言景观标牌,不仅标记了地理位置这一直接意义,而且承载了这条街动态的间接意义。间接意义的动态过程又取决于13家酒吧"自下而上"(Ben-Rafael et al.,2006)的语言景观的贡献。间接意义来源于酒吧街文化。作为文化语境,空间通过其中的社会活动将这一文化赋予过程具体化。

"三里屯酒吧一条街"间接意义的主要特征是"全球化"。"三里屯酒吧一条街"产生了"全球化"的想象。不仅想象了"全球化"意义,而且管理、游览、消费等多种行动主体,在北京宏观的城市空间中共同建构出了"三里屯酒吧一条街""想象共同体"(Anderson,1991)。"想象共同体"里的过路客,不具有在这条街消费的体验,但依据自己直接或间接的经验,也产生类比,理解了空间共同体的意义。语言景观是"纽带",连接了"三里屯酒吧一条街"空间共同体的想象和实践。在实践上,语言景观连接了"三里屯酒吧一条街"空间内外两个侧面,即从外部的公共人行道连接酒吧内部的消费空间,引导着消费者的行动路线,助其寻找到适宜的消费场所。在语用上,语言景观既为"三里屯酒吧一条街"空间共同体想象提供了依据,又连接了内外空间;既是语言符号,有着自身的字面意义,又是空间的表征,承载着空间的功能,以及消费实践所产生的空间意义。

---

① 依据百度地图测量的数据。

不难看出，语言景观体现了语言符号和空间符号的统一，语言景观呈现的语言文字，体现了同一能指和两层所指的对应关系（索绪尔，1980）。同一能指是指语言景观和自然语言共享的语言形式，在这里主要表现为书写的文字，两层所指分别指概念和空间功能。前者与语言符号对应，后者与语言景观对应。能指需要分化，而所指处于叠加状态。所指的叠加，使语言符号在表象上形成向空间的移位，但实质上获得了"语言景观"的身份。这一身份的特殊性在于，通过对语言符号的阅读，从概念所指转移到空间所指，语言符号从抽象的语言范畴转向对具体空间功能的表征。

关于"三里屯酒吧一条街"，既可以提供语言学上的文化词汇意义分析，也可以做出语言景观视角的定位，还可以做出社会话语的解释。词汇意义的分析有助于透视从自然语言到语言景观变化的过程及其结果。语言景观视角的定位，指向了语言和具体空间的联系。社会话语的解释，则以前者为基础，传达其直接意义或间接意义。这三个层面说明，随着具体空间的关联，语言符号的能指发生了分化。"三里屯酒吧一条街"分化为语词意义的能指、空间功能的能指，以及城市语言意识形态的能指，但在形式上表现出重叠性的统一。

从文化词汇意义的角度看，北京"三里屯酒吧一条街"，位于北京朝阳区大使馆片区，旁边不仅有三里屯路作为方位标志，而且蕴含着"全球化"（旅居此地的外国人较多）这一城市区域特色。在专名"三里屯酒吧一条街"里，既有"酒吧"这一表达内部空间的分类通名，又有表达地理范围的地名"三里屯"，还有作为外部空间分类通名的"一条街"。值得指出的是，"一条"和"街"组合时，不是单纯限制名词"街"的数量词，而是蕴含着统一风格的间接意义。"一条街"的风格统一性不仅区别于异质性较高的普通商业街，而且承载着特色空间的意义。

从语言景观的角度看，"三里屯酒吧一条街"也以标牌方式设置于街道的入口处，其发出者是政府机构，符合Landry和Bourhis（1997）的语言景观定义，同时又体现出Ben-Rafael等（2006）阐述的"自上而下"特征。可以看出，与具体空间结合时，语言就走出了交际口语或印刷文本，构成了城市语言景观。语言景观以文化词汇意义为基础，但文化词汇意义来源于语言景观的应用过程。撇开语言景观的应用，就失去了文化意义，"三里屯酒吧一条街"就成了单纯的地名，只能保留其地理方位的直接意义。语言景观为行人浏览、消费者消费提供向导，而浏览和消费的行为又反过来为语言景观增添了经验意义。

从这一角度看，"三里屯酒吧一条街"语言景观连接了语言的直接意义和间接意义，同时为增加间接意义提供了符号资源。当然，符号资源的扩充，并非单纯通过增加语言景观的数量实现的。设立"三里屯酒吧一条街"语言景观标牌，仅仅是对能指的增量，其所指（即空间功能），既需要语言景观加以表征，也需要城市行动者对空间的参与。在时间轴线上，未来随着行动者的退场，通过"三里屯酒吧一条街"语言景观外化出的空间功能随之退隐，最终被人们认知的仅仅是语言符号的字面意义，而目前的"一条街"特征，以及"全球化"风格，将退居潜在的聚合状态。这说明了从语言到语言景观，再回归语言的基本逻辑。

"三里屯酒吧一条街"也出现了城市话语（郎朗，2018）。日常话语里出现的"三里屯酒吧一条街"既包括对地理方位这一直接意义的指涉，也包括对"全球化""酒吧一条街"等间接意义的表达。这种间接意义构成了城市话语的主要内容。围绕"三里屯酒吧一条街"间接意义形成的话语，通过传播，逐步形成了"三里屯酒吧一条街"的"空间神话"。

在城市话语基础上形成的城市"空间神话"表现出以下职能：

第一，它构成了城市人社会行动的坐标。城市的社会行动，发生在城市空间，而对空间资源意义的解读，为"空间神话"确立了心理基础。"想象共同体"的成立，正是基于心理共识和城市话语的传播。例如，语言学习是城市的一种常见的社会行动。在"三里屯酒吧一条街"，在汉语和国际通用语英语之间，在汉语和其他语种之间，必然产生语码转换现象，产生相应的语言活动。"三里屯酒吧一条街"提供了"双语"条件下的"低变体"语码转换平台。语言学习是"三里屯酒吧一条街"的消费动机之一。

第二，它是转化空间功能、传播空间经验的重要方式。关于"三里屯酒吧一条街"，市民的谈论，是传播其特定空间功能的一种方式。谈论是社会话语，也是元话语。谈论的对象不仅包括"三里屯酒吧一条街"整体，而且包括13家酒吧。谈论的题材是在"三里屯酒吧一条街"发生的故事。关于这条街的元话语，与这条街作为统一空间共同体的特征相一致，进入了市民的空间概念体系，构成"空间神话"。

从以上分析可以看出，语言景观"三里屯酒吧一条街"，由于所指的复杂性和多重性，其能指表现出多层次叠加的特点。就功能而言，能指分别表现为语言符号意义上的语词、空间功能的"标签"、空间管理的依据、空间共同体的身份标志、社会行动的向导等多种形式。但是，多重能指叠加并统一在语言景观的能指上，凸显其中一种能指，需要借助语言符号之外的其他模态的符号。

对于多重能指的辨识，不仅涉及个体之间的差异，而且和社会分工有关。语言符号意义上的语词、空间功能的"标签"，属于城市人需要从中分离并普遍掌握的基本语言景观能指，而作为空间管理的依据、空间共同体的身份标志、社会行动的向导，则离不开对"三里屯酒吧一条街"的参与性实践。市政管理人员、酒吧常客，则通过参与性实践，在基本能指的基础上，形成了其他辨识倾向。对于多重能指的辨识，涉及"语言景观能力"。这种能力是指依据"语言能力"，辨识出语言景观的空间表征功能，并做出相应行动的能力。"语言景观能力"要求，不仅要阅读出语言景观中语言符号的字面意义，而且要辨识出分化的能指，解读出相应的所指。

上文说明的是语言景观能指在共时层面发生的分化。调查还发现，"三里屯酒吧一条街"能指在历时层面也发生了分化。从历时变化上看，酒吧的门牌号码始终未变，而很多酒吧名称发生了变化。一些酒吧法人变更，店名变化，但仍然接续早年酒吧的语言景观。"三里屯酒吧一条街"持续稳定的空间功能支撑着这种继承关系。"在空间里，以前出现的东西继续支撑着此后出现的东西。社会空间的先决条件就是，在这一空间中，一些元素保存了持续的方式"（Lefebvre，1991：229）。语言景观和空间之间稳定的功能联系，决定了这样的变化，但这种变化仅仅是能指的历时变异，而非本质性分化。这说明改革开放以来，"三里屯酒吧一条街"保持了相对一致的空间共同体特征。

例如，2016年店名为"60 Bar"的酒吧，2019年更名为"米兰酒吧·Milan Club·60 Bar"。虽然酒吧法人进行了变更，但酒吧的空间属性并未改变。"60 Bar"和"米兰酒吧·Milan Club·60 Bar"两种语言景观符号，指称对象相同，但含义不同。"米兰酒吧·Milan Club·60 Bar"继承了"60 Bar"。门牌编号"60"被挪用为酒吧的语言景观，将市政管理空间转化为酒吧空间。"Bar"一词的沿袭，则使两个酒吧形成共时的叠加。

❸ 多重声音

能指的分化，除了受语言景观接受者的影响，也受制于语言景观生产者的意向。生产者的意向与语言景观意义的生成密切关联，是语言景观表征空间的前提。在空间存在众多功能的条件下，用语言景观表征其中一种功能，意味着空间功能从未确定的聚合状态向确定状态的转变。生产者意向，由此获得表达。

从"三里屯酒吧一条街"的情况看，既有13家酒吧"自我呈现"（Ben-Rafael，2009）式的风格化显示，又有对整体一条街的表达，相关的语言景观表现出多重声音的特点（Bakhtin，1984，1986）。多重声音是指一部分声音被另一部分声音覆盖，同时又指在"酒吧一条街"统一框架下表达的声音本身存在着异质性。语言景观能指的分化代表了多重声音，表明"三里屯酒吧一条街"空间意义的生产和再生产并非简单线性的，而是立体、接力、合奏的，酒吧、市政、消费者、游客都在参与"酒吧一条街"多重声音的表达和交流。可以看出，多重声音表达显示了"三里屯酒吧一条街""空间神话"的语言活力，而"酒吧一条街"的统一框架，则确立了"空间神话"的规范。

从调查的结果看，"三里屯酒吧一条街"多重声音的主体包括店铺经营者、酒吧消费者、街道治安管理机构、房地产管理部门等。"地平线·Skyline""米兰酒吧·Milan Club·60 Bar""Side by Side 56"等店名类语言景观，为空间的商业身份贴上了"标签"，酒吧经营者是表达的主体。在入口处设置的"三里屯酒吧一条街"铭牌类语言景观（见图1中位于"地平线·Skyline Club"酒吧名左侧的铜质牌匾），其表达主体是"三里屯酒吧街联合工会委员会"。店铺上的数字编号语言景观（见图2中的阿拉伯数字"54""56"等），其表达主体是房屋管理部门。各种广告类语言景观，其声音主体则是制造商（见图1中的"青岛啤酒"广告牌）。

图1　白天的三里屯酒吧一条街①

图2　夜晚的三里屯酒吧一条街

　　多重声音既来自不同酒吧，也来自同一酒吧。同一酒吧，通过中英语码并用，或以英文为主的表达方式，以多个语言景观传达着多重声音。同一家酒吧呈现出多个语言景观，说明多重声音需要获得表达。各类表达主体对应不同的语言景观，其表达意向不同，产生的语用效果也不同。不同的酒吧在表达多重声音的同时，以多

---

① 本文使用的图片是姚晓霞分别于2019年冬、2020年夏，以及2021年春调研时拍摄的。

模态手段维护着各自的统一。图1显示，不同的酒吧在底色上既相互区别，又是统一的，形成色彩意义上的符号单位。各家酒吧都有不同的底色，有的是玫瑰红，有的是绿色，有的是棕色，这一色彩区别特征在白天诉诸视觉，而在晚上，则和霓虹灯交相辉映，为酒吧流连者提供了色彩符号资源，使之易于区分，易于形成偏好，也易于形成对特定酒吧的消费认同。

图2则显示，即使昼夜交替，不同的酒吧仍然诉诸灯光、色彩等多模态手段，相互区别。所以说，多重声音的表达是在统一的框架下，由不同主体出自不同的意向实施的。体系化中的个体性，是多重声音的表达特点。"三里屯酒吧一条街"语言景观以语境框架映射了"空间神话"的观念统一性，以声音的异质性代表了北京市各类空间共同体的区隔。这也体现了"空间神话"和"语言意识形态"的结合关系。

"三里屯酒吧一条街"的多重声音有一个共同的特征，即全球化。语言景观对全球化的表达，以及对"全球化的地方性"（vernacular globalization）（Appadurai，1996）处理，主要是通过"代码优选"（Scollon & Scollon，2003）方式进行的，表现为对中英文语码的不同配置偏向。在13家酒吧中，有7家酒吧中英文并置，1家酒吧汉字和拼音并列，2家酒吧仅有中文，2家酒吧仅有英文，1家酒吧去除语言代码，仅用门牌号码作为店名。酒吧有中英文两个名称的，字面意思或等同，如"地平线·Skyline""米兰酒吧·Milan Club·60 Bar""简单日子·Easy Day Pub·No. 36""安娜の精酿酒馆·Anna's Craft Beer·No.40"，或接近但不等同，如"三里·Muse Club""月色酒吧·RedMoon Club"，或一个酒吧既有汉字，也有拼音，如"兰桂坊·LANGUIFANG"。

使用英语是为了方便外国人阅读，但这些英文单词的组合更多是对中文的字面翻译，显示了对全球化英语进行地方性改造的结果。从语言政策角度看，"三里屯酒吧一条街"语言景观虽然广泛使用英文，但统辖英文应用的并非英语自身的规范，而是以汉语为主的表达需要。对全球化英语的地方性改造说明，"三里屯酒吧一条街"语言景观显示出全球化特征，并非基于英语内在的标准，而是反映了中国"语言意识形态"的规范。由于规范中心的不同，对于全球化的地方性改造，其语言策略体现了"三里屯酒吧一条街""以我为主"的中心性。地方性主体的形成，说明了在全球化背景下，"三里屯酒吧一条街"的多重声音依然是在统一的地方性框架下表达的。

多重声音中的规范性，在"三里屯酒吧一条街"同时体现于权力在具体空间中的表达。围绕酒吧一条街空间，形成权力分配，在角色上包括城市管理机构、工商部门，以及店铺经营者等。这种权力不仅关联到整条街，而且涉及各家酒吧。其中，城市管理者的声音，分别通过店铺编号或工商登记加以表达。权力的表达往往是隐性的。将编号与酒吧名称组合，在隐匿声音主体的同时，凸显了管理权力，但各种权力声音之间存在着复杂的关系。例如，酒吧对于市政管理编号的挪用，就隐含着经营者和城市管理者之间的权力博弈。采取符号挪用的策略，中和了市政权力的介入，转化为对商业特色的消费记忆。挪用的策略包括显性标明（如"地平线·Skyline"酒吧在侧门标记出"三里屯酒吧街70号"）、隐性挪用（如"Swing·58 Bar

& Bistro""米兰酒吧·Milan Club·60 Bar""Side by Side 56""伍肆民谣·54逗号·Adam's")、遮蔽掩饰(如"月色酒吧·RedMoon Club""男孩女孩")等。可以看出,语言景观表征了空间权力的博弈。

❹ 空间与时间

上文讨论的是连接"三里屯酒吧一条街"空间内外的语言景观,它呈现于空间之外,但指称着空间之内。这些语言景观是连接空间内外的"纽带"。显而易见,进入一个特定的空间,在里面从事相应的活动,形成经验,离不开表示空间性质的语言景观。这些语言景观向外传达了生产者的多重声音。但另一方面,从接受者参与的角度看,经由外部语言景观的"纽带",才能连接到所选择的功能空间。语言景观一方面是空间内部功能的"标签",标记了空间经营者的服务意向,同时这种"标签"又是引导消费者辨识相应功能的符号线索。这是语言景观在空间实践上表现出来的语用效果。

就空间使用而言,其功能是潜在和多样的,而语言景观的"标签"作用,在外显空间功能的同时,也对内部空间的活动做出限定,划出了类型和范围。这一过程是协商性的,即生产者结合地理位置、接受者倾向等,对空间功能做出选择,并通过语言景观进行表达。语言景观对于空间语境的适宜性,是多元行动者协同的结果。虽然语言景观是从外部空间走进内部空间的语言向导,但实现由外向内的跨越,需要满足相应的社会经济条件。

酒吧内部涂鸦类语言景观(见图3),是在空间内部生产的语言产品,生产者是消费者而非经营者。并非每一家酒吧都能提供这样的语言服务,其外部语言景观是否有提示,取决于消费者的消费经验。问题主要在于,所有外部语言景观都在表达生产者的声音,接受者最多是在既定的语言景观基础上,通过阅读,进行语言的再生产。但接受者再生产的声音在空间中无记载,也无法与空间形成稳定的联系。在空间内外,都看不到接受者声音的留存。涂鸦是接受者的表达,使其得以留存自己的声音,其他消费者阅读时激活其意义,进而产生一种跨越时空的对话。"三里屯酒吧一条街"的一些酒吧留存了消费者的涂鸦,表现出多样性的特点,既表现出字体、语码的多样性,也表现为声音的多样性。这表明,在"三里屯酒吧一条街",无论空间内外,声音的主体都是多元的。

"三里屯酒吧一条街"的多重声音不仅体现在空间上,而且反映在时间上,时空形成叠加。作为城市夜生活集散地的酒吧,对空间构成了时间的节奏性叠加,空间共同体分化为昼夜两种时间共同体。消费者、市政管理、工商税收,甚至企业法人的声音,在昼夜两种时间共同体之间轮番出现。夜间共同体实现了向消费者声音的让渡。酒吧和全球化是夜间共同体的主要语义标志,而城市管理和日常生活则是昼间共同体的基本语义特征。

图3　酒吧内部的涂鸦

　　"三里屯酒吧一条街"仅仅是北京无数空间共同体的一种类型，但具有典型意义。其意义主要体现在，为城市提供了多样化的时空表达，反映出后现代的特征。

参考文献

❏ Anderson, B. 1991. *Imagined Community: Reflections on the Origin and Spread of Nationalism.* London & New York: Verso.

❏ Appadurai, A. 1996. *Modernity at Large.* Minneapolis: University of Minnesota Press.

❏ Bakhtin, M. M. 1984. *Problems of Dostoevsky's Poetics.* Trans. by Caryl Emerson. Minneapolis: University of Minnesota Press

❏ Bakhtin, M. M. 1986. *Speech Genres and Other Late Essays.* Trans. by Vern W. McGee. Austin: University Of Texas Press.

❏ Barthes, R. 1972. *Mythologies.* Trans. by Annette Lavers. New York: The Noonday Press.

❏ Ben-Rafael, E. 2009. A sociological approach to the study of linguistic landscapes. In E. Shohamy & D. Gorter (eds.), *Linguistic Landscape: Expanding the Scenery.* New York & London: Routledge. 40-54.

❏ Ben-Rafael, E., Shohamy, E., Amara，M. H. & Trumper-Hecht N. 2006. Linguistic landscape as symbolic construction of the public space: The case of Israel. In D. Gorter (ed.), *Linguistic Landscape: A New Approach to Multilingualism.* Clevedon: Multilingual Matters. 7-30.

❏ Blommaert, J. 2014. Infrastructures of superdiversity: Conviviality and language in an Antwerp neighborhood. *European Journal of Cultural Studies* 17(4):431-451.

❏ Landry, R. & Bourhis, R. 1997. Linguistic landscape and ethnolinguistic vitality: An empirical study. *Journal of Language and Social Psychology* 16(1): 23-49.

❏ Lefebvre, H. 1991. *The Production of Space.* Trans. by Donald Nicholson-Smith. Oxford: Basil Blackwell. Inc.

❏ Scollon, R. & Scollon, S.W. 2003. *Discourse in Place: Language in the Material World.* London: Routledge.

❏ Silverstein, M. 1979. Language structure and linguistic ideology. In P.R.Clyne, W. F. Hanks & C. L. Hofbauer (eds.), *The Elements: A Parasession on Linguistic Units and Levels.* Chicago: Chicago Linguistic Society. 193–247.

❏ 郎朗，2018，"地方"理论视角下的网络游记研究——以北京三里屯游记分析为例。《旅游学刊》（9）：49-57.

❏ 尚国文，2018，宏观社会语言学视域下的旅游语言景观研究。《浙江外国语学院学报》（3）：46-56。

❏ 索绪尔 (Ferdinand de Saussure)（著），高名凯（译），1980，《普通语言学教程》。北京：商务印书馆。

❏ 徐茗，2020，《北京市语言景观调查研究》。上海：上海三联书店。

Linguistic Landscape and Space:
An Analytic Exposition Based on Findings from Beijing Sanlitun Bar Street

Abstract: As investigation on Beijing Sanlitun Bar Street discloses that both the street name set up in a "top-down" mode, and bar names as well as commercial billboards designed in a "bottom up" manner, are regulated by specific spatial contexts. There is a preferential selection from multiple potential spatial functions, i.e., indeterminate multiple spatial functions being transformed into a determinate one by means of these linguistic landscapes. The 13 bars in this street have realized such functional potentiality with distinct paths. This transforming process requires engagement of linguistic signs. Linguistic signs, when transformed into a linguistic landscape, have diversified their signifiers, and expanded their scopes of meaning. Linguistic landscapes index spatial meanings of Beijing Sanlitun Bar Street, and contribute to social discourses about this street through the dissemination of consumers, passersby, and residents. Both the spatial meanings and social positioning of the street come to be rationalized within Beijing's metropolitan system of space. Linguistic landscapes of Sanlitun Bar Street contribute to Beijing's "space myth" governed by linguistic ideology, and provide clues for decoding meanings of the city's space.

Key words: linguistic landscape; spatial function; signifier; signified; space myth

（责任编辑：高一虹）

品牌景观的语言规则倾向
及其制约因素

北京语言大学　孟　凯[*]

[提　要]　本文以北京的中华老字号为研究对象，分析品牌景观体现出的语言规则倾向：语言形式主要是两到四音节的词或短语，命名凸显名词性，谓词性命名具有指称性与分类性，部分品牌景观是语言形式与图像标识的融合体。空间的底层制约和品牌景观符号投射的特殊性是上述倾向的两大制约因素。空间的底层制约表现为品牌景观分隔与连接的双重空间性，空间制约品牌景观的名称长度与呈现方式。品牌景观符号投射的制约表现为品牌景观，视觉效应显著，其静态性和稳固性可以增强品牌符号的公众信任感，品牌景观集聚效应明显，品牌景观有传递品牌内涵与文化的象征功能。

[关键词]　语言景观；品牌景观；语言规则；空间制约；符号投射

❶ 引言

　　语言景观（linguistic landscape）在人类社会中几乎无处不在。Landry 和 Bourhis（1997：25）将语言景观界定为"公共道路标识、广告牌、街道名称、地名、商店标识，以及政府建筑物附属公共标识上的语言，共同形成了某一特定领域、地区或城市群的语言景观"（汉译引自戈特，2020：14）。随着新世纪科技大发展和新事物的涌现，这个定义无法将由电子信息媒介（如触摸屏、滚动横幅等）和移动性的（如车身广告、游行标语、行人服饰上的语言等）、消耗性的（如票券、包装等）非典型语言景观容纳进来，因此，目前多使用多语言城市景观（multilingual cityscape）这一术语。本文研究的是传统的、固定的语言景观，因此仍沿用语言

---

*　作者简介：孟凯，北京语言大学汉语国际教育研究院研究员、博士生导师。研究方向：汉语词汇学、词汇-语法接口研究、国际中文教育。Email：mk0451@sina.com。通信地址：100083北京语言大学综合楼1123。

　　本研究得到教育部人文社科规划基金项目"韵律-结构-语义界面的汉语词法研究"（项目编号：20YJA740032）和北京语言大学梧桐创新平台项目（中央高校基本科研业务费专项资金项目，项目编号：20PT01）的经费支持。卢德平教授和刘鑫妍同学提出了中肯的修改建议，谨致谢忱。

景观。

语言景观中非常重要的一类是品牌景观（brand landscape），主要指上述定义中的商店标识，往往以匾额的形式出现。可以说，只要有公开的经济行为发生的社会空间，就会存在品牌景观。品牌景观能够体现商业社会中语言景观的特点，因此，本文以品牌景观为切入点，选取其中颇具代表性的中华老字号（China Time-honored Brand）为研究对象，分析品牌景观的语言规则倾向，并从品牌景观与空间的关系、品牌景观符号投射的特殊性两个维度来探讨其对上述倾向的制约。

为了使所讨论的品牌更集中，更具公众熟知度，本文以北京的中华老字号为研究对象。中华老字号是由中华人民共和国商务部认定的"历史悠久，拥有世代传承的产品、技艺或服务，具有鲜明的中华民族传统文化背景和深厚的文化底蕴，取得社会广泛认同，形成良好信誉的品牌"（中华人民共和国商务部，2006）。北京的中华老字号有两批，共79个（以商标为准），有些主要以商品形式流通于社会，其品牌呈现以商标为主，一般不单独以店面景观出现（可能会在商超内出现），如"王致和""金狮"（酱油）、"浦五房"。以单独的店面形式出现的中华老字号品牌景观依然是主流，如"全聚德""吴裕泰""都一处"等。这些店面品牌景观是本文的研究对象。

❷ 品牌景观的语言规则倾向

品牌景观音节有限是一目了然的事实。除此之外，品牌景观对语言规则的应用与体现也表现出了一定的倾向性。

第一，品牌景观的语言形式主要是词或短语，通常不会到句子层面。品牌的传播性要求其形式不能过长，因而，品牌景观多是两到四音节的专有名词，尤以三音节居多。品牌作为事物指称的属性决定了其音节长度为两到四音节，这也是符合现代汉语名词的音长规律的（刘丹青，1996）。而作为品牌景观，三音节不像双音节那样稍显稀疏①，也不像四音节略显冗长，还能将中华老字号的历史文化传承性更好地保留在品牌中，如"××斋""××居""××阁"。因此，三音节成为北京的中华老字号品牌景观中最常见的语言形式。

第二，品牌景观的语言形式凸显名词性。除去地名"XDSC"（西单商场）、"东安""峨嵋"（酒家）、"牛栏山"，人名"王致和""吴裕泰"和几个谓词性品牌"大明""东来顺""内联升""全聚德""四联""义利""又一顺"，北京的中华老字号中有名词性品牌60多个，表现出明显的名词性倾向。名词性品牌主要是定中式，其功能或目的在于对事物进行指称和命名。这是名词性结构的本质属性，将其用作品牌形式更易识别与记忆。同时，定中结构的品牌命名方式也是对事物进行次分类，将此事物与他事物区分开来的标记。

---

① 有些双音节品牌景观（如"大明"）要通过加大字号、粗化或变换字体等方式避免疏阔，以扩大或彰显品牌的视觉效果。

更具体地看，名词性品牌体现出以下命名特点：

（1）多数品牌以处所作为中心成分，这一命名特点正是品牌景观作为商业空间的一种表征。如"××斋"（"月盛斋""桂馨斋""正隆斋""大顺斋""全素斋""步瀛斋""荣宝斋"）、"××居"（"柳泉居""六必居""砂锅居""天兴居""同和居"）、"××园"（"丰泽园""同春园"）、"××村"（"稻香村""桂香村"）、"××轩"（"戴月轩""来今雨轩"），以及"便宜坊""鸿宾楼""都一处""浦五房""听鹂馆""同仁堂""一得阁""玉华台""白塔寺药店"。品牌景观所择取的处所成分是多样的，体现出细分行业的趋同性（例如，"斋"主要是食品品牌，"居"兼顾餐馆与酱菜），以及品牌之间的区分度（如鞋业品牌中，有以处所为中心成分的"步瀛斋"，也有"内联升""同升和"）。这种品牌命名方式亦是历史文化传承的标志，毕竟很多处所成分（例如"斋""居"）在当代汉语的品牌命名中已不多见，其文言性正是历史感与文化感的体现。

（2）"产品＋姓氏"是品牌的另一命名特点，如"馄饨侯""烤肉宛""烤肉季"。命名凸显产品，可以增强品牌的透明度和吸引力；凸显姓氏，则能强化区别性和传播性。"产品＋姓氏"最初可能只是为了同行业区分，流传下来的则多是行业认可度高、历史传承久远、公众知晓性强的品牌。

第三，谓词性品牌的实质也是指称性、分类性的（董秀芳，2014），如"大明""内联升""东来顺""全聚德""又一顺""义利""四联"是与其他眼镜业、鞋业、餐饮业等名词性品牌相区分的品牌类指称。这些品牌的结构形式是谓词性的，可能与品牌的表意目标有关，毕竟谓词性更能体现功用或认知愿景，是最理想的形式选择（Pustejovsky，1995；孟凯，2018，2020），如"大明"强调眼镜使视力"明"的功能，"内联升"寓意穿上此鞋，官运亨通，连升三级，"全聚德"体现了创始人杨全仁对聚拢德行的希冀。不过，谓词性结构只是表层形式的语法性质，品牌的底层功能依然是对事物的命名、指称与次分类。谓词性品牌其实与名词性品牌本质无异，表层形式关系的差异只体现了品牌命名时的选择取向或视角的不同，并不影响品牌的基本功能。

第四，有些品牌景观是语言形式与图像标识的融合体。品牌景观不只是语言景观，也是以语言形式为主要呈现载体的经济实体，其根本属性仍是追求经济效益和社会美誉度。品牌景观整体的造型、纹饰等也是影响品牌社会效应的重要因素。也就是说，品牌景观之于受众的影响未必完全来自语言层面，而是包括语言形式在内的品牌景观整体的作用和效应。品牌的语言形式肯定是最重要、最直接、最明确的，毕竟受众最先记住且记忆最持久、最便于提及的一定是品牌的名字，而非品牌的字体、配色、纹饰等，名字的主要功能在于辅助受众对相似或相关品牌进行区分。那么，品牌景观语言形式的呈现方式在不违反语言规则的前提下，要为达成经济效益和社会美誉度的目的而服务，将具有视觉识别性的图像标识与语言形式共同呈现出来，其实是一种品牌价值传承与营销功能相结合的选择，具有传递品牌文化内涵、强化品牌区别性、普及并提高品牌公众知晓度的作用（见图1）。

图1 与图像标识共现的北京中华老字号品牌景观图[①]

品牌景观选择了最利于展现其品牌内涵、历史传承、传播效应与社会认知度的语言形式，最大化地体现了品牌的独特性和导向性。制约品牌景观语言规则倾向的因素多种多样，本文择其要者，从空间的底层制约性和品牌景观的符号本质两个维度来加以分析。

❸ 空间的底层制约

景观一定会出现于空间之中，占有一定的空间。因此，景观与空间天然联结在一起，空间对品牌景观的制约是底层的天然制约。在讨论空间制约之前，我们先分析一下品牌景观在空间中的地位与特性。

3.1 品牌景观的双重空间性

在各种语言景观[②]中，品牌景观的呈现方式稳定而趋同，即一般以包含有限的语言形式的匾额方式出现。作为体现空间功能的承载物，品牌景观表现出双重空间性：

一方面，品牌景观可以被视为特定空间与非特定空间的界标，是一种体现意义、价值与特殊性的空间分隔符号。物理空间本是连续且无限延展的，在被人为分隔后，人的目的性给空间赋义、赋能，空间的性质和功能也随之发生变化，形成某些空间的特定化和固化。空间之间的界标不再只体现为物质间隔物（如墙壁、隔挡），而是具有了标示空间性质与功能的作用。尤其在商业社会中，明晰而有效地标识出特定空间非常必要且重要。当然，空间标识不一定采用语言景观的方式，如医疗机构的红十字、理发店的红、白、蓝三色转灯、弄堂里悬挂的衣物、私人空间拉上的窗帘等非语言景观也可以将特定空间标识出来。不过，应用最广泛、功能最集中、可区分不同空间的标识依然是语言景观。以匾额方式呈现的品牌景观仍是现代经济社会的主流语言景观，发挥着分隔与标示空间的重要社会功用。

另一方面，品牌景观又可以被视为特定空间和非特定空间的连接符号，令特定

---

① 图1为笔者所拍。
② 其他语言景观主要包括：1）宣传类，如品牌宣传语（"肌肤发光的秘密"）、招商宣传语（"虚位以待"）、功能性宣传语（"讲文明 树新风 弘扬社会主义核心价值观"）、软性宣传语（"测一测您对这种'病毒'的免疫力"等；2）劝诫类，如"防火卷帘门下严禁堆放物品"。此类景观是国家语言政策导向的呈现介质和途径，是权力和权威的现代性表征（Lanza & Woldemariam, 2014），在我国语言景观中长期占有重要地位；3）告知类，即 Landry and Bourhis（1997）界定中的公共道路标识、街道名称、政府建筑物附属公共标识上的语言等，如"学院路15号""出口 EXIT"等。

空间的参与者拥有认同感与一体性，对非特定空间的公众则是一种召唤和邀约。在经济社会中，空间切割的根本目的并不是分隔，而是凸显，凸显此空间与彼空间的差异，凸显特定空间的独特性与区别性。商业社会的空间切割则在凸显功能的基础上，进一步实现特定空间的内部一致与对外部非特定空间公众的引导。将两个空间链接为连续空间而非隔绝空间的就是品牌景观，它传递的是显著的标识意义和潜在的品牌价值。如果外部空间的公众被唤起了品牌意义，认同并接受品牌景观的邀请和招引，愿意跨越品牌景观从外部空间进入由品牌景观所限定的内部空间，那么，品牌景观就完成了一次商业操作，使进入特定空间的参与者与品牌空间融为一体，参与者之间也因品牌空间的一体化而形成由品牌联结起来的身份认同感。

可见，品牌景观既打破了空间连续性，又承接了空间连续性，在双重空间性中完成着品牌的使命——让人通行于由品牌景观分隔并连接的空间。这体现的正是"空间是可塑的、灵活的，即空间中的人在他们占用的空间内创造着新的社会实践"（Peck & Banda，2014：302）。也如卢德平、姚晓霞（2022）所言，"进入一个特定的空间，在里面从事相应的社会活动，形成经验，离不开表示空间性质的语言景观"。这种"断""连"相倚、以沟通人的行为活动为目标的空间属性，也在制约着品牌景观语言表达的可能性，尤其体现在对语言形式的长度和复杂度的制约上。

3.2 空间制约品牌景观的名称长度与呈现方式

与其他语言景观受制于景观空间一样，品牌景观受到空间的制约更甚，因为品牌是一种记忆单位，是"最小记忆包"（华杉、华楠，2019：16），其易识性、易记性、易传性要求品牌名称不能过长，音节首先受到了限制。所以，北京的中华老字号以三音节为主，最长的五音节"白塔寺药店""中国照相馆"，也是将类属"药店""馆"纳入了品牌之中。四、五音节的品牌很少，也是受制于空间长度和品牌特点的证明。

空间对品牌景观的制约还体现在呈现方式上。品牌景观是一种"可见的书写语言的呈现"（Gorter，2013：190），不过，有些品牌景观并非仅以书写语言的方式呈现，还会以图像作为标识，因为图像可以打破语言的一维线性表达模式，在形式美学的调控下，充分利用二维性、平衡性和对称性来体现空间的特点和中华美学的内涵（见图1中的品牌图像标识）。一般来看，图像难以将所有汉字都囊括进去，只能择取品牌中最有代表性或品牌最希望凸显的元素设计进标识里。图像标识是超越语言形式的一种模态，可以将语言之形内隐于非语言的图像来表达意义，算是对语言的一种规约化、简括化与意象化的表达方式。其缺陷是难以完整、精准地表达品牌的含义。作为语言景观的品牌，往往是重要的商店标识，这一属性决定其呈现方式几乎不可能只选择图1中的标识这样的二维图像，而多以一维线性方式呈现。而且，呈现品牌的匾额通常置于店面正上方，横向呈现是一种天然选择。可以说，横向、一维、居于景观正上方等空间要求几乎限定了中华老字号这些品牌景观的呈现常态（见图2）。^①当然，横向、一维、居于景观正上方、将语言形式（汉字）与图像标识结合起来的品牌景观（见图1），使得一维空间在水平向度上有所扩展，体现出品牌呈现的简括性（只有语言形式）有时需让步于信息的丰富性（语言形式+图像标识）。

图2　品牌景观图

❹ 符号投射的制约

除了来自景观空间的底层制约，作为符号的品牌景观，本质上是品牌在公众认知域内的实体投射（entity projection），是承载着品牌经营理念、历史文化、时代特征与凸显特点的传承性高、辨识度强的符号。品牌符号一旦生成，就会以各种方式在公共领域展现，如印制于产品、衍生品、工作人员的饰物上，投放多媒体广告等。若品牌拥有独立的实体商业空间，以景观方式展示品牌符号应该是最常见、醒目、稳定的公共呈现方式。品牌景观、产品、服饰等品牌符号呈现方式需依托物质实体，因而都属于品牌符号的实体投射。相比其他实体投射，品牌景观有其特殊之处：

首先，品牌景观体量大，直观凸显，视觉效应显著。品牌景观多是商业店面，比产品、员工饰物等载体要大得多。而且，作为分隔与连接空间的载体，品牌景观主要以扁平的方式来体现品牌符号，虽不及产品、饰物等立体、灵活，但品牌景观的扁平、大体量方式拉大了品牌符号的呈现幅度，感官效应是小体量载体无法比拟的。作为特定商业空间的标识，品牌景观也会在公众视觉和认知上形成固定、持久的区别性和辨识度。当然，体量大与信息呈现量并非正相关，相反，简洁、大方、明快、与品牌一致度高的品牌景观传播效果会更好，也符合公众快速识别与记忆的规律。因而，大体量的品牌景观依然选择了精简的三、四音节词或短语形式，作为主流、常见的品牌呈现方式。

---

① 政府、机构建筑物的附属公共标识语言也主要采用匾额方式，不过通常以纵向、一维、居于景观右方的形态呈现，这一点与品牌景观不同。此外，政府、机构类语言景观的语言形式因名称不同而音节数量差异较大，这一点也与品牌景观有异。

其次，品牌景观的静态性和稳固性可以增强品牌符号的公众信任度。产品、员工饰物等载体大多具有体积小、动态性、易损耗的特点，不易形成持久、稳定的符号化公众心理认知。相比之下，作为固定空间实体的品牌景观，其稳定性和可靠性就特别凸显。这一特性映射到公众心理上，就是品牌符号公众认知性的强化和信任度的提升，进而可以提高品牌对公众的召唤、邀请和吸引。这正是品牌景观信息功能的体现，通过稳定呈现将品牌承载的各类信息（如类属、档位、历史文化等）传递并固化在公众认知里。

再次，品牌景观集聚效应（combined effect）明显。由品牌景观所统辖的特定空间及其内部构成（包括空间实体、装潢、产品、员工饰物等所有静态或动态的构成要素）对品牌的集中呈现和展示，共同构成了品牌符号的集聚效应。品牌景观可以将各种品牌载体长期、持久、稳定地进行展示，无形中强化了品牌符号的影响力、渗透力和辐射力。发挥集聚效应的品牌景观只需将最简括的语言形式呈现出来，品牌丰富的细节可以由其他载体来补充和体现。

最后，品牌景观负有传递品牌内涵与文化的象征功能。品牌景观的象征功能就是要超越自身的指称性命名或图像性标识，让公众感知并记忆品牌独有的内涵、特质、文化及社会属性。象征功能传递的是一种隐性信息，较少出现于包括品牌景观在内的显性呈现方式上[①]，可视为品牌景观对品牌建设与传播具有强化作用的软性参与。品牌是一种"超级符号"，就好像传输文件时的压缩包，我们把丰富的信息压缩在里面，传递出去，收到的人再把它解开，还原里面的巨大信息量和情感能量（华杉、华楠，2019：15-18）。品牌景观即以大体量、大形制、短小精悍的语言形式和整体呈现，肩负着把压缩了巨大信息和情感能量的品牌符号持续传递出去的职责。

综上，作为品牌符号的实体投射，品牌景观在品牌易识性、易记性、易传性传播链条中制约着其语言形式的长度、复杂性、指称与陈述表达的选择倾向。

❺ 结语

本研究聚焦北京的中华老字号品牌景观，从分析其语言规则倾向入手，着重从空间和符号两个维度来探析二者对前述倾向的制约。空间具有底层制约效力，品牌景观体现分隔与连接的双重空间性；同时，品牌景观作为品牌符号在公众认知域的大型实体投射，来自符号特性的制约也具有某种程度的强制性。空间与符号的制约在品牌景观语言形式呈现的多个方面都有所体现。

语言景观的研究兴趣一直集中于从生态学、人类学、考古学、心理学、哲学、认知地理学等学科角度讨论人类对景观的理解（Burenhult & Levinson, 2008），比较纯粹地从语言学角度深入、细致地探究语言景观应用语言规则的特点与规律，并探

---

① 有些商家在店内墙壁、菜谱、餐具等器物上写出品牌的来源、历史掌故、传闻逸事等，以显性方式来传递品牌的文化内涵。

寻其影响因素的研究不是很多（参看 Scollon & Scollon, 2003；Burenhult & Levinson, 2008；Leeman & Modan, 2009；刘鑫妍、赵守辉，2022）。本文聚焦语言景观中十分常见的品牌景观，对其语言规则倾向及其制约因素进行分析，是在语言层面分析景观表达方式的精微视角研究，也是语言景观研究趋于精细化、精深化的一个方向。

参考文献

❏ Burenhult, N. & Levinson, S. C. 2008. Language and landscape: A cross-linguistic perspective. *Language Sciences* 2-3: 135-150.

❏ Gorter, D. 2013. Linguistic landscapes in a multilingual world. *Annual Review of Applied Linguistics* 33: 190-212.

❏ Landry, R. & Bourhis, R. Y. 1997. Linguistic landscape and ethnolinguistic vitality: An empirical study. *Journal of Language and Sociology Psychology* 1: 23-49.

❏ Lanza, E. & Woldemariam, H. 2014. Indexing modernity: English and branding in the linguistic landscape of Addis Ababa. *International Journal of Bilingualism* 5: 491-506.

❏ Leeman, J. & Modan, G. 2009. Commodified language in Chinatown: A contextualized approach to linguistic landscape. *Journal of Sociolinguistics* 3: 332-362.

❏ Peck, A. & Banda, F. 2014. Observatory's linguistic landscape: Semiotic appropriation and the reinvention of space. *Social Semiotics* 3: 302-323.

❏ Pustejovsky, J. 1995. *The Generative Lexicon*. Cambridge: MIT Press.

❏ Scollon, R. & Scollon, S. W. 2003. *Discourses in Place: Language in the Material World*. London: Routledge.

❏ 董秀芳，2014，2 + 1式三音复合词构成中的一些问题。《汉语学习》（6）：3-10。

❏ 戈特（Durk Gorter）（著），方小兵（译），张天伟（校），2020，西方语言景观研究学术简史。《语言战略研究》（4）：13-22。

❏ 华杉、华楠，2019，《超级符号就是超级创意：席卷中国市场17年的华与华战略营销创意方法（第三版）》。南京：江苏凤凰文艺出版社。

❏ 刘丹青，1996，词类和词长的相关性——汉语语法的"语音平面"丛论之二。《南京师大学报（社会科学版）》（2）：112-119。

❏ 刘鑫妍、赵守辉，2022，语言景观的语境构成。《语言学研究》（32）：32-40。

❏ 卢德平、姚晓霞，2022，语言景观与城市空间的关系。《语言学研究》（32）：11-22。

❏ 孟凯，2018，复合词内部的成分形类、韵律、语义的匹配规则及其理据。《语言教学与研究》（3）：93-103。

❏ 孟凯，2020，复合词内部功用义实现方式的语义解释与选择规则。《语言教学与研究》（6）：83-93。

❏ 中华人民共和国商务部，2006，《"中华老字号"认定规范（试行）》。http://ltfzs. mofcom.gov.cn/article/aw/201209/20120908348719.shtml (2022-4-10)。

Linguistic Patterns of Brand Landscape and Their Constraints

Abstract: Based on analysis of China Time-honored Brands in Beijing, this paper identifies the following prominent linguistic patterns of brand landscape: 1) 2–4 syllabic words or phrases; 2) nominal naming; 3) designative and classificatory features of predicate naming; 4) combination of linguistic and imagery signs. Two constraints on these patterns are identified, namely, the underlying spatial constraint and the uniqueness of symbolic projection in brand landscape. The former constraint manifests in two aspects: 1) brand landscape features dual spatiality of division and connection; and 2) space constrains the length of brand names and the presentation modes of brand landscape. The latter constraint includes four aspects: 1) brand landscape is large and visually conspicuous; 2) the stability of brand landscape can enhance public trust of brands; 3) the combined effect of various signs is remarkable; and 4) brand landscape performs the symbolic function of conveying the meaning and cultural heritage of particular brands.

Key words: linguistic landscape; brand landscape; linguistic tendencies; spatial constraint; symbolic projection

（责任编辑：罗正鹏）

语言景观的语境构成

北京语言大学　刘鑫妍
（挪威）卑尔根大学　赵守辉*

[提　要]　本文以北京南锣鼓巷店铺的招牌语言景观为主要研究对象，主要借鉴了语境理论和概念整合理论，分析了以历史文化背景为主要内容的语境如何影响语言景观功能实现的问题。出于传统老北京文化传承的需求，官方设置了南锣鼓巷历史文化街区这一仿古语境，模拟明清中华老字号商业街，以此激活仿古语言景观隐性的象征功能。然而，本地居民的现代商业交际需求促使南锣鼓巷内出现了大量现代语言景观，同仿古语言景观有明显的功能分化，主要发挥客观的信息功能。现代语言景观亦表现出超越仿古语境的去语境特征，影响了仿古语言景观的生存环境，使历史文化街的语言景观使用表现出不连贯和过度商业化的倾向。

[关键词]　语言景观；文本属性；去语境；行为－功能

① 引言

1997年，Landry和Bourhis提出语言景观定义，指出了语言景观的两项基础功能：信息功能和象征功能（Landry & Bourhis, 1997）。信息功能主要指语言景观能说明区域内的语言特征，标记语言使用边界，区分特定言语社区的地理区域，如路牌和指示牌上的文字符号，能够标明通行于周边区域的语言。象征功能指语言景观能反映出一定区域内通行的族群语言的活力、地位及身份认同。

就定义而言，Landry和Bourhis提出的两种功能主要涉及言语共同体所处的地理区域的外化表征和内部多语之间的地位关系，同时也说明语言景观研究涉及客观映射和主观认同两个方面。所谓言语社群的外化表征，本质是景观凭借语言这一工具，

---

*　作者简介：刘鑫妍，北京语言大学语言学系研究生。研究方向：符号学。Email：lxy937976198@outlook.com。通信地址：100083北京语言大学。赵守辉，挪威卑尔根大学外语系教授、悉尼大学博士。研究方向：语言政策与规划、对外汉语教学、汉字现代化等。Email：shouhui.zhao@gmail.com。通信地址：Department of Foreign Languages, University of Bergen, Bergen 5020, Norway。

本文得到北京市社科基金重大项目"北京城区符号生态体系研究"（项目编号：20ZDA22）的经费支持。本文承卢德平教授指导，文中部分观点受其启发，特此致谢。

通过语言符号的排列与组合或多种语言之间的竞争来书写某一既定的社会事实，即客观映射；所谓反映某言语社区内的语言活力，本质是景观表达着隐藏于语言背后的行动者对特定语言的态度、情感及价值评价，即主观认同。在Landry和Bourhis的研究中，客观映射和主观认同表现出一种相关性，即语言所映射的内容正是语言的主观认同驱使下的产物，"通常情况下，占主导地位的语言群体能够系统地将自己的语言强加于某区域的语言景观，使其获得可见性"（Landry & Bourhis, 1997: 29）。强势的语言认同促成了对强势语言的标记，强势语言的使用又增强了对该语言的认同。但是，二者有时也会表现出冲突和矛盾，即语言所映射的并非认同所期待的。语言景观既是进入景观的语言，又是进入社会价值体系的符号，不仅要满足交际的需求、表达社群对语言的态度，还要被赋予表现特定社会价值的使命。这种冲突对语言景观的影响有两点：第一，语言景观出现了功能上的分化，或为了满足客观映射，或主要表达主观认同，或在满足客观事实之余被强行赋予某种主观价值；第二，语言景观的主观认同和客观映射间的冲突使它与空间的联系更密切。"语言不仅被人们说和听，而且被表现和陈列"，要具体考察具体物理空间、社会空间对语言景观的影响，探索"场所和环境中的语言所传达的深层意义和信息"（Shohamy & Gorter, 2009: 1），以判断特定的社会价值是否使其发生了功能的主客分化。其一，物理空间的影响。语言景观所映射的某种事实来源于且客观存在于物理空间中，因此它所处的空间坐标及其空间属性影响着语言景观映射的内容和属性。一般而言，语言景观和物理空间表现出一致的适应关系，即Scollon和Scollon（2003）定义的环境性语言景观（situated landscape），其本质是语言景观映射的语言事实与空间属性存在一致关联。在该关联基础上，Blommaert等（2005）进一步结合语言景观的符号范围和空间范围，提出语言景观对物理空间的划界功能（demarcation），即它能将物理空间划分为一个个特定的微空间，并在该微空间内发挥作用，描述了语言景观和物理空间的互动关系。其二，社会空间的影响。语言景观的语言组织还关涉特定的社会文化背景，社会文化背景则影响着语言景观主观价值的表达。它"并不把真实世界作为解释的基础，而是通过高度抽象重构出另一个真实世界"（van Dijk, 1977: 190），其中包括那些影响语言景观主观认同的种种要素，诸如特定的物质媒介、社会知识、文化常识等。因此，与其称之为空间，不如称之为语境。

语境极大地影响着语言景观功能的主客分化和实现，以及意义的生产和理解。当语境和语言事实重合时，语言景观就表现出主客合一的特征，正如Landry和Bourhis对加拿大英法双语社群语言景观的研究，"语言景观被赋予强烈的象征功能，这正好符合社群身份认知的核心"（Landry & Bourhis 1997: 45）；当它和语言事实相矛盾时，需要结合语境分别进行对语言事实的解读和对象征意义的解读，比如，在Spolsky的研究中，爱尔兰语语言景观的应用十分简单且有限，它更多是用来表达对爱尔兰民族语言的认同的，关涉爱尔兰独立并加入欧盟的社会历史背景（Spolsky, 2009）。

本文所研究的北京市东城区南锣鼓巷历史文化商业街区语言景观属于第二种情

况，即文化认同和交际工具这两种语言的根本属性产生了矛盾，物理空间和社会语境对同一语言景观的影响产生了矛盾。出于传统老北京文化传承的需求，官方设置了南锣鼓巷历史文化街区这一仿古语境，模拟明清中华老字号商业街，希望通过其店铺招牌所体现的古韵激活语言景观隐藏的民族文化认同。然而，本地居民的现代商业交际需求促使南锣鼓巷内的语言景观以现代商业语言景观为主，主要映射客观的商业现实，发生了现代语言景观与传统仿古空间的冲突、客观需要与主观价值的冲突，进而导致现代语言景观发生物理上的越界，影响了仿古语境的完整性，使历史文化街的语言景观使用表现出不连贯和过度商业化的倾向。

❷ 语境的行为–功能属性分析

南锣鼓巷是北京最古老的街区之一。根据北京市东城区人民政府2017年发布的相关文件（陈之常，2017），现将其定位为“历史文化街区”并重新开发，力求同时实现历史观光游览和商业销售两项功能。2020年10月，笔者前往南锣鼓巷进行拍摄，获得了语言景观和非语言景观图片494张。初步观察发现，南锣鼓巷内有以“红宝鼎”和“新鲜香脆大薯条”为代表的仿古型和现代型两类语言景观。仿古型模拟老字号语言景观，其语言文本采用三字格店名或店名+品类名的形式。现代型语言景观多使用普通词或短语。上述两种类型的代表性语言景观分布情况见表1、表2：

表1 语言景观功能行为属性及分布状况

项目 类型	信息功能	象征功能	销售	观光	数量（个）	占比（%）
仿古型		√	√	√	6	10
现代型	√		√		54	90

表2 仿古及部分现代语言景观一览

仿古型	红宝鼎	谭木匠	东珠匠	京天红炸糕	孟德成鼻烟壶
现代型	桃铃	冰箱贴	闪电泡芙	窝儿餐酒小馆	新鲜香脆大薯条
	帽儿	咖喱虎	口红学院	香遇沙龙香水	海小姐的玫瑰饼
	咂摸	鲜果时间	北京特产	手造物品市集	云端手艺合作社

图1　红宝鼎语言景观　　　　　　　　　图2　新鲜香脆大薯条语言景观

从表1可以看出，两类语言景观在行为目的和功能上表现出较大的分化。行为包括两类，即销售行为和历史观光行为。行为暗示着设置语言景观的目的，也对语言景观施加影响。销售行为，指语言景观通过描述商品类、特性等信息使读者进行消费的行为。它和现代生活、商业活动直接相关，是两类语言景观都必须实现的私人性性质的行为；历史观光行为，指语言景观帮助读者体验传统历史文化氛围（尚国文，2018）、激活或增长其历史文化知识的行为。出于城市文化建设考虑，历史观光行为以政府为主要实施动力，商家为实际行为的承担者。根据相关文件（陈之常，2017），官方提倡但不对商家做强制要求。因此，仿古语言景观是官方力量影响下的私人语言景观，兼顾观光和销售两种行为——在实现历史观光行为的同时还能通过吸引游客眼球、激起好奇心，间接地完成销售。

功能指语言景观的信息功能和象征功能。现代语言景观主要发挥信息功能，满足商业活动中的语言交际需求，通过"新鲜香脆大薯条"等语言符号的排列组合映射客观商业信息，包括商品名、商品类、特征等。仿古语言景观主要实现象征功能，"作为对信息功能的富有情感意义的符号补充"，它承担老北京、老字号的历史文化表达与传承任务，"积极地作用于民族语言群体的社会认同"（Landry & Bourhis，1997: 27），进入了北京市的文化价值系统。

行为和功能之间相互匹配、相互选择，形成了语言景观的行为–功能属性。一方面，行为对语言景观的功能提出相应的要求；另一方面，功能为实现语言景观的不同行为提供了支持。当商家想要实施某种行为之时，他并非先创造出文本内容，而是"正好相反，他首先根据自己的行为，确定要表达的语义"，"只有在确定这一切之后，他才为文本赋予相应的语法、语音形式"（van Dijk，1977: 196）。销售是为了让读者了解到商品品类、特征等信息，达到"博人眼球"的效果，信息功能的"词＋词"组合符合这一要求。也即，通过词的排列组合，说明商家销售的薯条既"大"

又"新鲜香脆"。同理,"红宝鼎"等仿古语言景观意在通过历史观光和游览给人古香古色的风格体验,突显语言活力和认同等非显性语言事实,属于象征功能范畴。"红宝鼎"类语言景观完成了行为和功能的契合,形成了历史观光–象征特征。

综上所述,通过行为与功能的双向联系,行为动机反映在语言景观的文本当中,增强了语言景观的功能分化,并使其功能带上了以目的为导向的色彩。语言景观作为体现上述行为–功能特征的语言应用方式,通过语言文本这一中间层面来链接行为的发出者和接收者,为读者的解码提供了材料。

❸ 共文编码和语境编码

不同行为–功能的语言景观具有不同的文本编码方式。以"大薯条"为代表的销售–信息型语言景观,属于共文式(co-text)编码;以"红宝鼎"为代表的观光–象征型语言景观,属于语境(context)式编码。二者的主要区别在于是否通过当前文本中词的语义特征确定语言景观的意义。

共文能够通过某一语言对象前后与它同现的词或短语消除大部分可能的歧义,可以看出,共文更注重考察文本内部的用词,通过它来缩小目标词的语义范围(Sinclair, 1997;Widdowson, 2004)。将目标文本"新鲜香脆大薯条"简单划分为"新鲜香脆"和"大薯条"两部分可发现:受到字典指定,单词具有不同的语义,但"薯条"这一食物类别对二者的意义进行了限制,分别消除了对其他食物和物体体积意义描述的可能性,指向了对油炸土豆制品特征和长度的描述。共文之间相互指涉、交互参照,缩小了意义范围,表现出共文对词义的约束力(Brown & Yule, 1983;Widdowson, 2004)。

语境式编码指单个汉字采用意合方式黏合成一个整体,常见于传统店名和人名。"红宝鼎"既是语境式编码,也是意合式编码。首先,"红宝鼎"的编码单位是单字而不是单词,它由红、宝、鼎三个字组合而成。作为连接紧密的整体,"红宝鼎"的结构不如"大薯条"那样接近句子,因此无法套用句法结构进行拆分,无法通过共现词之间的相互参照来精确词义。相反,三个字表现出某种象征意义,实现了意义的增值:"红"代表红火、热闹,"宝"代表珍贵的性质,"鼎"是礼法重器的名称,代表崇高地位和端庄严肃的精神。这三个字包含着具有传统民族特征的历史文化意义、传统伦理道德和理想信念内涵。

共文和意合编码分别将意义生产指向了语言景观的内部和外部。所谓内部,是就语言景观中的语言而言的,往往通过共文填补意义缺失、纠正文本歧义,实现文本意义自足(Widdowson, 2004),进行自我呈现(presentation)而非表现(representation),体现出超越特定空间限制的去语境特征(Scollon & Scollon, 2003),即意义解释无需特定物质媒介。以连锁店语言景观为代表,它能以任何形式出现在任何空间、任意语境,却不影响意义的解读和营销目的的实现。所谓外部,指景观中的语言以符号的身份进入构建社会价值的符号体系。在这里,"语言这一常用来表达历史文化的工具"（霍尔，1988：21）和图像等物质一同充当认知的媒介，折射具有特定社会价值的知识文化。因此，对"红宝鼎"型仿古语言景观而言，不仅要考察语言景观在语言环境中的意义，还必须在特定的社会语境中理解它、还原它的意义。北京市东城区人民政府为南锣鼓巷仿古语言景观设置了仿古的语境：自上而下看，为历史文化街区；自下而上看，为传统四合院建筑形式等物质媒介。历史意义正是从仿古环境中进入语言景观的。

❹ 历史意义从仿古语境进入语言景观

仿古语境由参与者（仿古物质符号）、互动过程（概念整合过程）、背景知识（历史文化知识）三项内容构成。通过"概念整合"（Fauconnier，2005），物质符号能激活那些内化在个体头脑中的文化背景知识，间接作用于语言景观解读。

文化是隐藏的、抽象的，只能通过某些外化或延伸转移来考察，故而物质符号成为了历史文化的载体（霍尔，1988）。其中，视觉物质作用最突出，能通过特定的视觉组合与布局表达与语言等量的信息（Scollon & Scollon，2003；Kress & van Leeuwen，2006）。因此，历史意义通过视觉的物质桥梁进入仿古语境。南锣鼓巷的视觉物质符号力争模拟真实历史中的视觉表现。如果仿古的和历史的两个空间之间存在视觉的镜像结构，那么二者在认知上的心理距离就会拉近，历史的抽象内容就能够被投射到仿古的环境里，此谓"概念整合"。

"红宝鼎"通过模仿老字号的视觉物质表现，将自身关联到老字号上去。老字号是北京的文化产品，集中诞生于明清两代，既是传统北京文化的产物，又延续着传统文化。在历史发展进程中，"稻香村""全聚德"等老字号形成了一套刻板的视觉模式：传统四合院门脸与俗称"金字招牌"的一幅横匾的组合是明清以来北京老字号的最常见布局。"红宝鼎"便以传统建筑为形式框架，以书法艺术为布局中心，叠加色彩艺术，构成了整个仿古语境的物质基础，即以如意门为门脸，题匾挂联，饰以红底金字招牌。如意门门脸是传统北京四合院门脸类型之一，它既能饰以图像，也可载以文字，以简驭繁。牌匾、楹联是传统中国建筑的构件，作为一种独特的书写载体，直接影响了书写字体和色彩调制。明清以来，矩形横匾逐渐成为北京老字号的象征，多采用黑漆金字，也有红漆金字，象征热烈和典雅尊贵，统称为"金字招牌"。"红宝鼎"金字以篆书为基础，楹联则为标准行书，都属于匾额书法的范畴。横匾横写，楹联竖写。楹联自上而下的布局，不仅是传统书法写法，也和建筑中的门柱结构相契合。

老字号的视觉物质角色，是传统文化价值的外延。以如意门为典型的建筑形式，承载着吉祥如意、事业大吉大顺等传统理想信念，金字招牌蕴含着"质量至上、精益求精"的传统工匠精神和"以德经商、诚信为本"的道德信条。通过对老字号的模拟，压缩了仿制和真实历史的心理距离，通过联想促使老字号语境中的物质角色－文化价值结构向仿古语境中投射，使得立足现代社会的仿古建筑、牌匾等视觉物质获得了老字号所蕴含的历史文化意义,增强了仿制品的历史真实性。在完成初步投射后,开启了认知模式的完善过程(pattern completion)。在潜在文化语境的全面运演下,物质-文化结构得到完全扩展,历史文化信息从无形、抽象转存到具体物质符号中,读者能从被激活的个体知识资源库中选择合理的内容加以理解,实现了物质和文化两个层次的黏合。经过南锣鼓巷内仿古语境的批量复制,黏合越来越迅速,物质与深层文化之间的网络框架越来越牢固,以至于其融合过程变得微不可察,最终达到一种拟真的效果。

经过整合,抽象的文化背景信息灌注在南锣鼓巷的仿古视觉物质中,形成了完整的仿古语境,为"红宝鼎"语言文本的解释提供了时空定位,使之获得合理性。不过,对历史文化的解释既有相似性也有个体差异,获得的合理性也因人而异。有的人对此如数家珍,有的则仅仅是看到了却没有体验到。文化背景知识是社会的也是个人的,它为社群成员所生产,需要不停地为社群成员所学习,才能进入个体的资源库中为其所用。总体来说,文化和社群相互构成、相互繁衍。因此,设置仿古语言景观和仿古语境有两个层面的意义:对于熟悉中国历史文化的读者,能强化其民族身份认同感、归属感;对于不熟悉相关知识的读者,能刺激其学习相关历史文化知识。

❺ 结语

商业化背景下的现代社会主要使用共文编码语言景观,其去语境的特点能最大限度地满足商业销售、扩张的需求。为抵消全球化的同化作用,北京市政府设置了表现明清北京老字号历史文化的仿古语言景观。仿古语言景观的解读高度依存仿古语境。读者在理解语言景观文本的同时必须激活自身脑内的传统文化背景知识,短暂地进入历史空间。解读仿古语言景观,或能强化读者的民族身份认同,或能刺激读者学习相关历史文化。

传统和现代元素交织,共同构成了南锣鼓巷街区语言景观。为了贴合历史文化街的定位,大量带有私人商业性质的现代语言景观被镶嵌在仿古语境中,与仿古语言景观在功能和行为两个方面都产生了极大分化,导致现代语言景观成为不合时宜的越界语言景观,街区整体的语言符号使用不连贯,历史文化街表现出过度的商业化倾向。

参考文献

❏ Blommaert, J., Collins, J. & Slembrouck, S. 2005. Polycentricity and interactional regimes in "global neighborhoods". *Ethnography* 2: 205-235.

❏ Brown, G. & Yule, G. 1983. *Discourse Analysis*. Cambridge: Cambridge University Press.

❏ Fauconnier, G. 2005. Compression and emergent structure. *Language & Linguistics* 4: 523-538.

❏ Kress, G. & van Leeuwen, T. 2006. *Reading Images: The Grammar of Visual Design*. London: Routledge.

❏ Landry, R. & Bourhis, R.Y. 1997. Linguistic landscape and ethnolinguistic vitality: An empirical study. *Journal of Language and Social Psychology* 1: 23-49.

❏ Scollon, R. & Scollon, S. W. 2003. *Discourses in Place: Language in the Material World*. London: Routledge.

❏ Shohamy, E. & Gorter, D. 2009. *Linguistic Landscape: Expanding the Scenery*. New York: Routledge.

❏ Sinclair, J. M. 1997. Corpus evidence in language description. In A. Wichmann, S. Fligelstone, T. McEnery & G. Knowles (eds.), *Teaching and Language Corpora*. London: Routledge. 27-39.

❏ Spolsky, B. 2009. *Language Management*. Cambridge: Cambridge University Press.

❏ van Dijk, T. A. 1977. *Text and Context: Explorations in the Semantics and Pragmatics of Discourse*. London: Longman.

❏ Widdowson, H. G. 2004. *Text, Context, Pretext: Critical Issues in Discourse Analysis*. Oxford: Blackwell Publishing.

❏ 陈之常，2017，东城区人民政府关于实施历史文化街区——南锣鼓巷地区保护复兴计划情况的报告。http://www.bjdch.gov.cn/n3201130/n3203907/n3203909/n6275910/c6276315/content.html（2022-4-6）。

❏ 霍尔（Edward T. Hall）（著），居延安等（译），1988，《超越文化》。上海：上海文化出版社。

❏ 尚国文，2018，宏观社会语言学视域下的旅游语言景观研究。《浙江外国语学院学报》（3）：46-56。

The Contextual Composition of Linguistic Landscape

Abstract: Focusing on the linguistic landscape of shop signs in South Luogu Lane in Beijing, and drawing on the Theory of Context and Conceptual Integration Theory, this paper explored the role of historical and cultural context in realizing the functions of linguistic landscape. Due to the need to preserve traditional heritage of Old Beijing, the local authorities designated South Luogu Lane Historical and Cultural District as an antique context. The district replicated commercial streets of the Ming and Qing dynasties to reactivate implicit symbolic functions of this linguistic landscape with an antique style. However, the modern commercial needs of local businesses led to the emergence of massive modern linguistic landscape in the street, resulting in an obvious functional divergence from the antique style of linguistic landscape. Moreover, this modern linguistic landscape tends to be decontextualized and affects the antique environment. This further led to inconsistencies and over-commercialization of the linguistic landscape in this historical and cultural district.

Key words:　linguistic landscape; nature of text; decontextualization; behavior-function

（责任编辑：罗正鹏）

语言景观与城市情感
——"文明"景观中的情感机制

（挪威）卑尔根大学　尚国文*

[提　要]　情感是语言景观的一个重要维度，环境中的语言文字符号将城市空间塑造成一个情感场所，激起社会成员特定的情感反应，塑造独特的城市品质。管理者通过语言景观创建各种情感机制，引导和调节人们的情感取向，实现城市治理目标。本文以杭州这个文明城市的语言景观为例，使用结点分析来阐述历史主体、场所话语和互动秩序在文明情感机制中的表达。杭州市政府作为主要行动者，通过语言景观来塑造文明的城市形象，为城市民众和游客带来舒适、愉悦的情感体验；场所话语的载体、置放方式和字刻等都反映了景观规划者倡导文明行为规范的意识形态，而景观中的互动秩序则反映了对内提升城市居民素质、对外展示文明形象的原则。本文指出，语言景观中的情感置放及空间的情感赋能都值得社会语言学者深入挖掘，从而更好地诠释语言、人群、社会及空间之间的互动关系。

[关键词]　语言景观；情感；情感机制；文明；结点分析

❶ 引言

　　语言景观研究关注多语社会中的语言表征，通过分析公共空间标牌上语言文字的选择、使用和呈现方式，来探究不同语言及其使用群体在多语社会中的身份、权势、地位等问题（尚国文、赵守辉，2014a，2014b），本质上属于语言社会学的研究范畴。这种研究模式为探索空间、语言及社会主体之间的互动关系，了解空间交际实践中的社会文化内涵和意识形态，开辟了一条崭新的路径。近年来，语言景观的研究取向已

*　作者简介：尚国文，挪威卑尔根大学外语系教授。研究方向：语言政策、社会语言学。Email：rickshangs@gmail.com。通信地址：Department of Foreign Languages, University of Bergen, Bergen 5020, Norway。

本研究得到北京市社科基金重大项目"北京城区符号生态体系研究"（项目编号：20ZDA22）和北京语言大学院级科研项目（中央高校基本科研业务费专项资金项目，项目编号：20YJ090003）的经费支持。

从语码的数量分布转移到语言空间的超多元性、主体性、多模态性、身份协商与构建等符号实践层面（Pütz & Mundt, 2019），体现出巨大的研究潜力和学术活力。

本文关注语言景观的情感（affect）维度，通过现实环境中的语言符号表征来分析空间场所如何激起或培育特定形式的情感反应。语言标牌激发读者的情感是语言景观象征功能的一部分（Landry & Bourhis, 1997: 27）。与感情和情绪等概念不同，情感指的是人们对于事物所形成的积极或消极的评价指向，侧重于描述人们对事物集体、共享的体验，而非个体的主观感觉或感受。根据自身认知和经历，人们会对城市环境产生某些心理反应，形成或褒或贬的评价。而城市管理者则希望通过创建情感机制（affective regime）来塑造人们的情感取向，以保障特定情感在场所语境中能够恰如其分地展现（materialization）出来（Wee, 2016; Wee & Goh, 2019）。近年来，语言景观中的一些情感机制（如庄重、敬畏、共融、友爱、容忍、怀旧等）受到学界的关注（如Wee & Goh, 2019; Motschenbacher, 2020; Yao, 2020），但城市多样化的情感塑造仍需更多探索。

本文以杭州的语言景观[①]为考察对象，探讨行动者如何组织和培育"文明"的社会情感，形成城市精神和品质。杭州是浙江省省会和政治、经济、文化中心，是长三角地区核心城市之一、国家历史文化名城及著名的风景旅游城市。2011年至今，杭州已连续多次入选"全国文明城市"。这是我国授予城市的最高综合性荣誉，是反映城市文明程度以及市民文明素质的城市品牌。本研究以西湖区为考察地点，通过手机拍照采集出现在道路两侧或上方与公共文明相关的语言标牌，同时也采集了景点、公园、广场等公共场所内设置的标牌。语料收集时间为2016年1月至6月，其中与城市文明相关的图片有180张，以宣传类标牌为主，还有信息牌、公告牌、警示牌等。

本文利用结点分析（nexus analysis）作为框架来讨论语言景观中的情感机制。人类所有的行为都是社会性的，每一种社会行为都是参与者通过介体（如语言、实物等）来执行的。因此，结点分析的出发点是各种社会和地理场景中的社会行为，而与行为过程相关的人物、场所、话语、思想、经验、实体等汇聚在一起，构成了社会实践的一个个结点（Scollon & Scollon, 2004）。语言景观是凝结在空间物质载体上的社会行为，是过去和现在社会实践的汇聚，因此也可看作实践结点（张蔼恒、孙九霞，2021）。结点分析特别关注社会行为的三个关键因素：作为行为参与者的历史主体（historical body），行动者使用的场所话语（discourses in place），以及建立彼此现行关系的互动秩序（interaction order）（Scollon & Scollon, 2004）。本文将围绕这三个维度来展开论述。

❷ 文明景观中的历史主体

文明作为一种社会价值观，是由生活于其中的人创造的，其总体水平的提高是

---

① "符号景观"的概念更为贴切，但依据学界的术语使用惯例，本文仍使用"语言景观"一词。

社会发展进步的标志，社会文明的程度能反映国家现代化的水平，因此一直是国家和地方政府文化建设的重要任务。社会文明的现实状况也与人们的主观感受息息相关，"社会文明程度直接影响人们的获得感、幸福感、安全感，影响人们对所在社区、单位、城市的评价和归属感"（吴祖清，2021：9），可见社会文明具有强烈的情感性。

在文明情感的创建过程中，杭州市政府是最主要的行为主体，不仅是政策制定者，而且是市民行为规范的引导者和监管者。改革开放以来，城市公共文明是政府部门着力改善的方面。市和区县的精神文明建设委员会（即"文明办"）作为政府下属机构，是城市文明建设的主要领导机构，负有规划、协调、指导、监督、评估等责任。为了规范与引导市民行为，提升社会文明水平，杭州市政府于2016年发布了《杭州市文明行为促进条例》，遵守公共秩序、礼让斑马线、维护公共环境卫生等，作为基本的文明行为准则被写进了法规。除了常态化宣传和管理外，城市职能部门还开展文明交通、清洁城市、社区文明引导等多种专项行动来弘扬公共文明新风，提升群众的文明意识和责任感。此外，杭州市政府还专门设立杭州文明网，利用大量的文字和图片在网上宣传城市文明的政策和规划，并报道在城市日常社会生活中市民实践文明的事例。当地市民是创建文明情感机制的另一个历史主体。公共文明通过城市居民的自身行为和形象体现出来，因此公众是城市文明环境的创造者和实践者。政府充分认识到公众作为公共文明建设关键行动者的角色，通过多种方式引导他们在日常生活中践行文明，为市民带来良好的情感体验。而当地市民珍视城市在社会和人文领域的良好声誉和口碑，对于城市规划者为提升城市文明水平、塑造城市情感而采取的举措有很高的认同感。大量市民作为志愿者自愿参与公共文明的创建活动，走进街道和社区，帮助维护秩序并提供惠民便民服务，成为城市文明形象的代言人。

❸ 文明景观中的场所话语

场所话语关注现实环境中流通的话语，即由标牌文字所构成的语言景观。在城市空间中，与倡导公共文明行为相关的语言和符号表征可称作文明景观。在城市公共空间中，通过场所话语倡导文明行为、警示不文明行为，是构建积极城市情感的重要环节。用Wee和Goh（2019: 20）的话说，场所话语是对设定情感的"实体校准"（material calibration）。本文从标牌载体、置放和字刻等方面分析杭州文明景观中场所话语的表征方式。

（一）标牌载体及置放。在杭州的大街小巷、车站码头、景区周围、社区和广场等公共场所，倡导文明行为、创建文明环境的宣传标识牌随处可见（见图1至图6）。除了文字形式以外，文明行为也以图文结合的方式展示出来（见图2、图3）。标牌的形式既有大型展板、艺术雕塑等，也有小型公告或警示牌，还有墙壁字画、橱窗海报、旗帜横幅等。文明标牌在城市空间中大量呈现，营造出崇尚文明、实践文明的氛围。这些实体标牌的材质多是永久或半永久性质的,临时性的标牌相对较少。标牌材质的耐久性象征着文明建设宣传是一项持久的任务;而文明内涵在不同场所的不同标牌上频繁复现,则体现了文明行为的丰富性及重要性。

图1 文明城市宣传牌   图2 交通礼让宣传牌   图3 文明历史宣传牌

标牌多置放在道路两侧或上方最明显的位置,以便吸引读者的目光。其中,悬挂在道路上方的大型标牌用来宣传文明交通、建设文明城市等信息,由于能见性高,在街道上显得尤为醒目。在图1中,宣传牌与大型指路牌的置放位置相同,悬挂在道路上方,以驾车者和行人为目标读者。标牌以金属为材质,选用色彩对比鲜明的蓝底白字来呈现。在图4中,宣传文明降噪的大型展牌以红、黑色字书写,放置在西湖边最繁忙的路口,向过往的群众普及城市文明公约及噪声的危害和防护知识。除了公共空间的核心位置以外,有些边缘性空间(如建筑工地的围挡、垃圾桶外壳等)也会成为宣传城市文明的阵地。在图5中,公交站牌下方的空闲位置也被社会空间化,"文明上下车 出行靠你我""遵德守礼 文明礼让"等简短的口号式标语设置在公交站名和公交路线信息下方,向等车的乘客普及交通文明规范。图6是路边围墙上的公益广告,利用建筑墙体作为生态文明的宣传载体。文明宣传与城市空间形成互动,利用视觉信息的出现频率及空间资源占用广度来确保宣传内容传达到城市民众,对其认知和行为施加影响。

图4 文明降噪宣传牌   图5 公交站牌作为宣传牌   图6 墙壁公益广告

(二)字刻。"文明"在场所话语中常用作形容词、副词或名词,表示守规、礼

让、优雅、有序、环保等正面积极的行为方式，如文明旅游、文明乘车、文明上网、生态文明等。"文明"有时也被用作及物动词，表达行为对受事产生的积极影响，如"关爱他人 文明自己"。文明话语在公共空间中主要以标语、公告、公益广告等方式展示出来，其字刻主要有三种呈现形式。首先，在弘扬社会主义核心价值观等宣传牌中，"文明"一词与其他价值观词汇共同出现，构成城市的政治语言景观（卢德平、姚晓霞，2021），其字体和置放与其他共现词汇并无突显性差别。这类标语的主要功用是向群众传达政治性信息，与公共场所文明行为的关系不大。其次，"文明"作为核心词或主题词显性地出现在公共标牌上，用简短、朗朗上口的话语形式鼓励或引导人们的社会行为。例如，"文明礼让 畅行天下""热情好客 文明有礼"等宣传语，将文明作为明确的行为规范加以提倡；在"文明杭州""创建文明城市"等话语中，"文明"用作定语表达城市的特征属性，体现共同努力的目标和预期结果。最后，"文明"一词并不出现，标牌话语鼓励不同形式的具体行为来实现文明的内涵。例如，"排队上车 主动让座""斑马线前 停车礼让"等标牌旨在倡导有序和礼让，从而展现交通文明；"垃圾分类 生活更美""养成节水好习惯 树立绿色新风尚"等宣传语则通过垃圾分类处理和节水等行为倡导环境保护和生态文明。此外，劝导或限制不文明行为的提示类、警示类标牌在城市空间中也非常多见，如"注意坡道""水急危险 请勿游泳""超速行驶 祸害他人 伤害自己"等。这些标牌体现了城市管理者重视生命安全、人与环境和谐相处的人本理念，可视作间接地倡导公共文明。

从行为主体性来看，标牌话语基本都将全体居民作为行为主体，不过这种主体性是通过不同的话语策略来实现的。有些话语使用"共（同）""你我"等词汇形式，突显全体民众的行为主体角色，从而激发人们的参与感和责任感。例如，在"共建文明城市 同享美丽杭州"的宣传中，动词"共建"强调参与者的协同合作，每个个体都不能置身事外，这是实现美好目标的前提；在"文明上下车 出行靠你我"标语中，人称代词"你"和"我"连用，表达全称指代，即文明乘车依靠所有人的共同努力。有些话语虽无明确的词汇手段突显行动者，但仍将所有参与者作为行为主体，如"实行垃圾分类 保护城市环境""弘扬最美风尚 创建文明城市"，仍然包含了全体参与者的共同责任。有些话语则使用第二人称"你"或者省略形式，明确将标牌读者作为呼告对象，突显其直接责任，如"文明在你心中 安全在你手中""请排队上车 为杭城添彩"。此外，发话人有时会使用第一人称"我"，站在民众的立场上，阐述个体自我对于公共文明的责任和贡献，如"文明杭州 精彩有我""不闯红灯 从我做起"等。

❹ 文明景观中的互动秩序

互动秩序指的是交际参与者在交流中所遵循的规则（Scollon & Scollon, 2004；张蔼恒、孙九霞，2021）。语言景观中的互动秩序包括公共标识上使用的语言种类、言语风格、交际媒介等。公共空间中与文明相关的情感机制主要通过官方部门设立的自上而下性质的标牌来塑造，在私人标牌上的表征不是很明显。在很多宣传标牌上，杭州市文明办被显性标示出来，表明景观创制者希望以政府部门作为权威的后盾，执行对文明行为的倡导和对不文明行为的劝阻。从语种上看，文明类宣传标牌基本都以中文单语形式呈现，使用中英双语的极少。这是因为城市文明行为宣传的对象和目标是当地群众，而不是外国游客或居住者，用中文来交流信息即可。不过，在景区、景点等场所出现的警示类标牌上，中英双语标牌非常常见，这很可能是城市国际化、景区标识服务双语化的规划结果，旨在帮助外国游客理解中文信息的内容，不一定意味着外国游客有许多不文明行为，需要使用英语加以提醒或警告。

从言语风格来看，文明宣传语多使用祈使句，以鼓励和劝导为基调，达到规范公共行为的效果。例如，"排队上车 主动让座""花的世界 需要您的呵护""斑马线前 停车礼让"等，发话者皆以劝慰和鼓励的方式倡导文明行为规范，促使宣传对象为城市文明做出贡献。一些标牌上使用语气舒缓的话语来劝阻不文明行为，如"青青的草 怕你的脚""鲜花似锦 请君珍惜"，发话者赋予花草情感和生命，以花草的口吻来祈求怜惜，态度显得温和而真诚。这些鼓励和劝导性话语在城市标牌上重复出现，语义叠加，营造出崇尚文明的氛围。此外，标牌话语对于文明越界行为常采用严肃的语气予以警告，如"禁止游泳""请勿攀爬""严禁变道加塞"等。在这些表达否定意义的祈使句中，即便使用礼貌标记词"请"，其规则强加意味仍然很明显。而针对容易造成生命安全隐患的违规违法行为，警示语的语气显得尤其强硬，如"醉酒驾车 判刑失自由""开车闯红灯 一次扣6分"等，以严正预警的方式告诫行动者遵守交通规则，以免给自身或他人造成麻烦或严重后果。

除了利用语言景观倡导文明行为、劝阻或警示不文明行为以外，城市管理者还发动志愿者走上街头，通过斑马线互敬礼让、文明过马路、文明排队乘车等引导服务，协助建立文明的公共秩序和社会氛围。志愿者还通过问询服务等具身实践垂范文明行为，塑造城市情感。头戴小红帽、身穿红马甲的志愿者面带微笑、彬彬有礼的形象，本身就是一种文明的符号，其温暖贴心的服务为行人和游客带来美好的城市体验。以西湖边设立的"智慧西湖服务亭"为例（见图7），这是西湖景区自2010年开始设立的纯公益志愿服务品牌项目，全年不间断地提供志愿服务，包括道路指引、凉茶赠饮、医疗救助等（杭州西湖风景名胜区，2019）。每一个服务亭的工作人员都以"奉献 友爱 互助 进步"作为表达规则，以笑意盈盈、真诚耐心的态度为市民和中外游客提供服务，展现热情待客、文明有礼的城市形象。因此，城市居民在城市空间中的具身实践也是实现情感机制的一种重要的符号表征。

总之，杭州市政府通过语言景观塑造有礼有序、友善和谐的文明形象，为城市居民和游客带来舒适、愉悦的情感体验。场所话语的载体、置放方式和字刻等都反映了景观规划者崇尚文明规范的意识，而景观中的互动秩序则反映了对内提升城市居民素质、对外展示文明形象的原则。这些方面共同构成了城市文明的情感机制。

图7 智慧西湖服务亭

❺ 讨论与结语

5.1 语言景观与情感塑造

情感对于人类社会的重要性是毋庸置疑的：人类是最具情感的动物，人类的认知、行为，以及社会组织的任何方面无不受到情感的驱动（Turner, 2007）。情感不仅是构成人类生活世界的一个重要维度，而且可以改变人类生活的样貌，拓展或缩小生活的边界，影响人们对过去、现在和未来的认知方式（Bondi et al., 2007: 1）。20世纪90年代以来，学界突破理性主义哲学观的束缚，对人的情感在社会文化及认知中的价值和作用进行重新思考，由此西方人文和社会科学的众多学科中出现了"情感转向"（affective turn），情感成为当今时代社会和政治生活中的主导话语。

城市承载着人们的爱恨悲欢，影响人们的思想和情绪，而城市里的人、环境及事件共同演绎着城市的品格和性情，可以说情感在城市空间中是无处不在的。情感是人们体验城市并赋予意义的核心要素，也是自我与他人形成感情关系的关键。对杭州文明景观的分析显示，城市所着力创造的和谐、有礼、有序等文明的环境氛围旨在塑造公众的情感体验，而文明激发的城市情感也成为城市形象和软实力的标志。可以说，政府部门对城市环境的规划在很大程度上也是对城市情感的规划：通过对场所话语的改变，影响人们对城市的感知和态度，从而形成特定的城市形象。而从经济的角度来看，情感也是一种资本，体验能满足人们的情感需要和心理认同，便可以增加地方的情感价值，创造情感经济（affective economy, Lehmann et al., 2019）。

语言景观是用来交际的，标牌设立者通过物质载体上的语言文字与目标读者建立交际关系，影响读者的认知、行为或情感，从而实现特定的交际目的。Stroud 和 Jegels（2014）认为，空间要演变成一个有意义的场所，其核心层面是通过直接或间接地接触情景化的符号实体，构建、叙述并实现特定的情感。在杭州语言景观建立的交际活动中，文明情感主要是由话语或符号物件唤起的。例如，公交车里的提示语"请给有需要人士让座""博爱专座"等，旨在构建关爱、体贴的社会情感，为乘客带来舒适的乘车体验。志愿者手持写有"加入光盘行动，节约从我做起！"的标牌，在知名饭店门口宣传节约的理念，体现了城市倡导理性消费、反对铺张浪费的用餐文明。有时候，标牌或符号所涉及的情感形态并不明显，隐性、微妙的情感反应在个体与环境的互动中浮现出来，也有可能发挥强大的社会功能。例如，在西湖景区的标识牌上，除了使用中文以外，绝大多数指示牌和服务类标牌还提供对应的外语（如英语、日语、韩语等），多语信息标牌的使用能体现出对外国游客和外来移民群体友好、共融的情感。在西湖周边繁忙的路口，志愿者在红灯亮时手拉手形成人墙让车辆顺利通行，绿灯时则打开人墙让人群通过，这种"安全人墙"作为一种符号，能为驾车者和行人带来有序、和谐等情感反应。由此可见，语言或符号景观的构建往往具有情感动机，公共空间实质上是一个情感场所。

5.2 文明情感的实践结点

公共文明体现了人与城市在互动过程中的友好态度及和谐秩序，其情感性在于感知者对于城市环境及其内部的人、事、物会产生一种心理安全感和舒适感。本文从历史主体、场所话语及互动秩序三个维度分析了杭州文明景观中规约公共行为、创造积极情感体验的方式。在语言景观这个实践结点上，杭州市政府是景观构建和情感塑造的规划者和督导者。他们通过法规、网站、文字和图片等在全社会宣传积极健康、和谐有序的行为准则，从而为城市积累符号资本，创造情感经济。而当地群众则是文明构建的另一个历史主体，作为城市文明秩序的建构者、参与者、维护者和享用者（鲍宗豪，2020），其个体形象及行动展演可以影响他人对城市环境文明程度的评价及情感反应。城市文明景观中的场所话语包括倡导公共文明行为的鼓励性话语，也包括劝阻不文明行为的警示性话语。文明标识牌设置在醒目的位置，无声却有力量，时刻提醒人们遵守规则、践行文明，为城市形象构建做出贡献。从互动秩序来看，标牌语言主要以中文单语为主，表明文明话语的对象主要是当地群众。作为城市管理者的发话人常常与受话人处于同等位置，有时直接呼吁受话人采取行动。标牌话语以鼓励和倡导文明行为为主，对严重的文明越界行为则采用严肃的警告语气。另外，志愿者的具身实践也是文明情感的一个实现手段。总之，杭州语言景观中的文明情感是一个多层次、多维度的情感场（affective field），管理者将场所话语和社会符号巧妙结合，影响人们对城市的态度和心理反应，以塑造城市文化和文明形象。

5.3 情感机制的阐述与实现

景观并非简单、客观的物质空间，其结构是多种意识形态的凝结（Leeman & Modan, 2009）。通过语言景观鼓励和培育特定的情感，是政府部门景观规划的一部分。情感机制是一套调节和管理情感反应的体系，可以使用语言或非语言资源共同突显和鼓励特定的情感，调控个体或群体的交际方式及对景观进行解读的可能性（Wee & Goh, 2019: 2）。情感机制总是与场所或环境相关，强调个体与环境因素之间的互动所引起的评价性取向或反应。景观情感的研究者不应关注情感是什么，而应关注情感能做什么，即情感的展演性（performativity）和赋能（affordances）。人们的情感如何适当地归置于特定景观之中（"情感置放"），以及环境的构造和组织如何促进情感的表达（环境的"情感赋能"），都是情感机制在叙述中需要阐明的问题。

语言景观中的情感机制发挥着规范感受和调节表达的作用，管理者通过创建不同类型的情感机制引导人们的评价取向，实现预设的场所情感。例如，城市交通主管部门采取安装监控摄像头、加大处罚的执行力度、在媒体上宣传遵守交通规则的重要性等行动，以减少闯红灯、超速驾驶、酒驾等引起的事故，是在交通领域创建"礼让"的情感机制。有些情感机制借助显性的条文规定，明确地鼓励某种形式的情感表达。例如，纪念馆的参观须知，通常会标明庄严和尊重是文明参观应当遵循的情感表达方式。有些情感机制则通过间接或隐性的方式体现景观设计者着力营造的情感，话语和符号表面上与具体的感情状态无关，但具有激发特定情感的效果。例如，标牌上使用卡通漫画来宣传文明理念，创造出可爱、有趣的情感体验，儿童游乐场的器材、色彩和图案等，以欢乐作为设定情感。实际上，情感机制的实现无需人的参与，文字符号、标牌设计和环境空间布局等常常就能营造某种情感。不过，管理方与参与者对于符号资源和情感机制的理解必须形成共识，才能实现情感共鸣，取得理想的效果。

总之，情感是空间的一个重要维度，也是语言景观中一个新的研究视角和方向。城市空间是一个情感场所，不关注空间情感潜势的语言景观研究是不完整的（Wee & Goh, 2019: 17）。然而，在语言景观如何调节和管理情感反应，环境的布局如何影响公共表达或情感实现等问题上，目前的研究还十分有限。对于社会语言学研究者来说，语言景观中的情感置放以及环境的情感赋能都值得深入挖掘，从而更好地诠释语言、社会与空间之间的交织与互动关系。

参考文献

❏ Bondi, L., Davidson, J. & Smith, M. 2007. Introduction: Geography's "emotional turn". In J. Davidson, L. Bondi & M. Smith (eds.), *Emotional Geographies*. Burlington:

Ashgate. 1-16.

❏ Landry, R. & Bourhis, R. Y. 1997. Linguistic landscape and ethnolinguistic vitality: An empirical study. *Journal of Language and Social Psychology* 1: 23-49.

❏ Leeman, J. & Modan, G. 2009. Commodified language in Chinatown: A contextualized approach to linguistic landscape. *Journal of Sociolinguistics* 3: 332-362.

❏ Lehmann, H., Roth, H. & Schankweiler, K. 2019. Affective economy. In J. Slaby & C. von Scheve (eds.), *Affective Societies: Key Concepts*. London: Routledge. 140-151.

❏ Motschenbacher, H. 2020. Affective regimes on Wilton Drive: A multimodal analysis. *Social Semiotics*, DOI: 10.1080/10350330.2020.1788823.

❏ Pütz, M. & Mundt, N. 2019. *Expanding the Linguistic Landscape: Linguistic Diversity, Multimodality and the Use of Space as a Semiotic Resource*. Bristol: Multilingual Matters.

❏ Scollon, R. & Scollon, S. W. 2004. *Nexus Analysis: Discourse and the Emerging Internet*. London: Routledge.

❏ Stroud, C. & Jegels, D. 2014. Semiotic landscapes and mobile narrations of place: Performing the local. *International Journal of the Sociology of Language* 228: 179-199.

❏ Turner, J. H. 2007. *Human Emotions: A Sociological Theory*. London: Routledge.

❏ Wee, L. 2016. Situating affect in linguistic landscapes. *Linguistic Landscape* 2: 105-126.

❏ Wee, L. & Goh, R. B. 2019. *Language, Space, and Cultural Play: Theorizing Affect in the Semiotic Landscape*. Cambridge: Cambridge University Press.

❏ Yao, X. 2020. Material narration of nostalgia: The linguistic landscape of a rural township in Australia. *Sociolinguistic Studies* 1-2: 7-31.

❏ 鲍宗豪, 2020,《当代中国文明论: 文明与文明城市的理论研究》。上海: 东方出版中心。

❏ 杭州西湖风景名胜区, 2019, "微笑亭", 让西湖景区不仅有颜值, 更有温度! https://www.sohu.com/a/316327460_349225 (2022-4-20)。

❏ 卢德平、姚晓霞, 2021, 中国城市政治语言景观的符号学构成。《文化软实力研究》(1): 15-27。

❏ 尚国文、赵守辉, 2014a, 语言景观研究的视角、理论与方法。《外语教学与研究》(2): 214-223。

❏ 尚国文、赵守辉, 2014b, 语言景观的分析维度与理论构建。《外国语》(6): 81-89。

❏ 吴祖清, 2021, 持之以恒提高社会文明程度。《人民日报》2021年1月7日第9版。

❏ 张蔼恒、孙九霞, 2021, 社会语言学视角下的阳朔西街语言景观变迁研究。《旅游学刊》(10): 39-48。

Linguistic Landscape and City Affects: "Civilized" Affective Regimes in Hangzhou

Abstract: Affect is a vital dimension of linguistic landscape in that environmental prints and signs turn the city space into a place of affect where specific emotional responses are invoked and particular city characters are shaped. As a site charged of ideology, linguistic landscape is appropriated by the governments in the creation of affective regimes to encourage and regulate people's affective orientations in a bid to achieve the objectives of governance. In this paper, the landscape of public civilization is examined to show how language and symbols are mobilized to narrate and achieve civilized affective regimes. Nexus analysis is adopted as the analytical framework to explore the historical bodies, discourses in place and interaction order in the creation and narration of affective regimes. It shows that the government of Hangzhou, as the main authority, enacts policies to promote civilized behaviors, creates civilization-themed official linguistic landscape, and encourages embodied practices to bring about comfortable experiences to the city inhabitants and visitors. Finally, it is highlighted that the emplacement of affect and the affective affordances of social spaces deserve exploratory efforts of linguistic landscape researchers to unpack the complicated interplay of language, people, society and spaces.

Key words: linguistic landscape; affect; affective regime; civilization; nexus analysis

（责任编辑：罗正鹏）

语言景观对汉语作为第二语言学习的激励效应研究

——以苏州平江路语言景观为例

中国人民大学国际文化交流学院　陈　默
中国人民大学文学院　谷明睿
中国人民大学文学院　戴　悦*

[提　要]　本研究通过影像记录和随行观察法，对苏州平江路语言景观的形式和功能进行了详细描述和分析，设计了半结构化访谈问卷，对汉语二语学习者进行深度访谈，考察语言景观对汉语二语学习的潜在影响。研究结论如下：（1）苏州平江路语言景观的形式和功能有两大特征：一是突显历史感和好客两类功能；二是私人标牌和官方标牌存在形式和功能差异，体现了自上而下的语言政策和自下而上的语言偏好。（2）语言景观的形式和功能对汉语二语学习产生了"激励效应"（carryover effect），有助于学习者从专注的语言学习者向更加多元的身份进行转变，指导学习者进行更多二语行为实践，从而对二语学习产生积极反馈。结论可为后续语言景观与第二语言学习关系的探索提供数据支持，同时也可为国际中文教育资源的多元化构建提供理论依据。

[关键词]　语言景观；汉语作为第二语言的学习；激励效应

❶ 引言

某一地区的语言景观反映了该地区的语言意识形态、语言的权势地位和语言政策，

*　作者简介：陈默，中国人民大学国际文化交流学院教授。研究方向：语言习得和国际中文教育。Email：20200093@ruc.edu.cn。通信地址：100087 中国人民大学国际文化交流学院。谷明睿，中国人民大学文学院在读硕士。研究方向：国际中文教育。Email：gumingrui@ruc.edu.cn。通信地址：100087 中国人民大学文学院。戴悦，中国人民大学文学院在读硕士。研究方向：国际中文教育。Email：daiyue1108@ruc.edu.cn。通信地址：100087 中国人民大学文学院。

本文获教育部中外语言交流合作中心国际中文教育研究课题（项目编号：20YH16C）、中国人民大学国际文化交流学院科学研究基金项目（项目编号：RMSCSCE 21002）、教育部人文社会科学重点研究基地重大项目（项目编号：1655D740003）的资助。感谢卢德平教授、高一虹教授和《语言学研究》编辑部为本文提出的诸多宝贵建议。

因此，语言景观是特定地区特定群体的标记。同时，特定群体所持的对某种语言的认知和态度也会塑造语言景观的形式和功能。由此可见，语言景观在一定程度上跟特定群体存在双向互动关系（Francia，2015）。在第二语言习得过程中，身处目的语国的二语学习者会与新的社会环境产生互动。作为社会环境的重要组成部分，语言景观在一定程度上会影响二语学习（Landry & Bourhis，1997）。遗憾的是，目前关于语言景观对二语学习影响的研究较少，多集中于对少数民族语言的影响研究（Yao et al.，2020）。因此，本研究将对苏州平江路语言景观进行形式和功能分析，考察汉语二语学习者对语言景观的形式和功能的认知，以及这种认知对二语学习的潜在影响。

❷ 研究背景

2.1 理论框架

本研究对语言景观的考察采用了场所符号学的理论框架（Scollon & Scollon，2003）。该系统包括四个维度：（1）语码取向，指在标牌上不同语言的优先层级；（2）字刻，指字体、材料、叠加或延伸及状态改变；（3）放置，指标牌放置的空间位置激活的意义，包括去语境化、越轨式和场景化放置；（4）时空中的话语，分为监管、基础设施、商业和越界话语。

2.2 语言景观的形式和功能表征

语言景观的形式表征体现在语符类型、语符搭配、字词特征和语音特征四个方面（邱莹，2016）：（1）语符类型，即语言文字符号的类型；（2）语符搭配，指语符的搭配使用；（3）字词特征，指语汇取向；（4）语音特征，指韵律特征。语言景观功能包括信息和象征功能（Landry & Bourhis，1997)，前者为显性功能，后者为隐性功能，二者反映了语言意识形态和特定群体的关系（尚国文、赵守辉，2014）。语言景观最基本的信息功能是标记特定语言社区的所在区域（Bourhis，1992），而旅游景区的语言景观会发挥不同的话语功能，这些功能会影响游客与景区的关系构建（Kallen，2009）。象征功能即语言景观承载的元语言功能，反映语言的社会地位。语言景观还有特异象征功能，比如旅游场景中的语言景观可创造经济效益（尚国文，2018）。

2.3 语言景观对语言学习的潜在影响

自上而下的语言政策和自下而上的语言偏好共同构建了语言景观，因此，语言景观表征了语言意识形态，反映了语言的权力和地位。语言景观中语言的多样性（Visona，2017）、凸显程度（Yao et al.，2020）和书写形式（Cenoz & Gorter，2006）会影响受众对于某区域内语言的认知、态度和行为实践（Francia，2015），从而对语言的学习、使用和传承产生一定作用，这种作用主要体现在"激励效应"上（Landry & Bourhis，1997）。例如，某语言在语言景观上的凸显，使人感觉该语言被赋予重要价值，从而激发受众对该语言的学习、使用和传承。若某语言在语言景观上未被凸显，则传递出该语言社会地位不高的信息，进而削弱该语言使用者作为独特民族语言群体生存的集体意愿，导致其语言学习信心降低或语言传承意愿削弱（Nie et al.，2021）。语言景观还体现出该社区对于语言的象征性认同。在全球化背景下，经济、政治、文化会赋予某语言特定的象征意义，且通常用语言景观中的语言选择体现（Spolsky & Cooper，1991），进而影响受众的语言认同。例如，在希腊，英语常与自由市场经济和技术创新等价值观联系在一起，体现出强烈的英语象征性认同（Nikolou，2017）。

　　本研究认为，语言景观作为二语学习者语言接触的重要维度，构成了一个互动空间。在此空间内，语言景观的形式和功能表征方式培育了二语学习和使用的心理倾向（Landry & Bourhis，1997），从而激发学习者对第二语言及其相关文化产生认同感；这种认同感的增强会指导新的语言行为实践，反过来又为第二语言学习提供反馈。基于上述观点，我们将从实证层面探讨三个问题：（1）苏州平江路语言景观的形式和功能有哪些特征？（2）语言景观的形式和功能特征会让汉语二语学习者产生怎样的认知？（3）学习者对于语言景观形式和功能的认知是否会对二语学习产生一定影响，产生怎样的影响？

❸ 研究方法

3.1　研究对象

3.1.1　语言景观

语言景观的研究对象为苏州平江路。平江路位于苏州市姑苏区，800多年来一直保持"水路并行，河街相邻"的水乡格局，入选首批"中国历史文化名街"。作为苏州历史文化的代表，平江路吸引了大量外国游客前往游览。

3.1.2　访谈对象

访谈对象均为汉语二语学习者，且有多次游览平江路的经历。受访者通过方便抽样法选取，共20名，平均年龄30.1岁（见表1）。

表1　受访者基本情况（N=20）

样本类型		人数	百分比[①]
性别	男	11	55%
	女	9	45%
职业	学生	11	55%
	职业人士	9	45%
年龄	21岁至30岁	13	65%
	31岁至40岁	5	25%
	41岁至50岁	1	5%
	51岁至60岁	1	5%

---

① 由于此处数据为人数比例，数值只保留整数。

续表

样本类型		人数	百分比
国籍	美国	3	15%
	巴基斯坦	3	15%
	日本	2	10%
	印度尼西亚	2	10%
	哈萨克斯坦	2	10%
	埃及	1	5%
	墨西哥	1	5%
	爱尔兰	1	5%
	菲律宾	1	5%
	加拿大	1	5%
	韩国	1	5%
	毛里求斯	1	5%
	孟加拉	1	5%
汉语水平	初级（HSK1-2级）	10	50%
	中级（HSK3-4级）	4	20%
	高级（HSK5-6级）	6	30%
去过平江路的次数	<5次	7	35%
	≥5次	13	65%

3.2 研究设计

本研究采用影像记录和观察法，调查语言景观的形式和功能。研究者多次前往平江路，对语言标牌进行拍照记录，共获得照片431张。每一个语言实体无论大小，统计时都算作一个标牌（Backhaus，2006），有效标牌共362块。研究者对20名居住在苏州的汉语二语学习者进行了半结构化访谈。

3.3 语言景观的形式和功能分析

语言景观的形式分析包括：（1）语符类型及语符搭配；（2）字词特征；（3）认读顺序；（4）语音特征；（5）语体特征；（6）不规范现象。信息功能分析包含：（1）设立者；（2）使用；（3）话语功能；（4）字刻；（5）放置。象征功能分析分为常规象征功能和特异象征功能。

3.4 半结构化访谈提纲设计

语言景观对学习者影响的访谈包括三个维度（参阅陈默，2022）：（1）汉语二语学习者对语言景观形式的认知（6个问题）。例如：平江路的语言景观与其他商业区有什么不同？（2）汉语二语学习者对语言景观功能的认知（8个问题）。例如：平江路的语言景观可以为旅游和生活提供便利吗？（3）语言景观对汉语二语行为实践的影响（4个问题）。例如：平江路的语言景观会促使你采取哪些措施学习汉语？

3.5 访谈步骤

首先请受访者填写个人背景信息和汉语学习情况调查表，然后进行45分钟至60分钟的访谈。受访者可选择使用英语或汉语回答。访谈时，主试展示图片实例，为回答问题提供记忆参考，随后，邀请受访者谈谈对语言景观的真实想法，以考察他们在与语言景观互动的过程中对汉语及其相关文化的情感态度和语言行为实践的变化。

3.6 访谈转写

中文访谈由主试转写编码；英文访谈先由一名语言学专业研究生完成英文文本转写和汉译，再由另一名语言学专业研究生核查。全部访谈转写语料共9万字。

❹ 结果和讨论

4.1 语言景观的形式分析

4.1.1 语符类型及语符搭配频率

语符类型为汉字、英文、拼音及标点。语符搭配类型为纯汉字、纯英文、汉字与英文搭配、汉字与拼音搭配及其他类型。在362块标牌中，纯汉字标牌占66.3%，汉字和英文搭配标牌占24.03%，表明汉语居优势语言地位（见图1）。汉字与英文搭配多出现在店铺名牌及公共指示牌上。在双语标牌中，汉字与英文搭配标牌占96.74%，而汉字与其他语言文字搭配标牌仅占3.26%。英语的强势地位体现了标牌制作者的"理性利益"（Ben-Rafael，2009），作为国际通用语，英语的使用可吸引更多外国游客。

图1　汉字标牌

4.1.2　字词特征

字词特征分析包括用字情况、用语类型、简体字与繁体字及外语词汇比例。（1）用字情况。用字多样性强、复杂度高。开放性命名可凸显文化多样性。用字丰富：汉字总数2 186个，不重复字符767个。用字复杂度高：低频字734个（占95.69%），占比最高；中频字25个（3.26%）；高频字8个（1.04%），多与苏州及店铺通名有关。（2）用语类型。短语（235个，64.92%）最多，其次是词语标牌（99个，27.35%），这是因为短语和词语可以更好地描述物品特质。基于经济性原则，句子较少（28个，7.73%），多为古诗词句或对联等，目的是展现古典文化。（3）简体字与繁体字。简体字标牌280个（77.56%），繁体字标牌38个（10.53%，见图2），繁简混合标牌43个（11.91%）。这表明，标牌用字虽倾向简体字，但也注意利用繁体字营造复古、典雅的氛围，以满足受众的历史文化需求（邱莹，2016）。（4）外语词汇比例。在外语标牌中，90个标牌包含英语（96.77%，英语标牌见图3），仅1个标牌包含日语，2个包含法语。

图2　繁体字标牌　　　　　　　　　　　图3　英语标牌

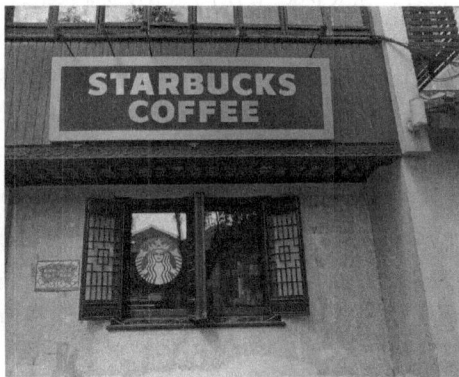

4.1.3　认读顺序

37块标牌的认读顺序是自右向左（10.22%），多为传统老字号（见图2），沿袭古代汉语传统的认读顺序，且字体多为繁体字。这可解读为坚持传统文化，塑造历史氛围（刘慧，2016）。

4.1.4　语音特征

音节数量少于10个的标牌最多（321个，88.67%），便于记忆；音节数量处于10至20个之间的标牌次之（36个，9.94%），多利用多重短语，表述所指店铺或公共信息；音节数量超过20个的标牌最少（5个，1.38%），此类标牌为句子，多为古诗或介绍性文字，目的在于营造古典氛围。

4.1.5　语体特征

语体以典雅体为主（99.72%），仅有一例典型口语体（0.28%），即"醉想偙米酿局",带有苏州话色彩。这意味着平江路语言景观凸显的是典则俊雅的姑苏文化,目的是营造传统文化氛围,满足受众追求雅致的心理需求。

4.1.6　不规范现象

存在少量不规范现象。第一,拼写不规范。集中体现在拼音上,如"品芳"受苏州方言影响,拼写为"pin von"。第二,标点不规范。如"紫韵。旗阁"标牌为了吸引受众注意,在店铺名称中插入标点,塑造了独特的语言景观。第三,翻译不规范。汉语中存在近音词,如使用"书信"的谐音"酥信"作为糕点店铺名称,在英译文中仍翻译为letter。

4.2　语言景观的功能分析

平江路语言景观的信息和象征功能凸显了汉语资本价值(如经济和文化等价值)。以下是功能分析结果。

4.2.1　信息功能分析

信息功能从标牌的设立者、使用、话语功能、字刻及放置五个方面来分析:(1)设立者。私人标牌(316个,87.29%)显著多于官方标牌(46个,12.71%),二者的功能和语言使用差异明显。一是从功能来看,私人标牌均为店铺标牌及广告语,用于展示售卖物品和店铺特色;官方标牌多发挥基础信息功能作用,提供必要信息或历史文化信息。二是从语言使用来看,60.87%的官方标牌含英语,而私人标牌中仅19.94%含外语。这展现出政府对于外国游客的欢迎态度,而私人标牌中汉语的主导地位会影响针对外国游客的信息传递。三是从信息对等性来看,官方标牌中各语言提供的信息基本对等(见图4);而在私人标牌中,外语无法提供汉语表达的全部信息,并未发挥应有的信息传递功能(见图5)。(2)使用。商铺标牌占比最高(82.56%),还有公共交通和街道指示牌及建筑门牌等。(3)话语功能。认知功能最为凸显(92.82%),可帮助受众了解店铺及景点相关信息;其次是指示(5.25%);再次是行为调节(3.59%);互动功能(2.49%)占比最低。(4)字刻。从字体看,艺术字体标牌(229个,63.26%)显著多于标准字体(133个,36.74%)。标准字体标牌多为官方标牌,使用宋体、黑体来传递正式信息;而艺术字体多用于店铺标牌,目的是吸引游客注意。然而,艺术字体会加大外国游客阅读标牌的困难。从材质看,木质最多(214个,59.12%),是由于木质更能烘托古典文化氛围。(5)放置。由于苏州市政府要求标牌与建筑物风格、自身店面装修设计相协调,放置方式均为场景化放置。

4.2.2　象征功能分析

4.2.2.1　常规象征功能

就语言选择而言,汉语单语标牌(269个,74.31%)多于汉英双语标牌(89个,24.59%),汉语占主导地位(其余语言搭配占比为1.1%)。汉英双语标牌多为官方标牌,汉语单语标牌多为私人标牌。

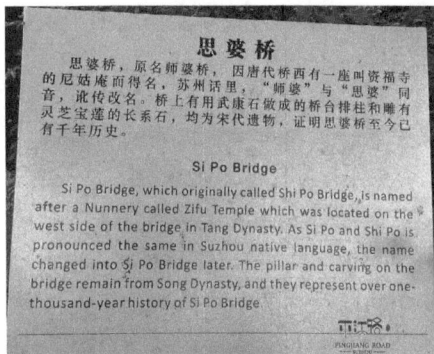

图4　平江路景点历史介绍

图5　香遇沙龙香水标牌

4.2.2.2　特异象征功能

有119块标牌（32.87%）利用字体、材质、内容等方式传达"传统""正宗""历史悠久""古色古香"等象征意义，体现历史感。有73个标牌（20.17%）通过增加国际通用语或附加拼音来增进理解，体现好客感。

4.3　语言景观对汉语二语学习影响的分析

4.3.1　汉语学习者对语言景观形式的认知

第一，从学习者对语言景观的关注程度来看，受访者会对语言景观主动给予关注，如[1]。这表明语言景观可吸引学习者的注意力，在一定程度上创造了影响其二语学习的社会环境条件。有趣的是，受访者对官方和私人标牌的关注程度不同，且关注程度似与汉语水平有关，水平越高越倾向于关注私人标牌，反之倾向于关注官方标牌，如[2]和[3]。这是因为受访者意识到了不同标牌语言选择和功能的差异。官方标牌通过双语提供对等信息，发挥基础信息功能，有利于低水平学习者理解相关信息。私人标牌的信息功能是介绍、售卖物品，并非必需信息（Backhaus，2007）；加之多为单语，导致理解较为困难。

[1]　语言景观是比较重要的，因为在不懂的情况下，还是可以适当给人引导，包括去理解这个是为什么这样产生的。[①]（女，高级，韩国）

[2]　当然我会关注语言景观，对私人标牌关注更多。（男，高级，巴基斯坦）

[3]　我会关注官方标牌，但是商店标牌的话，我不太读。因为官方标牌上有英语，所以我可以读懂。（女，初级，美国）

第二，从学习者对语言景观形式的认知来看，受访者对平江路语言景观的形式持积极态度，如[4]。而且，跟商业街相比，他们对平江路语言景观的形式更加认同。这是因为后者采用艺术字体、选用木质载体等，与环境共建浓厚的历史文化氛围，

---

① 访谈对象汉语水平有限，为确保真实性，尽量使用原始谈话记录，后同。

如[5]。语言景观均为场景化放置,因此受访者认为平江路语言景观能与周围景观达到微妙契合,如[6]。

> [4] 这里的标牌让你明白,你在一个非常古老的中国城市,因为它写得很漂亮,虽然我看不懂,但它仍然很漂亮。(女,初级,哈萨克斯坦)
>
> [5] 平江路的语言景观更多是传统的,而其他商业街看起来更现代。平江路很有感觉,但是其他的路好像去哪里都一样的。(女,高级,菲律宾)
>
> [6] 商业街的语言景观,更像是为了吸引眼球,没有那么漂亮或经过深思熟虑。平江路的语言景观是设计过的,考虑到了景观,更微妙地契合。它的设计比商业语言设计要好得多。(女,初级,爱尔兰)

第三,从学习者对语言的关注程度来看,存在个体差异。在双语或多语标牌中,12位受访者先关注英语,是因为受汉语水平的限制,他们会优先关注发挥信息功能的语言,如[7]。8位受访者先关注汉语,是因为汉语通过字体大小和位置彰显了优势,且受访者身处目的语国,汉语的重要价值更为凸显,如[8]。从英语翻译看,19位受访者认为英文翻译存在可改进之处:一是翻译可理解但不合适,如[9]。在"海小姐的玫瑰饼"的英文翻译Miss Hai' cake中,cake表示所售物品,但原材料rose未得以展现;二是无意义的逐字翻译,如[10]。"此时此地"的英文翻译Time and Place较难理解。

> [7] 英语会先让我注意到,只是因为我理解它,因为它是我的母语。但是我也会看中文,我会尝试把它们联系起来。(女,初级,加拿大)
>
> [8] 先关注中文,然后是英文,是因为现在在中国。(男,初级,墨西哥)
>
> [9] 我能看懂,但觉得中文的翻译不太准确。(男,中级,印度尼西亚)
>
> [10] 这是逐字的对中文的翻译,没有什么意义。(男,初级,孟加拉国)

第四,从学习者青睐的语言景观形式来看,有9位受访者喜欢高欣赏价值标牌,如[11]。受访者均对一家旗袍店的标牌印象深刻。该标牌采用"中国红"色彩,外形像身着旗袍的女子,可以帮助学习者理解"旗袍"的含义。此类标牌从形状、颜色及字体方面增强了语言输入,创造了二语习得的友好环境。

> [11] 因为可以看到更多漂亮的(标牌),有比较亮的颜色或者有趣的写法或图片。你会感兴趣,会抓住你的注意力。(女,初级,哈萨克斯坦)

4.3.2 汉语学习者对语言景观功能的认知

第一,从学习者对标牌的理解度来看,有13位受访者认为,对于不懂中文或首次来平江路的非汉语母语者来说,可理解度较弱,如[12]。这是因为汉语单语标牌占

74.31%，对功能表达产生了负面影响。他们提出，语言水平低会限制他们感受标牌蕴含的文化意义，添加英文、图片或标记，将有助于他们理解中国文化，促进汉语学习，如[13]。可喜的是，有24.59%的语言景观附加了英语翻译。

[12] 我认为对不懂中文的外国人来说还是困难的。（男，初级，毛里求斯）

[13] 如果不能理解字符的含义，那么无助于推广这个东西。如果有图片，标牌会有所帮助。如果有英文翻译或如果我理解字符，我可能会感受到。（男，初级，美国）

第二，从学习者对标牌功能表达差异的理解来看，学习者能意识到官方和私人标牌的功能差别。有11位受访者表示，官方标牌更好地发挥了信息功能，为外国游客提供了便利，如[14]。有15位受访者认为，官方标牌多为双语，有助于理解，如[15]；而私人标牌多为汉语单语，即使有英文翻译也用直译，影响了信息传递，如[16]。

[14] 对于新来的人，地图和标志真的很有帮助。（男，初级，美国）

[15] 关于桥的那个标牌，你知道它有中文，但它也有英文。（女，初级，加拿大）

[16] 我觉得Time and Place像一个图书馆，名称非常"哲学"。非常难以理解。（男，初级，孟加拉国）

第三，从学习者对语言景观实用性的评价来看，有10位受访者认为语言景观最重要的功能是使受众理解，多模态标志有助于增强实用性，提高理解度，如[17]。这表明多通道刺激可降低理解难度，促进二语学习。

[17] 像旗袍店，可以有一个中国女子身穿传统服饰，会更容易理解。即使可以读懂汉字，但是有了这种明显标志，仍然是比较好地理解的。（男，初级，孟加拉国）

4.3.3 语言景观对汉语二语学习行为实践的影响

第一，语言景观的形式和功能表征方式可促使学习者将自己定位为专注的语言学习者身份。首先，语言景观中有约99.72%的标牌包含汉语，汉字频繁出现会使学习者产生理解障碍，但这会促使学习者利用其他工具（如字典、网络搜索引擎等）学习汉字，从而激发了汉字学习兴趣，如[18]。其次，语言景观有益于学习者认知和记忆汉语词汇，如[19][20][21]，这是因为语言景观的用语类型以词语为主，且用字丰富，书写多样，多附加拼音。最后，语言景观常以多模态形式呈现，有利于学习者主动注意和加工汉语语汇，如[20]。由此可见，语言景观所传递的，以目的语为主导的语言意识形态及目的语的美感，对二语学习行为产生了显著的激励效应。

[18] 这些标牌呢，就会让我去翻译。我翻译得越多就了解得越多。所以我会知道很多以前不懂的汉字。这会让我非常感兴趣。（男，中级，印度尼西亚）

[19] 标牌让我去学更多汉字，拼音帮助我认识汉字。（女，初级，美国）

[20] 我可以猜。它上面有个酒吧，有个咖啡的标志，然后如果这个我看不懂，下面还有图片帮助我。（男，高级，巴基斯坦）

[21] 如果所有事物都以标准字体来写的话，你就会发现所有的旅游地就会失去它们的魅力。这种独特的字体会让你记住，你是在中国，这非常漂亮，我可以试着看看。（女，初级，哈萨克斯坦）

第二，语言景观的形式和功能表达可激励学习者在更广泛的领域里使用汉语，涌现多重身份。首先，语言景观可提供交际话题，有利于学习者建立与目的语社团成员社交的网络，使自己成为语言使用者，如[22]；其次，语言景观的字词特征可使学习者更深地体验中国传统文化（见图2、图4），如繁体字及艺术字体强化了学习者对于目的语传统文字的认同（例[23]），并激发他们尝试学习苏州评弹和园林建筑等文化的意愿（例[24]和[25]）；最后，平江路与受访者母国语言景观的差异有利于培养学习者的跨文化比较视角和意识（见图2、图3）。值得注意的是，来自美国的受访者敏锐地察觉到平江路语言景观在语用风格上不同于美国（例[26]），美国语言景观的表达更加直接，而平江路的表达倾向于含蓄，如"雲花拾里"类标牌。这是由于美国属于低语境文化，重要信息靠明晰的语言符号传递；而中国属于高语境文化，表达较间接（Yang et al., 2021）。语言景观对于目的语价值和文化资本的凸显，利于二语学习者多重身份的涌现和跨文化交际能力的培养（Francia, 2015；Landry & Bourhis, 1997）。

[22] （语言景观）给我一些开始谈话的理由。（男，初级，美国）

[23] 是非常传统的一种文化。如地铁中的文字都用标准字体来写，会很无聊，无法引起你的想象力。所以像中国的文字用不同的方式写，会更好。（女，初级，哈萨克斯坦）

[24] 比如说文字看起来不一样，这些文字让我想去了解园林文化。（男，中级，埃及）

[25] 比如说评弹。因为我知道这个东西只有在这里能看得到。然后呢，更深入地知道、体验到这种文化特色，让我觉得这里可能跟别的地方不一样。（女，高级，韩国）

[26] 中国很多标牌有一些很有趣的故事。但英文标志会更直接。（男，初级，美国）

❺ 结论

本研究描述分析了苏州平江路语言景观的形式和功能，并探察了该景观对汉语作为第二语言学习的潜在影响。结论如下：

（1）语言景观的形式和功能有两大特征：其一，突显历史感和好客功能表达。历史感通过多样和复杂的汉字、短语结构、古诗词和对联、自右向左的认读顺序、艺术字体及木质材质来传递，均为场景化放置且稳定性强，可营造复古、典雅的氛围，彰显艺术美感。好客功能通过增加游客熟悉的语境或拼音体现。其二，以私人标牌为主，以官方标牌为辅，两种标牌存在形式和功能差异。从形式来看，大部分官方标牌为汉英双语，代表了官方重视外国游客的立场，而私人标牌以汉语单语为主；官方标牌多为标准字体而私人标牌多为艺术字体。从功能来看，官方标牌和私人标牌均体现出汉语主导地位，反映了集体认同原则，但官方标牌侧重信息传递和权力关系的展现，私人标牌强调店铺特色和所售物品。

（2）语言景观的形式和功能对汉语二语学习者产生了激励效应，这种影响通过自上而下的语言政策和自下而上的语言偏好来施加（见图6）。汉语的高权势地位强化了学习动机，有利于学习者对于目的语及其相关文化的认同。这种认同感的增强会使学习者涌现出多重身份，比如：语言景观为交际提供话题，有利于培养语言使用者身份；语言景观对于历史感和好客功能的突显，有利于培养跨文化体验者身份；目的语国跟母国在语言景观语用风格上的差异，有利于培养跨文化比较者身份。这种多重身份的涌现会激励学习者进行更加多元的二语行为实践，二语行为实践的结果最终又会反馈于二语学习本身。

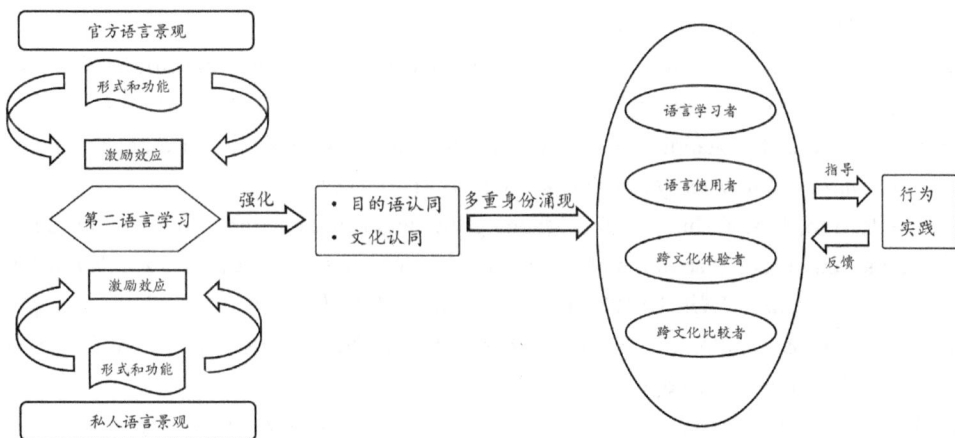

图6　语言景观对汉语二语学习的影响

本研究的结论可为后续有关语言景观与第二语言学习关系的探索提供支持，为将语言景观引入国际中文教育资源库及辅助学习者习得跨文化交际能力提供指导，还可以为语言景观的规范化管理提供策略方面的启示。

参考文献

❏ Backhaus, P. 2006. Multilingualism in Tokyo：A look into the linguistic landscape. *International Journal of Multilingualism* 3（1）: 52-66.

❏ Backhaus, P. 2007. *Linguistic Landscapes*：*A Comparative Study of Urban Multilingualism in Tokyo*. Clevedon：Multilingual Matters.

❏ Ben-Rafael, E. 2009. A sociological approach to the study of linguistic landscape. In E. Shohamy & D. Gorter (eds.), *Linguistic Landscape: Expanding the Scenery*. New York: Routledge. 40–54.

❏ Bourhis, R.Y. 1992. *La Langue d'Affichage Publique et Commerciale au Québec: Plan de Recherche Pour l'Élaboration d'Une Loi Linguistique*. Québec: Conseil de la langue française.

❏ Cenoz, J. & Gorter, D. 2006. Linguistic landscape and minority languages. *International Journal of Multilingualism* 3(1): 67–80.

❏ Francia, M. 2015. English in advertising in Colombia. *World Englishes* 34(4):600-619.

❏ Kallen, J. 2009. Tourism and representation in the Irish linguistic landscape. In E.Shohamy & D. Gorter (eds.), *Linguistic Landscape: Expanding the Scenery*: 270-284. New York: Routledge.

❏ Landry, R. & Bourhis, R.Y.1997. Linguistic landscape and ethnolinguistic vitality: An empirical study. *Journal of Language and Social Psychology* 16（1）:23-49.

❏ Nikolou, A. 2017. Mapping the linguistic landscape of Athens: The case of shop signs. *International Journal of Multilingualism* 14 (2):160-182.

❏ Nie, P., Yao, J. & Tashi, N. 2021. Mapping the linguistic landscape from a multi-factor perspective: The case of a multi-ethnolinguistic city in China. *International Journal of Multilingualism*. DOI: 10.1080/14790718.2021.1898620.

❏ Scollon, R. & Scollon, S. W. 2003. *Discourses in Place: Language in the Material World*. London:Routledge.

❏ Spolsky, B. & Cooper, R. L. 1991. *The languages of Jerusalem*. Oxford: Clarendon Press.

❏ Visona，M. 2017. Language Attitudes and Linguistic Landscapes of Malawi. *Texas Linguistics Forum* Vol. 60. SALSA XXV Proceedings.

❏ Yang, X., Hou, J. & Arth, Z. W. 2021. Communicating in a proper way: How people from high-/low-context culture choose their media for communication. *International Communication Gazette*. 83 (3). 238-259.

❑ Yao, J., Yan, X., & Liu, S. 2020. Linguistic landscape in Liangshan Yi Autonomous Prefecture: The case of an ethnic minority region in China. *International Journal of Multilingualism*. DOI：10.1080/14790718.2020.1800018.

❑ 陈默，2022，汉语二语学习者的认同构建、言语适应和口语发展的关系研究。《语言教学与研究》（1）：26-37。

❑ 刘慧，2016，印尼华族集聚区语言景观与族群认同——以峇淡、坤甸、北干巴鲁三地为例。《语言战略研究》（1）：42-49。

❑ 邱莹，2016，上饶市语言景观调查研究。《语言文字应用》（3）：40-49。

❑ 尚国文、赵守辉，2014，语言景观研究的视角、理论与方法。《外语教学与研究》46(2)：214-223。

❑ 尚国文，2018，宏观社会语言学视域下的旅游语言景观研究。《浙江外国语学院学报》(3):46-56。

Carryover Effects of Linguistic Landscape on L2 Chinese Learning: A Study on Pingjiang Road in Suzhou

Abstract:　With techniques of image recording and observation, this study investigates the linguistic landscape (LL) of Pingjiang Road in Suzhou; it also adopts semi-structured interviews to examine the potential impact of LL on L2 Chinese learners. Research results include the following. (1) The Pingjiang Road LL are characterized by a prominence of history and hospitality; the sign differences between private and official institutions reflect top-down language policies and bottom-up language preferences. (2) The LL form and function exert "carryover effects" on L2 Chinese learners, with the emergence of multiple identity roles. These multiple roles in their turn enhance learners' L2 learning and practice. Theoretical and practical implications are discussed.

Key words:　linguistic landscape; learning Chinese as a second language; carryover effect

（责任编辑：高一虹）

语言学理论研究

跨语言时－体制约的格角色分裂和格配置分裂

认知语法视阈下的人称代词指称义研究——以"新型冠状病毒"相关事件为例

跨语言时－体制约的格角色分裂和格配置分裂

山东财经大学　于秀金　高婧瑄
上海外国语大学/江苏师范大学　金立鑫*

[提　要]　本文从语言类型学角度将格定义为标示小句或短语层面上中心语与其附属
名词性成分之间关系的形态－句法范畴，在此基础上，探讨了时－体所制
约的格角色分裂和格按配方比例用配制分裂。格角色分裂指同一格配置模
式中格角色的变换，主－宾格语言的格角色分裂通常发生在核心格和边缘
格之间，施－通格语言的格角色分裂主要发生在施格和通格之间。格配置
分裂指同一语言中主－宾格模式和施－通格模式之间的变换，主－宾格模
式一般用于非过去时/非完整体/未完成体，施－通格模式则通常用于过去
时/完整体/完成体。本研究在揭示汉语的混合格配置很可能是体所制约的
格配置分裂方面为后续研究提供了启示。

[关键词]　格；时－体；格角色；格配置；分裂

❶ 引言

时－体（tense-aspect）和格（case）两类范畴是语言类型学界的研究难点，学界
对其中单一范畴的研究极多，但在跨语言时－体和格之间的关系方面，国内鲜有学者
涉足，国外也只有少数文献论及（参见Dixon, 1994; Palmer, 1994; Blake, 2001; Laka,
2006; Richardson, 2007; Coon, 2013）。综观以往研究，学界对跨语言时－体和格之间
关系的研究缺乏系统性，忽略了跨语言时－体因素所造成的格分裂（case split）有
格角色分裂（case-role split）和格配置分裂（case-alignment split）两种类型，前者
指时－体所制约的同一格配置模式中格角色的变换，后者指时－体所制约的主－宾格

*　作者简介：于秀金，山东财经大学外国语学院教授、博士。研究方向：语言类型学。Email：
yuxiujin888@163.com。通信地址：250014山东省济南市市中区舜耕路42号千训楼9209室，山东财经
大学外国语学院。高婧瑄，山东财经大学外国语学院在读硕士生。研究方向：语言类型学。Email：
charmjx@163.com。通信地址：250014山东财经大学外国语学院。金立鑫，上海外国语大学语言研究
院教授、博士、博士生导师，江苏师范大学语言科学与艺术学院特聘教授。研究方向：语言类型学、
普通语言学。Email: jinlixin@hotmail.com。通信地址：200083上海外国语大学语言研究院。

本文受国家社科基金项目"汉外语言论元配置模式及其语法效应的类型研究"（项目编号：
21BYY050）资助。

（nominative–accusative）和施–通格（ergative–absolutive）之间的格配置模式的变换。本文从类型学角度对格进行界定，主张区分格角色和格配置，探讨不同语言中时–体所制约的格角色分裂和格配置分裂。

❷ 跨语言格的界定与格角色和格配置

格既是传统语法中的重要语法范畴，也是类型学和生成句法等流派的重要议题，格的相关成果斐然（参见Blake, 2001; Butt, 2006; Malchukov & Spencer, 2009）。类型学界对格范畴的界定并未取得统一意见，Haspelmath（2002: 267）主张格是表达名词短语语义角色的屈折手段，Blake（2001: 1）将格定义为标示附属性名词短语与中心语之间关系的形态标志系统。相比较而言，Blake（2001）对于格的界定在类型学界有较大影响，但仍有两个问题：第一，这一界定既忽略了屈折语素缺乏的孤立语中基础语序的句法位置所表达的结构格，也忽略了一些语言中的助词（particle）等具有的格的表达功能；第二，在小句层面上，该定义隐含了拥有格标记的只能是动词的核心论元，而不能是附加语（adjunct）这一观点，但事实是，有些语言如德语、韩语的格标志可出现在附加语上，例[1]中德语的附加语带强制性的宾格标志，韩语的附加语则带可选的宾格标志，Butt（2006: 7-8）将标识在附加语上的格称为状语格（adverbial case）。

[1]　德语（Butt, 2006: 7）[①]
Ich　habe　　[den　ganzen　　Tag] gearbeitet.
I.NOM have.PRS.1st.SG. the.M.ACC whole.M.ACC day.SG work.PTCP
I worked the whole day.（我工作了一整天。）
韩语（Butt, 2006: 7）
Suna-nŭn　kŭ chaek-ŭl　tu　pŏn-(ŭl)　ilk-ŭss-ta.
Suna-TOP the book-ACC two times-(ACC) read-PST-DECL
Suna read the book twice.（苏娜读了两遍书。）

---

① 本文例子中的缩略词如下：A, agent（施事）；ABS, absolutive（通格）；ACC, accusative（宾格）；ACT, actual（真实的）；ADE, adessive（位置格）；ALL, allative（向格）；ANTIPASS, antipassive（逆被动态）；AOR, aorist（不定过去时）；AUX, auxiliary（助动词）；DAT, dative（与格）；DECL, declarative（陈述的）；DES, desiderative（愿望）；DET, determiner（限定词）；ERG, ergative（施格）；FA, future actor（将来动作的发出者）；FUT, future tense（将来时）；GEN, genitive（所属格）；HERE, here（这里，近指）；IMPRF, imperfect aspect（未完成体）；IMPRFV, imperfective aspect（非完整体）；INSTR, instrumental（工具格）；IRR, irrealis（非现实）；LOC, locative（方位格）；M, masculine（阳性）；MABL, modal ablative（情态离格）；MOBL, modal oblique（情态斜格）；MPROP, modal proprietive（情态潜势格）；NOM, nominative（主格）；NEU, neuter（中性）；NOMINAL, nominalization（名物化）；NONFUT, non-future tense（非将来时）；P, patient（受事）；PART, partitive case（部分格）；PL, plural（复数）；POT, potential（潜在的）；PRF, perfect aspect（完成体）；PRFV, perfective aspect（完整体）；PROG, progressive aspect（进行体）；PRS, present tense（现在时）；PST, past tense（过去时）；PTCP, past participle（过去分词）；S, subject of intransitive verb（不及物动词的主语）；SG, singular（单数）；TOP, topic（话题）。

基于 Blake（2001），我们从类型学角度对格定义如下：格是标示短语或小句层面上的中心语（head）和其附属名词性成分（dependent noun phrase）之间关系的形态－句法范畴。短语层面（附置词短语和领属结构）的格表达中心语（如前置词、后置词或核心名词）和附属名词性成分之间的关系；小句层面的格表达论元和谓语动词之间的语法关系，论元可以是核心论元，也可是附加语中的非核心论元。需要说明的是，小句层面和短语层面上的格是基于不同的中心语区分的，小句的中心语是谓语动词，短语（如附置词短语或领属结构）的中心语是附置词或核心名词。从跨语言角度来看，我们所说的"格"包括屈折语素、助词或附置词等表达的格，也包括基础语序中句法位置表达的结构格或句法格。

在上述格定义的基础上，我们将主格、宾格、施格、通格、所属格、与格、工具格、处所格等统称为格角色（case roles）。将它们称为格角色，一是基于这些不同格的形态－句法范畴地位；二是为了与 Fillmore（1968）的格语法中的深层格（施事格、工具格、受事格、使成格、方位格、客体格等）进行区分，深层格本质上是语义角色。具体而言，格角色是形态－句法范畴，表达名词性论元在语法结构中的语法角色；格语法中的格是语义范畴，表达名词性论元所指称的参与者在事件中的角色。

格角色和语义角色在很多情况下没有一一对应的关系，在很多语言中，无法用语义角色来直接确定格角色。根据 Kittilä 等（2011: 4-5），芬兰语中的施事、经历者、客体及工具等语义角色均可用主格来标示，接受者或受益者及目标等语义角色都可用向格（allative）来标示。俄语中的受事语义角色在不同小句中可标示为宾格、所属格、与格以及工具格，见例[2]：

[2]　俄语（Richardson, 2007: 2-3）
    a. Ja čitala　　knigu.
      I　read.PST.1SG　book.ACC
      I read/ was reading/ used to read a/ the book.（我读了/当时正读/过去常读一/这本书。）
    b. Ja kosnulas'　　stola.
      I　touched.PST.1SG　table.GEN
      I touched a/ the table.（我碰了一/这个桌子。）
    c. Ona　emu　　zavidujet.
      she　him.DAT　envies.PRS.3SG
      She envies him.（她嫉妒他。）
    d. Ona　upravljaet　　kanceljariej.
      she　manages.PRS.3SG　office.INSTR
      She manages the office.（她管理小公室。）

芬兰语和列兹基语（Lezgian）中的格角色和语义角色也没有对应关系。在芬兰语中，例[3a]中处所语义角色的名词标示为主格；例[3b]中客体语义角色的名词标示为主格，而表示拥有者的名词标示为位置格（adessive case）。在列兹基语中，例[4a]中"拳头"的语义角色是工具，用核心格——通格，而"他"的语义角色是受事，用非核心格——与格；例[4b]中语义角色为施事的"我"用与格，语义角色为受事的"书"用通格。

[3] 芬兰语（Kittilä et al., 2011: 17, 21）

  a. Kaupunki rakens-i   uude-n   koulu-n

     city.NOM build-PST.3SG new-ACC school-ACC

     The city built a new school.（这个城市建了一所新学校。）

  b. Kirja   on   lapse-lla

     book.NOM be.PRS.3SG child-ADE

     The child has the book.（孩子有这本书。）

[4] 列兹基语（Haspelmath, 1993: 272, 281）

  a. Za   ada-z sa ğud wihe-na

     I.ERG he-DAT one fist.ABS throw-AOR

     I hit him with the fist.（我用拳头打了他。）

  b. Za-z sa ktab   žğa-na

     I.DAT one book.ABS find-AOR

     I found a book.（我发现了一本书。）

从类型学角度看，主格/宾格/施格/通格这四个格除了属于不同的格角色外，它们在及物动词的施事性论元（A）和受事性论元（P），以及不及物动词的主事性论元（S）上的不同标示规律可带来不同的格配置（case alignment）模式，即主–宾格模式和施–通格模式。有的语言主–宾格模式显赫，有的语言施–通格模式显赫。Dixon（1979: 55, 1994: 9）和 Onishi（2001: 3）认为，在主–宾格显赫的语言中，受事性论元P标为宾格，施事性论元A和主事性论元S则都标为主格；在施–通格显赫的语言中，施事性论元A标为施格，受事性论元P和主事性论元S则均为通格（见表1）。代表性语言分别如例[5]和例[6]所示。

表1　两种主要的格配置模式

格配置模式	主–宾格	施–通格
A/P/S的格	主格：施事性论元A、主事性论元S 宾格：受事性论元P	施格：施事性论元A 通格：受事性论元P、主事性论元S

[5] 土耳其语（Handschuh, 2014: 5–6）

  a. Adam   gel-di

man.NOM come-PST

The man came.（那个人来了。）

b. Öğretmen   adam-ι   gör-dü

teacher.NOM man-ACC see-PST

The teacher saw the man.（老师看见了那个人。）

[6] 迪尔巴尔语（Dyirbal）（Dixon, 1994: 10）

a. ŋuma   banaga-nʸu

father.ABS return-NONFUT

Father returned.（父亲返回了。）

b. ŋuma   yabu-ŋgu   bura-n

father.ABS mother-ERG see-NONFUT

Mother saw father.（母亲看见了父亲。）

格角色和格配置都有时－体因素导致的分裂。格角色分裂指同一格配置模式中格角色的变换，主－宾格语言的格角色分裂通常发生在核心格和边缘格之间，施－通格语言的格角色分裂主要发生在施格和通格之间。格配置分裂指同一语言中主－宾格模式和施－通格模式之间的变换，主－宾格一般用于非过去时/非完整体/未完成体，施－通格则常用于过去时/完整体/完成体。Dixon（1994：185-186）指出，从历时来看，世界语言并不总是处于单一的格模式中，主－宾格语言会向施－通格语言演变，施－通格语言会向主－宾格语言演变，形成一个无始无终的循环，这造成共时中纯粹的主－宾格或施－通格语言罕见。下文首先介绍时－体－格的关系，然后以跨语言实例来讨论时－体因素所导致的这两种分裂。

❸ 时－体－格三个范畴的关联

世界语言中的时－体与格关系密切，时－体标志不仅可出现在动词上，如英语和俄语等印欧语，还可出现在名词性成分上，如索马里语（Somali）和西里奥诺语（Sirionó）。动词或名词性成分上的时－体标志表达事态的外部和内部时间属性，而事态由动作行为和动作行为的参与者组成，句法上由动词和其论元表达。小句层面上的格既然标示中心语动词与其附属名词性成分之间的关系，那么时－体信息可成为格标志所能表达的一个内容。这在生成语法最简方案的有关假设中可见一斑，Pesetsky和Torrego（2004: 501-503）主张，结构格（主格和宾格），即DP的主格和宾格，都基于[7]中论元的时条件和动词谓语结构来赋值。

[7]   a. 论元的时条件（格鉴别式）：一个论元必须带有T（不可解读或可解读）
       b. 动词谓语结构：Subj T_s [$_{vP}$ v T_o [$_{vP}$ V Obj]]

[7a]重新解读了格鉴别式，格的特征本质上都是T特征，[7b]阐释了主格和宾格的特征核查过程，T_s和T_o都带不可解读φ特征，不可解读φ特征可用作探针（probe），探测各自语域中带可解读φ特征的目标论元，随后，T_s和T_o分别与Subj和Obj论元建立起一致匹配关系，Subj和Obj论元的格特征得到核查并被赋值。对于[7b]中的动词谓语结构式，Kratzer（1996）和Travis（2010）没有采用T_o，而采用体短语AspP的中心语Asp。无论是T_o还是Asp，都体现了时–体与格的相关性。当然生成语法的解释只是一种理论假设，从世界语言来看，我们不能说名词性成分上的格标志就是时–体标志，根据Song（2001）和Comrie（2009）的观点，格标志还有区分论元差异和识别论元语义属性这两大功能。跨语言时–体–格关联的一个例证是澳大利亚境内的一种语言：

[8] 卡亚迪尔德语（Kayardild）（Evans, 1995: 107-108）

    a. Ngada   warra-ja   ngarn-kir
       1SG.NOM go-ACT beach-ALL
       I am going/ have gone to the beach.（我正去/已去过海滩。）

    b. Ngada   warra-ju ngarn-kiring-ku
       1SG.NOM go-POT beach-ALL-MPROP
       I will go to the beach.（我要去海滩。）

    c. Ngada   warra-jarra ngarn-kiring-kina
       1SG.NOM go-PST   beach-ALL-MABL
       I went to the beach.（我去了海滩。）

    d. Ngada   warra-da   ngarn-kiring-inj
       1SG.NOM go-DES   beach-ALL-MOBL
       I would like to go to the beach.（我愿意去海滩。）

例[8a][8b][8c][8d]中的动词分别带时–体–情态后缀，表达现实（actual，ACT）、潜在（potential，POT）、过去（past，PST），以及愿望（desiderative，DES），但动词后已带向格（ALL）标志的名词仍用其他格标志加以区分，分别为零形态、情态潜势格（modal proprietive，MPROP）、情态离格（modal ablative，MABL），以及情态斜格（modal oblique，MOBL）。Butt（2006: 10）认为，例[8]中名词上的不同格标志就是时–体–情态标志，很多澳大利亚境内的语言都是如此。我们不赞同Butt的观点，这些格标志并非时–体–情态标志。从语言的经济性原则讲，若认为名词上的格标志是时–体–情态标志，动词上也有时–体–情态标志，但名词和动词上的这些标志在时–体–情态的意义上并不具有一致性，则说明名词和动词上的这些标志不存在时–体–情态的一致关系，只能认为动词上和名词上的这些标志标示不同的时–体–情态意义，但这是一种不利于传递时–体–情态意义的标示，时–体–情态的表达不明确，显然不符合语言中形态标志各尽其责的经济性原则。需要指出的是，卡亚迪尔德语是主－宾格语言，例[8a][8b][8c][8d]中时－体－情态的差异并未导致格配置的变换，而是导致向格名词在其下位格范畴上的进一步变换，动词上的时－体－情态标志的差异导致这种向格的下位范畴的变换，这是时－体－情态制约下的一种特殊的格角色分裂。下面讨论时－体制约的格角色分裂和格配置分裂，情态暂不考虑。

❹ 时－体制约的格角色分裂

格角色分裂指一语言同一格配置模式中格角色的变换，先看体制约的格角色分裂。芬兰语是主－宾格显赫的语言，不同句子中的宾语如果带宾格和部分格，有些情况是为了区分受事名词性成分的有定性差异，但多数情况是为了区别句子的不同体义，即体义差异制约格角色的分裂。若受事名词性成分带宾格标志，句子表完成体；若受事名词性成分带部分格标志，句子表未完成体或进行体，如：

[9] 芬兰语（de Swart & Verkuyl, 1999: 33）
    a. Korjasin   radioni.
      1SG.repair.PST radio-ACC
      I repaired my radio.（我修了收音机。）
    b. Korjasin   radiotani.
      1SG.repair.PST radio-PART
      I was repairing my radio.（我当时正在修收音机。）

动词体和语法体是一个重要区分（Dowty, 1977; Olsen, 1994）。动词体表现在动词词汇层面上，涉及动词的内在情状，如定点（telic）或非定点（atelic）；语法体则表现在句子层面上，如完成/未完成（perfect/ imperfect）或者完整/非完整（perfective/ imperfective）。动词体和语法体的差异在主－宾格显赫的斯拉夫语（如俄语、波兰语及捷克语等语言）中尤为明显，动词前缀既与语法体有关，也与动词体有关，如俄语 "запеть"（开始唱，表示起始、非定点）、попеть（唱一会儿，表示进行、非定点）、допеть（唱完，表示完成、定点）从语法体角度看都是完整体，但在动词体上有差异。斯拉夫语中动词体（定点/非定点）的差异是导致格角色分裂的重要因素，若动词为非定点，动词的内部论元往往用边缘格，如所属格、与格及工具格，若动词为定点，动词的内部论元往往用宾格这种核心格，如例[10][11][12]（Richardson, 2007: 65-66, 71）：

[10] 俄语
    a. On povinovalsja prepodavatel'nice (*za nedelju).
      he obeyed-PRFV teacher-DAT   (*in week)
      He obeyed his teacher (*in a week).（他听从老师的话。）

    b. Ivan   raz-ljubil   Iru   (za 5 let).

    Ivan-NOM ceased-to-love-PRFV Ira-ACC (in 5 years)

    Ivan ceased to love Ira (in 5 years).（伊凡不再爱艾拉。）

[11] 波兰语

    a. Dotknęłam   jego ramienia (*w 10 sekund).

    Touched-1SG his arm-GEN (*in 10 seconds)

    I touched his arm (*in 10 seconds).（我碰了他的胳膊。）

    b. (W 20 minut) wepchnęła   wszystko   do szafy.

    (in 20 minutes) crammed-PRFV everything-ACC in cupboard

    She crammed everything into the cupboard (in 20 minutes).（她把一切塞进橱柜里。）

[12] 捷克语

    a. Jana pohrdla   zbabělcem   (*za 30 minut).

    Jana despised-PRFV coward-INSTR (*in 30 minutes)

    Jana despised/ scorned the coward (*in 30 minutes).（嘉娜瞧不起那个懦夫。）

    b. Vyzvěděla   to   od něho (za půl hodiny).

    Found-out-PRFV that-ACC from him   (in half hour)

    She got the information out of him (in half an hour).（她从他那里得到了消息。）

    上述例子的动词从语法体看都是完整体，但句中动词的内部论元的格标志不同，标有边缘格（与格、所属格、工具格）论元的动词为非定点，因为句子无法添加表示定点性的时间状语 "in X time"，而标有核心格（宾格）论元的动词为定点，句子可添加定点性的 "in X time"。因此，俄语、波兰语和捷克语中动词内部论元的格角色的分裂由动词体所制约。

    有些施-通格语言也有格角色分裂，但格角色分裂由不同因素导致。在印地语中，不及物句的动词是否具有施事性（agentivity）可导致其唯一论元的格角色有别：若动词的施事性强，则论元用施格标示；若施事性弱，则用通格标示。需要说明的是，格角色分裂指同一格配置模式中格角色的变换，印地语中施格和通格的变换发生在施-通格配置中的不及物句中，属于格角色分裂。根据 Singh（1994）的观点，印地语也有主-宾格句式，但施格和通格的变换与主-宾格无关，不是格配置分裂。有些施-通格语言的格角色分裂由时-体所致。根据 Laka（2006: 191）的观点，巴斯克语（Basque）中的进行体没有屈折语素标志，进行体标志由非宾格（即通格）动词 "ari"（忙于）来承载，"ari" 是名词性成分或名物化小句的核心，名词性成分或名物化小句通常由表处所（LOC）的后缀来标示，该处所标志或者标示在名词性成分上，或者标示在名物化小句中的动词上。用于进行体时，无论是及物句还是不及物句，动作发出者均被看作客体（theme），而非被看作施事，客体的格为通格零标志。在非进行体句子中，未完成体用非现实语素"-ngo"表示，完成体用语素"-n"表示，动作发出者被看作施事，标示为施格。巴斯克语的这种情况是由视点体所导致的格角色分裂，如在例[13a][13b]中，进行体中的外部论元为通格零标志，而在例[13c][13d]中，非进行体中的外部论元带施格标志"-k"：

[13] 巴斯克语（Basque）（Laka, 2006: 174, 177-178）

    a. Emakume-a   dantza-n ari   da
       woman-DET.ABS dance-LOC engaged.PROG is
       The woman is engaged in dance. (The woman is dancing.)（这个女人正在跳舞。）

    b. Emakume-a   ogi-a   ja-te-n   ari   da
       woman-DET.ABS bread-DET eat-NOMINAL-LOC engaged.PROG is
       The woman is (engaged in) eating the bread.（这个女人正在吃面包。）

    c. Emakume-a-k   ogi-a   ja-ngo du
       woman-DET-ERG bread-DET eat-IRR 3ABS.have.3ERG
       The woman will eat the bread.（这个女人将会吃面包。）

    d. Emakume-a-k   ogi-ak   ja-n   ditu
       woman-DET-ERG bread-DET.PL eat-PRF 3ABS.PL.have.3ERG
       The woman has eaten the bread.（这个女人已吃了面包。）

有些语言格角色的分裂是由时导致的。Blake（2001: 126）提出，澳大利亚土著语皮塔语（Pitta-Pitta）的格系统较复杂，格配置模式为混合型，不是常见的主–宾格或施–通格的格配置模式，但格角色的变换有规律，总体上受时的制约。具体而言，在非将来时（过去时和现在时）和将来时的句子中，格角色会发生变化；但在只有非将来时（过去时和现在时）或只有将来时的句子中，格角色不发生变化。在非将来时（过去时和现在时）句子中，采用不常见的三分模式，不及物句的论元S标示为主格，及物句的施事性论元A标示为施格，及物句的受事性论元P则标示为宾格，如例[14a][14b]。在将来时句子中，格角色发生变化，不及物句的论元S和及物句的施事性论元A用相同格标志，该格标志较特殊，标示为将来的动作发出者（future actor, FA），及物句的受事性论元P则标示为与格，如例[14c][14d]。这种格角色的变换不是主–宾格和施–通格之间的格配置模式的变换。

[14] 皮塔语（Pitta-Pitta）（Blake, 2001: 127）

    a. Muyutyu   nhan-pa-ka   nyunukana-ya
       old.woman.NOM she-NOM-HERE tired-PRS
       The old woman is tired.（老妇人累了。）

b. Muyutyu-lu   nhan-tu-ka   watyama-ka nhan-(nh)a-ka takuku-nha thupu-lu

old.woman-ERG she-ERG-HERE wash-PST   she-ACC-HERE baby-ACC soap-ERG

The old woman washed the baby girl with soap.（老妇人用肥皂给女婴洗澡。）

c. Muyutyu-ngu nhan-ngu-ka   nyunukana

old.woman-FA she-FA-HERE tired.FUT

The old woman will be tired.（老妇人会累的。）

d. Muyutyu-ngu nhan-ngu-ka watyama nhan-ku-ka   takuku-ku thupu-ngu

old.woman-FA she-FA-HERE wash.FUT she-DAT-HERE baby-DAT soap-FA

The old woman will wash the baby girl with soap.（老妇人会用肥皂给女婴洗澡。）

❺ 时–体制约的格配置分裂

格配置分裂指一种语言中主–宾格和施–通格两种不同格配置模式的变换，主–宾格显赫的语言可能有施–通格模式，施–通格显赫的语言可能有主–宾格模式。以往研究多关注施–通格显赫语言的主–宾格模式，称为分裂施格（split ergativity）（参见 Palmer, 1994; Authier, 2012），Dixon（1994: 2）指出，很多语言都有主–宾格和施–通格的混合配置模式，两种格配置模式的分裂受制于谓语动词的语义、核心 NP 的语义、时–体–情态及小句的语法地位（主句或从句）。从不及物句和及物句的分裂来看，世界语言的格配置分裂可分为分裂不及物（split intransitivity）和分裂及物（split transitivity）两种模式。以往研究多集中在分裂不及物或分裂 S（split S）上（参见 Dixon, 1994; Primus, 2011），鲜有学者涉足分裂及物。土耳其和格鲁吉亚境内的拉兹语（Laz）、巴西境内的阿拉瓦克语（Arawak）是有分裂不及物而没有分裂及物的语言，而巴拉圭境内的瓜拉尼语（Guaraní）和高加索地区的格鲁吉亚语（Georgian）是兼具分裂不及物和分裂及物的语言，如：

[15] 拉兹语（Laz）（Harris, 1985: 52-53）

a. Baba-k   meçcaps   skiri-s   cxeni

father-ERG 3SG.give.3SG.3SG child-DAT horse.NOM

The father gives a horse to his child.（父亲给了他的孩子一匹马。）

b. Bere-k   imgars

child-ERG 3SG.cry

The child cries.（孩子哭了。）

c. Bere　　oxori-s　　doskidu

child.NOM　house-DAT　3SG.stay

The child stayed in the house.（孩子当时待在房子里。）

[16]　瓜拉尼语（Primus, 2011: 316）

　　a. a-ma.apo

　　　1SG.S-work

　　　I work.（我工作。）

　　b. še-manuʔa

　　　1SG.S-remember

　　　I remember.（我记得。）

　　c. ai-pete

　　　1SG.A-hit

　　　I hit him.（我打他。）

　　d. še-pete

　　　1SG.P-hit

　　　He hits me.（他打我。）

　　在例[15]中，拉兹语有分裂不及物而没有分裂及物，[15a]是施格-主格模式的及物句，[15b]是施格不及物句，[15c]是主格不及物句。不及物句[15b][15c]的分裂由不同语义的动词所触发，施格不及物句的动词为非状态情状的动词，主格不及物句的动词为状态情状的动词。也就是说，拉兹语中的分裂不及物很大程度上由动词体决定。

　　在例[16]中，瓜拉尼语兼具分裂不及物和分裂及物，既有主-宾格模式的及物句和不及物句，也有施-通格模式的及物句和不及物句。有两个问题需要说明：第一，瓜拉尼语的代词以动词前缀的方式来体现，在及物句中，动词前缀只标示生命度高的代词，不标示生命度低的代词，根据类型学界普遍接受的生命度等级（Comrie, 2009: 128），第一/二人称的生命度高于第三人称的生命度；第二，瓜拉尼语的格配置模式不通过形态格标志来体现，而通过论元和动词在人称和数上的一致关系来体现。[16a]和[16c]是主-宾格模式的不及物句和及物句，不及物句的唯一论元和及物句的施事性论元均以动词前缀来体现；[16b]和[16d]是施-通格模式的不及物句和及物句，不及物句的唯一论元和及物句的受事性论元均以动词前缀来体现。严格来讲，瓜拉尼语的格是结构格，不是形态格。

　　从瓜拉尼语的分裂方式看，不及物句[16a]和[16b]构成分裂不及物，[16a]中的S与及物句中的A有相同的语法地位，为主格模式；[16b]中的S与及物句中的P有相同的语法地位，为通格模式。这种分裂不及物也与动词体有关，[16a]中的动词为非状态情状，[16b]中的动词则为状态情状。及物句[16c]和[16d]构成分裂及物，[16c]中的主语为主格–施事，[16d]中的主语（即通语）为通格–受事。这种分裂及物很大程度上与NP的语义有关，即与NP的生命度有关，在例[16]中，确定瓜拉尼语的及物句用主格还是通格模式，需要看核心论元的生命度，生命度高的论元优先与动词在人称和数上保持一致关系。

有些语言句子的时和视点体也制约格配置的分裂，有如下倾向：若格配置的分裂由句子的时或体（即视点体，下同）制约，那么施–通格模式常发生在过去时或完整体/完成体（perfective/ perfect）的句子中，主–宾格模式则往往发生在非过去时或非完整体/未完成体（imperfective/ imperfect）的句子中（参见Comrie, 1978; Plank, 1985; Dixon, 1994）。学者们对这种倾向性的解释大致有一个共识，如果一种语言有格配置分裂，非完整体/未完成体句子的视点核心（viewpoint focus）是施事性论元A，即及物动词的主语，常表示动作行为尚未结束，用主–宾格模式，而完整体/完成体句子的视点核心是受事性论元P，即及物动词的宾语，常表示动作行为已结束，产生结果，用施–通格模式。在形态丰富的分裂格配置语言中，主–宾格中的施事性论元和动词有人称、性或数的一致关系，施–通格模式中的受事性论元和动词有人称、性或数的一致关系。很多语言的格配置分裂都遵守上述倾向，在印地语中，完成体常用施–通格模式，未完成体则主–宾格模式，如例[17]，在格鲁吉亚语中，不定过去时（aorist）用施–通格模式，现在时则用主–宾格模式，如例[18]。

[17] 印地语（Singh, 1994: 93-94）

    a. Sheer-ne aadmii-Ø khaayaa
       lion-ERG man-ABS eat.PRF
       The lion ate the man.（狮子吃了那个人。）

    b. Sheer-Ø   aadmii-ko khaataa   hai
       lion-NOM man-ACC eat.IMPRF AUX
       The lion eats the man.（狮子吃人。）

[18] 格鲁吉亚语（Comrie, 1978: 351-352）

    a. Student-ma ceril-i   dacera
       student-ERG letter-ABS write.AOR
       The student wrote the letter.（学生写了信。）

    b. Student-i   mivida
       student-ABS go.AOR
       The student went.（学生离开了。）

    c. Student-i   ceril-s   cers
       student-NOM letter-ACC write.PRS
       The student writes the letter.（学生写信。）

    d. Student-i   midis
       student-NOM go.PRS

The student goes.（学生离开。）

从分裂及物和分裂不及物的角度看，由于语料所限，目前还没有证据证明印地语是兼具分裂及物和分裂不及物的语言，但格鲁吉亚语和前文提及的例[16]中的瓜拉尼语相似，是兼具分裂不及物和分裂及物的语言，例[18a]和[18c]构成分裂及物，例[18b]和[18d]构成分裂不及物。两种语言的格配置分裂的制约因素有差异，格鲁吉亚语的分裂及物和分裂不及物都由时制约，瓜拉尼语的分裂不及物由动词体制约，分裂及物则由NP的生命度制约。值得注意的是，有的语言由时-体所导致的格配置分裂不像印地语和格鲁吉亚语那么明显，如澳大利亚境内的一种土著语：

[19] 伽伽顿古语（Galgadungu）（Blake, 1977: 17）

    a. pa-i   iti-i   ucan   iŋcii-ŋa

    that-ERG man-ERG wood.ABS chop-PST

    That man chopped wood.（那个人劈了柴。）

    b. paa juru   iŋcii-maɳi   ucan-ku

    there man.NOM chop-IMPRFV wood-DAT

    That man is chopping wood.（那个人正在劈柴。）

在例[19a]中，过去时（完整体）用施-通格模式，例[19b]非完整体（现在时）用主-与格模式。注意例[19b]，句子中的受事性论元没有用宾格或通格标志，而用与格标志。Blake（1977: 17）认为该句是主-与格模式的不及物句，而Hopper和Thompson（1980）认为很多澳大利亚土著语中有这种类似句式，该句式是一种逆被动态（antipassive）。我们认为，若例[19b]是逆被动态，则其为通格-与格模式，也就是说，逆被动态处理使得该句是施-通格模式中的不及物句。但问题是，在施-通格语言中，逆被动态与施-通格及物句有密切关系，从及物句到逆被动态不及物句的操作是，及物句的施格论元升为不及物句的通格论元，及物句的通格论元则降为不及物句的旁格论元，动词上带逆被动态标志，如高加索语系的一种语言：

[20]   贝兹塔语（Bezhta）（Authier, 2012: 156）

    a. öjdi   qarandi   y-ö:t'ö-yö

    boy.ERG hole.ABS.NEU NEU-dig-PST

    The boy dug the hole.（男孩挖了这个洞。）

    b. öjö   qarandi-yad ö:t'ö-lä:-yo

    boy.ABS.M hole-INSTR M.dig-ANTIPASS-PST

    The boy was digging at the hole.（男孩当时正在挖洞。）

在例[20]的贝兹塔语中，尽管两句的视点体不同，但没有发生格配置分裂，只是论元的格标志发生变化，关键问题是，在例[20b]中，逆被动态句的动词有逆被动态标志（lä:），而例[19b]中的动词没有逆被动态标志。因此，我们不赞同Hopper 和 Thompson（1980）将其视为逆被动态的观点。主格–与格的句式是主–宾格模式中的常见句式，受各种因素的影响，不同句子中的受事性论元往往会有不同的格标志。因此，我们主张，例[19]中的伽伽顿古语确实由于时–体而发生了格配置分裂，[19b]是主格–与格模式，不是通格–与格模式的逆被动态。

时或体制约的格配置分裂发生在很多语言中，除了上文提及的语言外，还包括尼泊尔语、萨摩亚语（Samoan），以及布鲁夏斯基语（Burushaski）等语言。

❻ 结语

时–体和格两类范畴之间的关系主要表现为，很多语言存在由时–体所制约的格角色分裂或格配置分裂现象。在格角色分裂中，主–宾格语言的格角色分裂常发生在核心格和边缘格之间，施–通格语言的格角色分裂主要发生在施格和通格之间。在格配置分裂中，施–通格模式常用于过去时/完整体/完成体，主–宾格模式则常用于非过去时/非完整体/未完成体。以往有研究主张，汉语是主–宾格和施–通格混合的语言（参见金立鑫、王红卫，2014；金立鑫，2016，2019；叶狂、潘海华，2017），汉语的这种混合格配置很可能是体所制约的格配置分裂，由于汉语相关问题过于复杂且篇幅有限，我们已另文探讨了该问题（参见于秀金、金立鑫，2020）。

参考文献

❏ Authier, G. 2012. The detransitive voice in Kryz. In G. Authier & K. Haude (eds.), *Ergativity, Valency and Voice*. Berlin: Mouton de Gruyter. 133-163.

❏ Blake, B. J. 1977. *Case Marking in Australian Languages: AIAS Linguistic Series* (No. 23). Canberra: Australian Institute of Aboriginal Studies.

❏ Blake, B. J. 2001. *Case*. Cambridge: Cambridge University Press.

❏ Butt, M. 2006. *Theories of Case*. Cambridge: Cambridge University Press.

❏ Comrie, B. 1978. Ergativity. In W. P. Lehmann (ed.), *Syntactic Typology: Studies in the Phenomenology of Language*. Austin: The University of Texas Press. 329-394.

❏ Comrie, B. 2009. *Language Universals and Linguistic Typology: Syntax and Morphology*. Beijing: Peking University Press.

❏ Coon, J. 2013. *Aspects of Split Ergativity*. Oxford: Oxford University Press.

❏ de Swart, H. & Verkuyl, H. 1999. *Tense and Aspect in Sentence and Discourse*. Utrecht: Utrecht University.

❑ Dixon, R. M. W. 1979. Ergativity. *Language* 55: 59-138.

❑ Dixon, R. M. W. 1994. *Ergativity*. Cambridge: Cambridge University Press.

❑ Dowty, D. 1977. Towards a semantic analysis of verb aspect and the English imperfective progressive. *Linguistics and Philosophy* 1: 45-77.

❑ Evans, N. 1995. *A Grammar of Kayardild: With Historical-Comparative Notes on Tangkic*. Berlin: Mouton de Gruyter.

❑ Fillmore, C. J. 1968. The case for case. In E. Bach & R. T. Harms (eds.), *Universals of Linguistic Theory*. New York: Holt, Rinehart and Winston. 1-90.

❑ Handschuh, C. 2014. *A Typology of Marked-S Languages*. Berlin: Language Science Press.

❑ Harris, A. 1985. *Diachronic Syntax*. Orlando: Academic Press.

❑ Haspelmath, M. 1993. *A Grammar of Lezgian*. Berlin: Mouton de Gruyter.

❑ Haspelmath, M. 2002. *Understanding Morphology*. New York: Academic Press.

❑ Hopper, P. & Thompson, S. 1980. Transitivity in grammar and discourse. *Language* 56: 251-299.

❑ Kittilä, S., Västi, K. & Ylikoski, J. 2011. Introduction to case, animacy and semantic roles. In S. Kittilä, K. Västi & J. Ylikoski (eds.), *Case, Animacy and Semantic Roles*. Amsterdam: John Benjamins. 1-26.

❑ Kratzer, A. 1996. Severing the external argument from its verb. In J. Rooryck & L. Zaring (eds.), *Phrase Structure and the Lexicon*. Dordrecht: Kluwer. 109-137.

❑ Laka, I. 2006. Deriving split ergativity in the progressive. In A. Johns, D. Massam & J. Ndayiragije (eds.), *Ergativity: Emerging Issues*. Dordrecht: Springer. 173-195.

❑ Malchukov, A. L. & Spencer, A. 2009. *The Oxford Handbook of Case*. Oxford: Oxford University Press.

❑ Olsen, M. B. 1994. *A Semantic and Pragmatic Model of Lexical and Grammatical Aspect*. Evanston, Illinois: Northwestern University.

❑ Onishi, M. 2001. Non-canonically marked subjects and objects: Parameters and properties. In A. Y. Aikhenvald, R. M. W. Dixon & M. Onishi (eds.), *Non-canonical Marking of Subjects and Objects*. Amsterdam/Philadelphia: John Benjamins. 1-51.

❑ Palmer, F. R. 1994. *Grammatical Roles and Relations*. Cambridge: Cambridge University Press.

❑ Pesetsky, D. & Torrego, E. 2004. Tense, case, and the nature of syntactic categories. In J. Guéron & J. Lecarme (eds.), *The Syntax of Time*. Cambridge, Massachusetts: The MIT Press. 495-537.

❑ Plank, F. 1985. The extended accusative/restricted nominative in perspective. In F. Plank (ed.), *Relational Typology*. Berlin: Mouton de Gruyter. 269-311.

❑ Primus, B. 2011. Case-marking typology. In J. J. Song (ed.), *The Oxford Handbook of*

    Linguistic Typology. Oxford: Oxford University Press. 303-321.

❏ Richardson, K. R. 2007. *Case and Aspect in Slavic*. Oxford: Oxford University Press.

❏ Singh, J. 1994. *Case and Agreement in Hindi: A GB approach*. Doctoral dissertation. York: The University of York.

❏ Song, J. J. 2001. *Linguistic Typology: Morphology and Syntax*. London: Longman.

❏ Travis, L. 2010. *Inner Aspect: The Articulation of VP*. Montréal: McGill University.

❏ 金立鑫, 2016, 普通话混合语序的类型学证据及其动因。《汉语学习》（3）: 3-11。

❏ 金立鑫, 2019, 广义语法形态理论的解释力——对普通话语序类型与论元配置类型的描写与解释。《华东师范大学学报》（2）: 32-43。

❏ 金立鑫、王红卫, 2014, 动词分类和施格、通格及施语、通语。《外语教学与研究》（1）: 45-57。

❏ 叶狂、潘海华, 2017, 从分裂作格现象看汉语句法的混合性。《外语教学与研究》（4）: 526-538。

❏ 于秀金、金立鑫, 2020, 类型学视角下汉语的混合格配置模式。《外国语》（5）: 30-45。

Case-Role Split and Case-Alignment Split Conditioned by Tense-Aspect Across Languages

Abstract: This paper defines case from a typological perspective as a morpho-syntactic category to mark the relationship between a head and its subordinate noun phrase at the clause or phrase level. Based on this definition, this paper discusses case-role split and case-alignment split conditioned by tense-aspect. Case-role split refers to the switch of case roles within the same case alignment, occurring between core case and peripheral case in nominative-accusative languages, and between ergative case and absolutive case in ergative-absolutive languages. Case-alignment split refers to the switch of nominative-accusative pattern and ergative-absolutive pattern in a language. The former pattern is favored in the constructions with non-past tense and imperfective/imperfect aspect, while the latter pattern in the constructions with past tense and perfective/perfect aspect. This paper casts light on Chinese mixed case alignments as a kind of case-alignment split conditioned by aspect in future research.

Key words: case; tense-aspect; case role; case alignment; split

（责任编辑：胡旭辉）

认知语法视阈下的人称代词指称义研究

——以"新型冠状病毒"相关事件为例

郑州航空工业管理学院/河南大学　牛儒雅*

[提　要]　人称代词的指称对象常随不同的情境而偏离自己的基础指称义，指称客体的变化会进一步影响言语事件的语言意义。本文基于认知语法的情境植入理论，尝试探索人称代词基础指称义与移指指称义共同的认知理据，并进一步对影响其指称范围的情境因素加以识别。通过对"疫情"相关事件中人称代词使用情况的考察，本研究发现人称代词指称客体的变化主要受到言语事件中不同的隐性情境因素的制约，如说话人意图、言语背景、社会角色、即时环境、交际双方的互动等。同时，人称代词显性表达形式所体现出来的概念主体与客体的差别，也反映出对其言语参加者不同程度的突显和客观化的结果。

[关键词]　人称代词；指称义；情境植入；认知理据；识解方式

❶ 引言

　　2019年末，"新型冠状病毒"在湖北武汉肆虐并迅速蔓延，随后扩散到全国各地。笔者在持续关注疫情防控进展的同时，对"疫情"相关文件、央视新闻发言、权威媒体连线、官方视频对话，以及各类"疫情"相关节目采访中有关人称代词的使用进行了深入的考察与分析。观察发现，人称代词作为封闭的词类，其词义变化虽然相对缓

* 作者简介：牛儒雅，郑州航空工业管理学院讲师、博士，河南大学中国语言文学博士后流动站博士后。研究方向：认知语言学。Email：niuruya@126.com。通信地址：450046 郑州航空工业管理学院外国语学院。

本文得到河南省哲学社会科学规划项目"动名构式语义建构的认知语法研究"（项目编号：2022CYY039）和国家社科基金项目"英汉语义重合现象的认知语法研究"（项目编号：19BYY112）资助。

慢，但在实际交际中，其指称界限并不像第一、二、三人称的明确所指一样泾渭分明。人称代词的指称义与其所指对象之间的移指现象非常普遍，不同的言语场景、人物角色、文化背景等多种因素都会影响其指称对象的范围。试看以下《新闻1+1》节目《今日疫情分析》中，白岩松连线前线央视主持人董倩的对话节选：

> [1]　白岩松："今天呢，你采访了（这个）武汉的（这个）周市长，在采访过程中当然问了很多问题，他也有很多的回答，但是让你印象特别深的在琢磨的是什么？"
>
> 　　　董　倩："岩松，我先告诉[a]你几个细节。首先呢，今天下午本来不是武汉市长周先旺来接受采访的，是另外一位副市长，但是来的时候发现是周市长来了。后来[b]我就问[c]他，为什么本来应该是别人，为什么您来？他说我知道别人来，我说[d]你别去我去。因为[e]你的一言一行，一举一动，包括[f]你的措辞，[g]你的表情，应当说是在无数人的审视之下，甚至是被放大了看。"（《新闻1+1》，2020年1月27日）

　　在这段连线对话中，用[a]、[b]、[c]标识的"你""我""他"分别对应的是听话人（白岩松）、说话人（董倩），以及第三方（时任湖北省武汉市市长周先旺），但用[d]、[e]、[f]和[g]标识的"你"则分别移指言语事件中的其他交际对象和说话人群体。①这种在指称对象发生转移的同时又保留人称代词的指称义的用法，不同学者有不同的称谓。②本文拟采取王义娜（2008）、张磊（2014），以及完权（2019）的称谓"移指"来指代该类人称代词的不同指称义用法。

❷ 文献回顾

　　前人对人称代词的指称义进行了大量有益的探索，并达成了诸多共识。比如，大部分学者都认同主观性在人称代词的移指现象中扮演着重要的角色，其中说话人的态度、说话人的视角，以及说话人的情感都对其指称对象具有一定的调节作用（沈家煊，2001；王义娜，2008；张旺熹、姚京晶，2009；刘正光、李雨晨，2012）。同时，学者们（戴志军，2006；张春泉，2005；冉永平，2007；张磊，2014）还发现，语境因素及话语功能在实际交际中也是造成人称代词的指称义不同的关键动因之一。张春泉（2005）认为，第一人称代词的虚指现象是在特定语境中的活用，并进一步探讨了其在不同语境下使用的心理动因。冉永平（2007）指出，语用视点，即说话人站在何种角度说话，会体现在所选代词的使用上，并区分了指

---

① 该例较长，具体分析详见下文。
② 该类用法的称谓分别有：语义含糊（何兆熊，1986）、非常规用法、临时指代（王红梅，2008）、指称游移（刘正光、李雨晨，2012）等。

示语人际语用功能中的"移情"与"离情"。此外,言语双方的互动性也是学者们关注实际对话中人称代词移指现象的主要来源。比如,张磊(2014)运用互动交际理论,结合自然口语语料库对口语中"你"的移指用法进行了细致的分析,区分出了说话人、交际双方、言谈对象、言谈对象以外的人和任何人等指称角色。牛儒雅(2015)分析了英语第二人称代词you(你)的语义功能,并指出,you(你)除了可指称言语情境中的听话人外,还可指称说话人、第三方、模糊指称、泛指以及代指等。值得注意的是,完权(2019)在对人称代词移指的互动与语用机制探讨的基础上,区分了人称代词的广义和狭义移指,并指出人称代词的语法义与语境义不可混为一谈,这在研究视角和研究思路上对该领域的研究具有较大的启发意义。

综上所述,学界对人称代词移指现象的研究成果颇丰且视角多样,虽达成了诸多共识,但仍不乏疑问。比如,人称代词的移指义与基础义之间有何关联?它们之间是否有共同的认知理据?除去说话人的主观性、互动性因素,是否还存在其他原因影响人称代词指称对象的范围?这些疑问也为人称代词的指称义研究留下了值得探索的空间。

本文拟在前人研究的基础上,尝试准确把握人称代词指称义的本质内涵,结合有关最新"疫情事件"的正式文件和相对口语化的新闻发言、官方视频对话,以及各类与"疫情"相关的采访中人称代词的使用情况,运用认知语法的情境植入理论,全面细致地审视人称代词不同指称义的用法,深入探讨其内涵及认知理据,并进行统一阐释。为保证分析的全面性及客观性,口语语料选自各界人士的新闻发言或对话,涉及的人物包括国务院领导、重点疫区领导、医疗专家组代表,以及一线工作人员代表等。

❸ 情境植入与主客观识解

3.1　情境植入（grounding）[①]

根据Langacker(2008: 281),情境植入是说话人基于当前语篇空间(current discourse frame)的共享情境,是指引听话人将言谈所指与具体的言语情境联系起来,从而使交际双方能够完成"协同心理指称"(coordinated mental reference)的认知过程。认知语法对情境(ground)的界定包含了言语事件(speech event)、言语事件的参加者(participants)(即说话人与听话人)和他们之间的互动,以及与言语事件直接相关的即时环境(immediate circumstances)(主要是说话时间和地点)(Langacker, 1987: 126;2008: 259)。其中,说话人作为概念化主体处于中心地位,往往从自身的观察视角出发构建言语事件,而听话人要与说话人建立起交际互动模式,这是语言形式进入实际交际事件的重要基础。

情境植入功能在本质上是指示性的,用于处理认知场景和所指之间的关系。情

[①]　关于grounding,目前学界接受度较高的译文为"情境植入",详见牛保义等(2013)的译著《认知语法基础》(一)卷,张辉、罗一丽(2018)也采用该术语,还有研究将grounding翻译为"入场"(完权,2009)或"定景"(杨朝军,2018)。

境植入既可以通过具体的显性语言形式实现，又可以通过隐性的非语言形式实现。关于隐性植入，Langacker（2004: 94-96）指出了三种基本形式：第一种是内部植入（internal grounding），如专有名词和人称代词。前者一般具有专属性特征，自身就体现了其在言语事件中的所指对象（如"北京""中国"等），后者的所指同样可借助名词本身，在话语中被听话人确认（如"我""你"），因此两者都不需要借助外显的情境成分来识别指称对象。第二种是来自有组织的相对值集合中的成员，它们可用无标记的零形式（Φ）表示。比如，英语冠词系统中的一员——零冠词，在物质名词中与非重读的 /sm/（some）相对，表示无具体的量值（如 I bought{sm/Φ}bread，我买了面包）。第三种是在冠词匮乏的语言中，名词可直接用作表达式的主语或宾语。比如，汉语中无标记的光杆名词的指称对象可通过隐性的情境信息或因素来识别。试想，若说话人不植入共同的言语背景信息，例[2]中的听话人便无法确认"他"的具体所指对象，也就无从得知该把这封信给谁。

[2] 请帮我把这封信给他！

因此，在人称代词指称义的识别中，说话人与听话人需要通过隐性情境植入的方式（如植入言语场景、背景信息、说话人意图等）与听话人建立起一种心智连接（mental contact），使交际双方将注意力集中在相同指称上，确定指称信息，才能成功交际。

3.2 主观识解与客观识解

主观识解与客观识解主要关涉言语事件的参加者如何出于表达的需要识解认识对象（Langacker, 2008: 260）。在典型情况下，对表达式意义的基本勾勒，首先涉及的是交际双方对彼此的关注，其次是将言语双方的注意力指向聚焦于台上区域，即表达式的显面。而第一人称代词与第二人称代词作为特例，是将情境G中的说话人（speaker）和听话人（hearer）挑选为注意焦点，并置于台上加以客观识解的。我们以第二人称代词为例（见图1）：

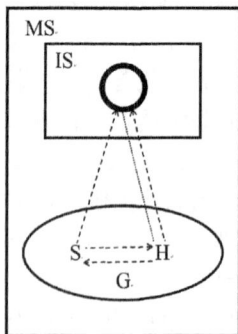

○=台上实体；⬭=完整意识辖域；--➤注意力指向；S=speaker（说话人）；H=hearer（听话人）；G=ground（情境）；MS=maximal scope（最大辖域）；IS=immediate scope（直接辖域）

图1 （Langacker, 2008: 261）

在图1中，说话人（S）和听话人（H）为概念化主体，二者间的虚线箭头表明交际双方彼此关注，属于情境（G）中说话人与听话人互动的一部分。从S和H出发指向黑框小圆的两条箭头代表了注意力的方向，包含G的椭圆表明情境因素介入了表达式的语义生成。直接辖域（IS）中的黑色加粗小圆圈是注意力聚焦的台上实体。

如图1所示，当概念化主体使用第二人称代词指称听话人时，是将情境的听话人H置于台上作为被聚焦的概念客体。此时，对台上被侧显（profiling）的实体而言，对其识解呈现出最大的客观性。若被侧显的实体是第三人称"他"，对其识解则呈现出最大的主观性。需要注意的是，主观识解与客观识解是相对而言的，没有明确的边界。鉴于概念主体及客体的双重属性，当说话人与听话人被突显时，识解不比其他与情境完全分离的表达式的显面更客观，也不比其作为概念化主体时主观。

本文将尝试从上述情境植入和主客观识解两个方面探讨人称代词不同指称义的内部植入方式，并探寻其背后共同的认知理据。

❹ 人称代词指称义的情境植入方式

在言语交际事件中，第一人称代词和第二人称代词的指称对象通常是言语事件的直接参加者，即说话人和听话人。作为概念化主体，他们总是出现在言语情境中。而第三人称代词的所指对象并非言语交际事件中的直接参加者，而是事件中所涉及的人物。一般情况下，作为观察主体的说话人是通过植入不同的情境因素突显所指客体的，与所指客体之间的认知概念距离越近，对该客体的识解就越主观，就越倾向于使用自指或近指构建言语事件。反之则越客观，相应地也就越倾向于使用他指来编码言语事件（Langacker, 2004: 98）。基于此，交际双方的认知概念距离反映在人称代词的选用上，可表示为：第一人称>第二人称>第三人称。

由前可知，人称代词因自身明示类型与示例之间的对应关系，通常采用内部植入的方式建立起说话人与听话人对所指对象的协同心理指称，从而达成交际。通过对语料的仔细考察，笔者发现，说话人对人称代词的不同指称义进行锚定的内部情境植入方式主要包括以下六种：（1）说话人与听话人之间的互动；（2）对言语事件的时间和地点信息的锁定；（3）交际双方共享的背景信息；（4）言听双方的社会角色；（5）不同的说话人意图；（6）即时的言语场景。这六种方式相互作用，构成了正确识别人称代词指称义所需要的隐性情境因素。

4.1 人称代词基础指称义的隐性植入方式

人称代词的基础义也就是其原本的语法意义，即"我"指示第一人称，"你"指示第二人称，"他"指示第三人称。人称代词的基础义与移指义之间既有区别又有联系。需要明确的是，语法意义不变是人称代词不同指称义使用的约束限制（完权，2019）。只有语法意义确定，才能使听话人构建起随言语情境而变的指称解读。首先就其基础指称义的植入方式开展进一步探究。以前文例[1]中的部分对话为例再次分析：

[3] 白岩松："今天呢，[a]<u>你</u>采访了(这个)武汉的(这个)周市长，在采访过程中当然问了很多问题，[b]<u>他</u>也有很多的回答，但是让[c]<u>你</u>印象特别深的，在琢磨的是什么？"

董 倩："岩松，[d]<u>我</u>先告诉[e]<u>你</u>几个细节。首先呢，今天下午本来不是武汉市长周先旺来接受采访的，是另外一位副市长，但是来的时候发现是周市长来了。"

例[3]中的[a][b][c][d][e]标识的人称代词都使用了基础义。其中，人称代词"我""你""他"的使用建立在言语双方共享的有关疫情的知识上，表现出言听双方的互动模式，它们分别指称了在该言语事件中的说话人、听话人和第三方。在我们搜集到的《新闻1+1》节目或其他访谈类节目中，人称代词的选用与说话人本身所扮演的角色息息相关。在例[3]中，白岩松的角色为央视连线主持人，他的任务是让观众了解疫情的实时动态，因此他的话语大多会使用"你"或"您"来切入有关疫情的话题；董倩作为前线主持人，会对即时的言语场景做出判断，并选用恰当的代词来指称言语事件中出现的人物，比如，把原本置于台下的"我""你""他"这些显性的语言标记放在台上作为焦点，对被采访者周先旺的话进行客观识解。抛开此刻主持人与记者的身份，他们作为发话人、受话人或转述人的参加者角色同样也较为突出，"你"和"您"之间的转换也说明了他们的社会角色赋予的人称选用上的差异。

可见，对人称代词基础指称义的解读需要借助说话人植入的隐性情境因素，如即时的言语场景、人物角色、交际双方共享的背景知识等，从而建立起共同的心智连接，达到协同指称的目的。

4.2 人称代词移指指称义的隐性植入方式

在实际的言语事件中，人称代词与其所指对象之间经常存在不对称。例如，在特定的情境下，"我"可以指称听话人，"你"可以指称他人，"他"可以指称说话人。这类人称代词的非常规用法被称为基础指称义的移指。我们主要从移指自我和移指听话人（或他人）这两个方面探讨人称代词移指指称义的隐性植入方式。

4.2.1 移指自我：对主体的客观识解

根据不同的语用功能、说话人意图、即时的言语场景、言语事件发生的时间和地点信息等隐性情境因素，笔者认为，说话人使用相对客观的其他人称指自我，是为了降低第一人称"我"的高主观性，从而实现不同的语用目的。试看以下各例：

[4] 白岩松："其实第一个问题不能说是要去表扬，或者怎么样，只要有两个有三个<u>我们</u>都会难过……"

吴祖云："<u>我们</u>潜江呢，虽然说<u>我们</u>确诊病例啊，只有64，但是<u>我们</u>觉得这也是个沉甸甸的数字……"（《新闻1+1》，2020年2月6日）

[5] 今年已84岁高龄的钟南山院士再度挂帅亲赴武汉一线，就像他18年前抗

击"非典"时所讲的话:"我们本就是搞呼吸研究的,好像排雷兵碰上了地雷阵,你不上谁上?"(福建共青团,2020年1月22日)

[6]　"我没有选择,病房就是我的战场,家人有家人的想法,可是作为医护人员,他也有他的不容易,我们只能先暂时舍下小家为大家。"(记者对一线医护人员的采访)

例[4][5][6]中的"我们""你""他"都是用其他人称移指说话人自己的情况。对于说话人来说,将其他人称代词置于焦点的位置都是为了降低自我成分中的主观性,使指称客体相对客观化,从而缩小与听话人之间的心理认知距离。如上所述,依据说话人的社会角色和当前的言语场景,同是指称自我,对言语事件的不同识解会造成该事件所激活的心理路径与指称对象的认知距离远近不同,依次表现为:我们>你>他。在例[4]中,吴祖云通过"我们"指代"我"以侧显与听话人的关系。在短短几分钟的采访中,吴祖云共使用"我们"82次。"我"相较于"我们"而言,主观性较高,因为"我们"既包括了说话人与听话人,又包括了他人。作为潜江市委书记,吴祖云的这一社会角色使其具有了代表其他领导干部及市民发话的权力,所以在上述与听话人白岩松(以及电视机前的观众)之间的言语互动中,他使用了"我们觉得"而非"我觉得"来降低话语中自我的成分,意图在于激活听话人的心理参与意识,使这一事件更贴近观众,从而拉近心理认知距离,提高言语事件的客观度。这种用法在政治语篇、学术写作、领导发言、名人演讲中也颇为常见。

例[5]是说话人使用"你"移指自我的情况。在例[5]中,说话人钟南山将自己推向言语情境中听话人的位置,通过"身份抽离"的方式实现"客观化",这也体现了说话人在该场景中使用"你"来表达言语事件的意图,即试图以"做呼吸研究的"这类医者的身份,唤起台下相同专业的医生的情感共鸣。同时,这段话中的"你"也可以理解为"从事我们这类职业的医生们",从而将这类人刻画为地雷阵中的排雷兵,表示这些医生都会做出和"我"一样的选择。

相较于上例中"我们""你"移指自我时并未完全脱离主观成分的情况,例[6]中的第三人称"他"移指自我则是以客观视角构建言语事件的。此时说话人以医护人员的身份,站在第三方的角度使用"他"来移指自我,将自己置身于完全客观的事件中,使其脱离了本身的概念化主体角色,成为"事外"的人物。说话人植入该意图,将事件中主体的心理认知距离由最近拉到最远,不仅有利于自我感情的自由发挥,而且表达了对家人埋怨"他"这个事件无可奈何的情感。

可见,说话人使用他人的指称移指自我时,将自己置于听话人或者第三方的位置,目的是通过身份的转换降低自我的主观程度,使其较第一人称而言更为客观。

4.2.2　移指听话人或他人:对客体的主观识解

说话人除了可以使用其他人称来移指自我外,还可以移指听话人或他人。根据上述不同人称代词与说话人的认知心理距离可知：第一人称的自我主观可及性最高，也最能拉近说话人与听话人或台下观众的心理距离；第二人称次之；第三人称是情境外的间接参加者，因此主观性最弱。由此，笔者认为，使用其他人称移指听话人或他人是为了靠近主体自我，以达到主观识解的目的。说话人会结合自己的表达意图，在当前的言语场景中挑选合适的人称代词传达自己的心理趋同或趋异倾向。试看以下各例：

[7]　白岩松："那接下来针对这个差别，我相信我们也会注意到一个数据……那么这个数字是否意味着它对人的这种生命的威胁性是远远小于2003年的SARS，还是因为我们积累了打SARS那场战役有很多的经验……"

　　　钟南山："我想两个因素都有，首先刚才讲的第二个因素，这个肯定的，因为现在一旦有这个新型冠状病毒，这个感染的话，我们确实积累了一定的经验……"（《新闻1+1》，2020年2月6日）

[8]　张文宏："企业老板捐了很多东西，其实你只要你自己的员工返工过来，在隔离点或者自己的家里工作，对吧？你就算他上班嘛，你老板也是对社会做了重大贡献。所以在这个节点，全国没有一个人不做贡献的，如果只有医生做贡献，这个病一定是看不好的……"（http://www.bjnews.com.cn/wevideo/2020/02/06/685408ht.ml）

例[7]中的"我们"是使用第一人称移指听话人的情况，例[8]中的"你"是使用第二人称移指他人的情况。例[7]中说话人白岩松与听话人钟南山进行连线互动时使用"我们"来移指"你们"，一方面，将原本位于台上的相对客观的第二人称替换为高主观性的第一人称，有效地拉近了说话人与听话人之间的心理认知距离，营造了和谐的氛围；另一方面，说话人站在央视主持人的角色立场上，他要面对的不仅是台上的听话人，还有台下的亿万观众。此时说话人植入与听话人共享的背景知识，使用"我们"来表达"我""你们"，以及"经历过'非典'时期的人们"共同积累的抗疫经验，即我们拥有共同的立场，从而达到心理趋同的交际目的。Wales（1996：68）曾说："'我们'是说话人与听话人之间的良好中介。"事实上，在实际的言语交际事件中，"我们"作为中介成分，在极大程度上缓和了"你""我"之间的对立。同样，与"你们"相比，"我们"以自我为背景成分，把作为焦点的客体关系转变为言语情境中概念主体的一员，以此增加指称对象的主观可及性，与听话人产生共同的心理认同感。

与第一人称代词、第二人称代词相比，第三人称代词是脱离了言语情境的第三方，多数情况下用来指称不在场的"他人"。因此，当它以显性方式出现在言语事件中时，是典型的置于台上被客观识解的焦点对象，与情境中的说话人与听话人无关。根据例[8]中言语场景提供的信息，作为公众人物，说话人张文宏使用"你"来指称

"他",传递出似乎在正面对第三方"企业老板"提出要求的意图。说话人将本来与言语情境中不相关的概念客体"他"突显至情境中受话人的位置,使第三方作为言语参加者出现在言语事件中,缩短了概念主体与客体之间的距离,表达了说话人将自己与第三方"企业老板"都置身事内,达到犹如自己身临其境对其进行对话的语用目的。

综上所述,说话人使用其他人称来移指听话人或他人时,将概念化客体或情境外的参加者置于概念化主体或者情境内部的位置,目的是提高指称对象的主观可及性,与听话人或第三方产生共同的心理认同或趋近感。

4.3 人称代词指称义的认知理据

由前可知,当人称代词指称基础义时,作为观察者的说话人从自身的视角出发对事件中所涉及的情境信息提前做出预设,作为信息接收者的听话人根据说话人意图正确识别事件中人称代词的指称对象。当人称代词指称移指义时,说话人使用其他人指称移指自我、听话人或他人。移指自我是将概念化主体置于客体或第三方的位置,通过身份转换实现对交际事件的客观化;移指听话人或他人是将概念化客体或情境外的参加者置于概念化主体或情境内部的位置,增加指称对象的主观可及性。

无论是人称代词的基础指称义还是移指义,说话人都需要通过内部植入隐性情境因素对当前即时的言语场景、交际双方共享的知识背景做出预设,构建言语事件。说话人根据说话人与听话人之间的互动,将言语事件中的参加者置于凸显位置(台上),作为特定的指称对象对其进行客观识解,使其成为被关注的焦点,从而连接说话人与听话人的心智,使交际双方将注意力集中在相同指称上,确定指称信息。可见,人称代词隐性植入的结果总是最终实现说话人与听话人的协同心理指称,而由于方式、说话人意图及言语事件所要达及的语用目的不同,人称代词指称对象会有差别。因此,人称代词不同指称义背后共同的认知理据可以归结为:凸显言语事件的参加者,是对参加者的客观化。

❺ 结语

本文对人称代词指称义的分析表明,在言语事件内部植入不同的隐性情境因素会影响其语用表达效果。相同的言语事件,指称对象不同,语义的解读也会千差万别。这说明不考虑说话人对言语事件的主客观识解和情境因素,单纯依靠语法结构自身是无法对不同人称代词的指称义进行正确识别的。

本文从认知语法情境植入的视角探索人称代词指称义的特征及其认知理据。研究发现:人称代词的基础义是不变的,其指称对象的转移不是指代词本身拥有可转移的指称义,而是指对言语事件所植入的不同情境因素导致了言语事件中人称代词不同指称对象的转移。同时,对概念客体的主客观识解,也要基于人类认知心理的主客体意识。人称代词不同指称义的共同认知理据是凸显言语事件的参加者,实现对参加者的客观化。

参考文献

❑ Langacker, R. W. 1987. *Foundations of Cognitive Grammar: Theoretical Prerequisites. Vol. I*. Stanford: Stanford University Press.

❑ Langacker, R. W. 2004. Remarks on nominal grounding. *Functions of Language* 1:77-113.

❑ Langacker, R. W. 2008. *Cognitive Grammar: A Basic Introduction*. New York: Oxford University Press.

❑ Wales, K. 1996. *Personal Pronouns in Present-day English*. Cambridge: Cambridge University Press.

❑ 戴志军，2006，现代汉语人称代词系统的语用认知研究。《云南师范大学学报》（4）：87-89。

❑ 何兆熊，1986，英语人称代词使用中的语义含糊。《外国语》（3）：27-30。

❑ 兰盖克（R.W. Langacker）（著），牛保义、王义娜、席留生、高航（译），2013，《认知语法基础（第一卷）（理论前提）》。北京：北京大学出版社。

❑ 刘正光、李雨晨，2012，主观化与人称代词指称游移。《外国语》（6）：27-35。

❑ 牛儒雅，2015，《英语第二人称代词指称义研究——认知语法视角》。河南大学硕士学位论文。

❑ 冉永平，2007，指示语选择的语用视点、语用移情与离情。《外语教学与研究》（5）：331-337。

❑ 沈家煊，2001，语言的"主观性"和"主观化"。《外语教学与研究》（4）：268-275。

❑ 完权，2009，入场理论：认知语法的新进展。《外国语》（6）：27-34。

❑ 完权，2019，人称代词移指的互动与语用机制。《世界汉语教学》（4）：456-467。

❑ 王红梅，2008，第二人称代词"你"的临时指代功能。《汉语学习》（4）：59-62。

❑ 王义娜，2008，人称代词移指：主体与客体意识表达。《外语研究》（2）：30-34。

❑ 杨朝军，2018，Hots何以可能——兼论Langacker的认知语法思想。《外文研究》（1）：1-6。

❑ 张春泉，2005，第一人称代词的虚指及其心理动因。《浙江大学学报》（3）：106-112。

❑ 张辉、罗一丽，2018，战略情报话语的批评认知分析——认知语法视角。《外语研究》（6）：4-10。

❑ 张磊，2014，口语中"你"的移指用法及其话语功能的浮现。《世界汉语教学》（1）：44-55。

❑ 张旺熹、姚京晶，2009，汉语人称代词类话语标记系统的主观性差异。《汉语学习》（3）：3-11.

Referential Meanings of Personal Pronouns from the Perspective of Cognitive Grammar: With Special Reference to COVID-19 Related Events

Abstract: The referential objects of personal pronouns often deviate from their basic referential meanings in different circumstances. The variation of referential objects will further influence the linguistic meaning of speech events. Based on the grounding theory in cognitive grammar, this paper attempts to explore the common cognitive motivation for the basic referential meaning of personal pronouns and the shifted referential meaning, and further identify the situational factors that affect the referential scope of personal pronouns. After examining the usage of personal pronouns in the relevant events of "pandemic", it was found that the change of the referential objects of personal pronouns is mainly restricted by implicit situational factors in speech events, such as speakers' intention, language background, social role, immediate environment, and speaker-hearer interaction. At the same time, the difference between the conceptual subject and object embodied in the dominant expression form of personal pronouns also reflects the result of different degrees of profiling and objectivization of the speech participants.

Key words: personal pronouns; referential meaning; grounding; cognitive rationale; ways of construal

（责任编辑：胡旭辉）

具体语言研究

汉语直接抱怨语内部调节手段的语用管理

汉语直接抱怨语内部调节手段的语用管理

南京大学　王泽鹏
哈尔滨工程大学　毛延生*

[提　要]　文章以中文电视剧脚本为语料来源，利用二元logistic回归模型，探究汉语直接抱怨语内部调节手段与社会变量之间的潜在关联。结果发现：汉语说话人在中心抱怨语的内部调节手段，即反问句、激化语、缓和语的使用和抱怨事件的提及，与抱怨事件的强加值、权势关系和社会距离等社会变量之间存在显著关联。这一结果是汉语抱怨言语行为本体研究走向实证化的一种进步，也是言语行为研究走向文化语用建模的重要探索之一。

[关键词]　汉语直接抱怨语；内部调节；强加值；权势关系；社会距离

❶ 引言

　　言语行为研究一直是语用学研究的经典话题之一。其中，抱怨行为与恭贺、感谢、道歉等言语行为同属表情类言语行为（Searle, 1969）。目前，学界对抱怨行为的研究可以大致分为抱怨语的本体研究、对比研究、语用习得研究以及动态研究。就本体研究而言，其关注焦点在于抱怨语的具体实现形式及语用策略的选择（袁周敏，2009；金梅、袁周敏，2020）；就对比研究来说，其关注核心就是比较不同语种中抱怨实现形式的异同（House & Kasper, 1981；朱晓姝，2008）；就二语语用习得研究来看，二语学习者抱怨能力的习得正受到学界追捧（Yuan & Zhang, 2018；杨丽、袁周敏，2019）；就动态研究来看，越来越多的学者倾向于关注特定语境下抱怨语的交际价值与人际互动建构分析（Kevoe-Feldman, 2018）。

---

*　作者简介：王泽鹏，南京大学外国语学院博士研究生。研究方向：语用学。Email：leowang2u@foxmail.com。通信地址：210023南京大学外国语学院。毛延生，哈尔滨工程大学外国语学院教授、博士。研究方向：语用学。Email：wiltonmao@163.com。通信地址：150001哈尔滨工程大学外国语学院。

　　本研究得到"黑龙江省哲学社会科学规划基金项目"（项目编号：19YYD220）和"中央高校基本科研业务费项目"（项目编号：3072022WK1204）的资助。

关于直接抱怨语的本土研究，已有学者初步探讨了制约汉语直接抱怨语输出的社会文化因素（赵英玲，2003；袁周敏，2009），但在语料多样性、数量及研究方法上仍有进一步提升的空间。此外，关于更能体现抱怨语语言特征的句类-词汇维度与社会变量之间的潜在关联，相关研究在结果呈现上或是简单举例分析，或是虽有数据却未能利用统计软件更加深入地进行量化分析，这在某种程度上影响了学界在中观语境下对直接抱怨语的系统认知。从这个意义上讲，汉语说话人在特定的交际情景中发出的直接抱怨语在语言内部调节手段上呈现出怎样的特征，以及是否受交际中社会变量的语用调控等问题都有待系统化探究。为此，本文尝试使用SPSS软件，利用二元logistic回归模型[①]，深入探究抱怨事件的强加值、权势关系及社会距离等社会变量对汉语直接抱怨语句类-词汇等内部调节手段的制约作用。从抱怨语的真实发生语境来看，对抱怨行为的语用管理展开量化研究，可以厘清汉语抱怨行为的文化语用特点，进而深刻认识社会因素如何影响语言使用机制，这同样也是实现汉语抱怨语用教学的基本前提。

❷ 研究设计

2.1 研究问题

第一，当汉语说话人实施直接抱怨行为时，对句类资源的调用是否受社会变量的影响？

第二，当汉语说话人实施直接抱怨行为时，对词汇资源的调用是否受社会变量的影响？

2.2 研究语料

目前，国内外学者获取抱怨语语料的途径主要有以下两种：直接分析录音（Ogden，2010）与语篇补全法（袁周敏，2009）。前者能最大限度地保证语料的真实性，但对数据广泛性要求较高，采集难度较大；后者可以帮助研究者较为全面地调控变量之间的组合关系，然而很多学者认为这种方法更像是一种测试（Houck & Gass，1996；Labben，2016）。鉴于此，本文将以《人到四十》《我要当空姐》两部电视剧剧本作为语料来源。在语用学研究中，以剧本语料等虚构作品为研究对象的情况十分常见（Langlotz & Locher，2013）。本文之所以选择这两部电视剧，是因为它们覆盖了日常生活的主要交际场景，具有充分的现实性。本文所选例句皆来自这两部电视剧的剧本，后文不再赘述。为了尽可能地还原交际情景，作者根据情节发展，给出了各处示例的语境。此外，为保证语料的真实性，后文示例中语言不规范之处，皆保留不变。

---

① 二元logistic回归是一个概率型模型，可用于研究自变量对因变量的影响，其自变量可为定量或定类数据，要求因变量为二分类数据。本文旨在探究社会变量对汉语直接抱怨语内部调节手段的制约作用，其中因变量（汉语直接抱怨语各内部调节手段的使用与否）为二分类数据。因此，本文借助二元logistic回归模型进行数据分析。

2.3　直接抱怨语及其社会变量的界定

抱怨是指在对话中，一方指出另一方的越界或不当行为并表达其不满情绪的行为（Schegloff, 2005）。一般来说，抱怨语可以划分为直接抱怨语和间接抱怨语。当对话参与者既是抱怨者的受话人又是做出越界或不当行为的责任者时，抱怨者输出的就是直接抱怨语（Emerson & Messinger, 1977），这正是本文的关注重点。我们参考Brown和Levinson（1987）的理论框架，分别从抱怨事件的强加值、交际者之间的权势关系及社会距离这三个维度观察直接抱怨行为发生时涉及的社会变量。首先，我们根据抱怨事件的严重程度，即抱怨事件是否涉及抱怨者的品德、财产，以及是否违背抱怨者的意愿，将抱怨事件的强加值分为三个等级。其中，当抱怨事件为日常生活中鸡毛蒜皮的小事，且没有违背抱怨者的意愿时，强加值低（I−）；当抱怨事件不涉及重大问题，且没有与抱怨者意愿产生重大冲突时，强加值中等（I0）；当抱怨事件涉及抱怨者的品德、财产等重大问题，且与抱怨者意愿产生重大冲突时，强加值高（I+）。其次，根据交际者的年龄、辈分及职位，可以把他们之间的权势关系分为以下三种情况：抱怨者在权势上低于受话人（P−）；抱怨者在权势上与受话人接近（P0）；抱怨者在权势上高于受话人（P+）。最后，按照交际者之间社会距离的远近，将交际者之间的距离关系分为三种：素未谋面的陌生人、相识却不熟的朋友（D−）；相熟但并非十分亲密的朋友（D0）；除远亲外的亲属、十分要好的朋友（D+）。

❸ 结果与讨论

3.1　汉语直接抱怨语句类调节手段与社会变量之间的关联

就我们所收集到的抱怨语料而言，抱怨者在其抱怨话轮中采取的句类手段主要有句群和单句两类，就中心抱怨语[①]而言，以反问句、特指问句、感叹句、祈使句及陈述句形式呈现的比例较高。那么，在实施抱怨行为时，抱怨者所选取的句类手段是否受社会因素的影响呢？下文分两部分呈现研究结果：一是抱怨语句群使用与社会变量之间的关联；二是中心抱怨语句类选择与社会变量之间的关联。

3.1.1　汉语直接抱怨语句群使用与社会变量之间的关联

根据对200条抱怨语料的统计，我们发现句群的出现占了很大比例（57.5%），其余则为单句的使用（42.5%）。在直接抱怨语境中，通过单句进行抱怨，语气相对简洁，语义比较直接；而句群的使用一般可以延缓或减弱抱怨语力（袁周敏，2009）。那么，抱怨者使用句群或是单句是否受社会变量的影响呢？我们将抱怨者不使用句群赋值0，抱怨者使用句群赋值1，抱怨者句群的使用在各社会变量中的分布情况如表1所示。

---

① 参照Blum-Kulka et al.（1989）对言语行为序列的分类框架，我们对汉语直接抱怨语采取如下划分标准：引发语、中心抱怨语和辅助话语。在一个完整的抱怨话轮中，用于引起受话人注意的部分为引发语，中心抱怨语便是抱怨者直接或间接表达对受话人不满的部分，而阐述抱怨缘由或要求受话人做出更正或补偿的部分属于辅助话语。

表1　抱怨者句群使用分布情况

社会变量	句群的使用		次数
	否（0）	是（1）	
强加值 I 0	37（47%）	41（53%）	78
强加值 I −	4（27%）	11（73%）	15
强加值 I +	44（41%）	63（59%）	107
权势关系 P 0	51（42.5%）	69（57.5%）	120
权势关系 P −	11（46%）	13（54%）	24
权势关系 P +	23（41%）	33（59%）	56
社会距离 D 0	35（49%）	37（51%）	72
社会距离 D −	12（41%）	17（59%）	29
社会距离 D +	38（38%）	61（62%）	99

　　然后，我们对三个自变量（抱怨事件的强加值、权势关系和社会距离）进行共线性检验①，未发现三者之间存在显著的共线关系（VIF值均低于2，条件指数均低于30）。于是，我们对抱怨者句群的使用与社会变量之间的潜在关联性进行了二元logistic回归分析。因为三个自变量均包括三个水平，所以我们分别给它们设置虚拟变量，并以各自变量的中等水平为基准，观察三个自变量的变化是否显著作用于抱怨者句群的使用，结果见表2。

表2　社会变量与抱怨者句群使用的二元logistic回归分析结果

社会变量	回归系数	标准误	Wald	自由度	P值	OR值②
强加值 I 0	—	—	2.77	2	0.25	—
强加值 I −	0.98	0.64	2.33	1	0.13	2.67
强加值 I +	0.34	0.31	1.16	1	0.28	1.40
权势关系 P 0	—	—	0.31	2	0.86	—
权势关系 P −	− 0.09	0.47	0.04	1	0.85	0.91
权势关系 P +	0.16	0.34	0.21	1	0.65	1.17

① 自变量之间若存在显著共线性，会导致模型估计失真。方差膨胀系数VIF值大于10时，一般认为该变量与其他自变量之间存在明显的共线性；条件指数大于30时，一般认为该变量与其他自变量之间存在明显的共线性。
② 对数比，本文以自变量中等水平为参照，各自变量OR值处的数值代表当前样本与参照水平发生事件（即因变量的值为1"使用"）的概率比。

续表

社会变量	回归系数	标准误	Wald	自由度	*P*值	OR值
社会距离D 0	—	—	2.44	2	0.30	—
社会距离D −	0.46	0.47	0.97	1	0.32	1.59
社会距离D +	0.49	0.32	2.28	1	0.13	1.63

由表2可见，三个自变量对抱怨者句群的使用均无显著影响（*P*>0.05）。这表明，抱怨者在实施抱怨行为时选择用句群还是用单句与交际情景中社会变量的关联性较弱。而袁周敏（2009）发现，当会话出现应对冲突时，尤其是对社会地位高和社会距离较疏远的受话人实施抱怨时，人们往往使用句群解释原因、交代理由，以缓和面子冲突。在我们的研究中，他提到的两种交际情景分别是P −、D −，然而这两类数据恰恰较少，分析结果可能会有所偏差。在这两种情景中，抱怨者是否使用句群，与社会变量之间究竟存在怎样的联系，仍有待扩充语料予以验证。

3.1.2　中心抱怨语句类选择与社会变量之间的关联

根据我们对汉语直接抱怨语引发语、中心抱怨语和辅助话语的划分，我们发现，抱怨者中心抱怨语的句类使用情况，按出现次数排列依次为反问句（59次，29.5%）、特指问句（51次，25.5%）、感叹句（43次，21.5%）、祈使句（24次，12%）、陈述句（13次，6.5%），以及是非问句（10次，5%）。这一发现与康林花（2010）在统计抱怨语句类时的发现（反问句所占比例达到28%、感叹句占29.1%）一致，再次证明以反问句和感叹句形式呈现的抱怨语较多。之前我们发现，交际情景中的社会变量对抱怨者句群的使用无显著影响，那么抱怨者在中心抱怨语中的句类选择会不会受社会变量的影响呢？

我们分别对前五种句类进行了二元logistic回归分析，发现仅有反问句和陈述句的使用与社会变量之间存在显著相关性（*P*<0.05），而其他三种句类与社会变量之间皆无显著关联（*P*>0.05），分析结果详见表3。由于是非问句在语料中仅出现了10次，我们未对其进行分析。

表3　社会变量与五种句类的*P*值

社会变量	反问句	特指问句	感叹句	祈使句	陈述句
强加值I 0	0.79	0.61	0.99	0.37	0.83
强加值I −	0.93	0.41	0.97	0.94	0.99
强加值I +	0.51	0.79	0.89	0.17	0.54
权势关系P 0	0.10	0.62	0.97	0.07	0.01
权势关系P −	0.07	0.46	0.96	0.30	0.02
权势关系P +	0.15	0.41	0.84	0.07	0.19

社会变量	反问句	特指问句	感叹句	祈使句	陈述句
社会距离D 0	0.04	0.36	0.44	0.68	0.45
社会距离D –	0.02	0.17	0.31	0.94	0.77
社会距离D +	0.81	0.73	0.79	0.41	0.21

下面我们分别阐述抱怨者反问句、陈述句的使用与社会变量之间的关联。

3.1.2.1　中心抱怨语中反问句的使用与社会变量之间的关联

反问句的使用在我们的语料中占了很大比例（29.5%）。关于反问句的语用价值，有一种影响很广的观点是，反问句是说话人加强语势的方式。说话人往往借助反问的口吻强调自己对某一事件的态度和看法（刘月华等，1983）。邵敬敏（1996）同样指出，反问句的使用可以表达说话人对某一事件的独到见解，甚至可以表达说话人心中的不满。那么抱怨者是否采用反问的口气进行抱怨会不会受社会变量的影响呢？中心抱怨语中反问句的使用在各社会变量中的分布情况如表4所示。

表4　中心抱怨语中反问句的使用分布情况

社会变量	反问句的使用		次数
	否（0）	是（1）	
强加值 I 0	59（76%）	19（24%）	78
强加值 I –	10（67%）	5（33%）	15
强加值 I +	72（67%）	35（33%）	107
权势关系 P 0	80（67%）	40（33%）	120
权势关系 P –	20（83%）	4（17%）	24
权势关系 P +	41（73%）	15（27%）	56
社会距离 D 0	47（65%）	25（35%）	72
社会距离 D –	26（90%）	3（10%）	29
社会距离 D +	68（69%）	31（31%）	99

共线性诊断表明，三个自变量之间不存在显著的共线关系。以中等水平的自变量作为参照，二元logistic回归分析结果显示：只有社会距离与反问句的使用之间存在显著的相关性（$P<0.05$），而抱怨事件的强加值和权势关系对其均不存在显著影响（$P>0.05$），详见表4。具体而言，当交际双方社会距离较远时，抱怨者更倾向于不以反问句形式实施抱怨，其使用反问句形式实施抱怨的可能性仅为双方距离适中时的

19%（OR=0.19）；而当交际双方社会距离较近时，其对抱怨者是否采用反问句无显著影响（*P*>0.05）。例如：

[1] 语　境：华硕找到郑洁想跟她谈论事情，而郑洁却以自己要照顾病人为由，试图结束跟华硕之间的谈话。

　　华　硕：<u>我也一堆的病人</u>。我也是个医生。

[2] 语　境：玉美美一怒之下宣布公司停业，这引起了郑文文在内的许多同事的不解。当郑文文追问玉美美缘由时，玉美美跟她说不关她的事。

　　郑文文：<u>不关我的事儿</u>？我为了你，为了这个大赛，耗费了多少心血和时间，这个公司所有人，没日没夜加班加点。你说不关我们的事儿，不办就不办了？你对得起我们这些人吗？

　　在例[1]和例[2]中，下画线部分为各自的中心抱怨语（下文同），抱怨事件的强加值均处于中等水平，且交际双方权势无明显高低之分。在例[1]中，抱怨者与受话人的社会距离较远，没有使用反问句；而在例[2]中，双方社会距离适中，抱怨者采用了反问句的形式进行抱怨，虽然形式上是问句，但根据她后面的话语，可以推测出她想表达的意思恰是"关我的事儿"。

3.1.2.2　中心抱怨语中陈述句的使用与社会变量之间的关联

　　袁周敏（2009）曾指出，在抱怨行为中，陈述句通常表达的是抱怨者进行抱怨的缘由。单独使用陈述句进行抱怨，抱怨语力较低，对受话人面子的威胁程度低。尽管这种句类手段在我们的语料中出现次数较少，我们仍对其与社会变量之间可能存在的关联进行了二元logistic回归分析。

　　结果发现，三个自变量中只有权势关系对中心抱怨语是否以陈述句形式呈现有显著影响（*P*<0.05）。当抱怨者权势低于受话人时，抱怨者更倾向于使用陈述句，且使用陈述句的可能性大约为双方权势平等时的5倍（OR=5.02）。而抱怨事件的强加值和社会距离对其影响不显著（*P*>0.05），详见表3（103页）。例如：

[3] 语　境：在公司晨会时，周皓向老板汇报说因销售部迟迟没有答复一个客户，而损失了一笔单子，销售部经理听后摆脱责任。

　　周　皓：<u>人家好早就把电子邮件发给您了</u>。

　　在例[3]中，周皓对受话人推脱责任的言辞产生不满，但他在权势上低于受话人，选择以陈述句的形式来表达其对受话人言辞的不满，在陈述事实（抱怨缘由）的同时，也表达了自己的不满——"你就不要推卸责任了"。然而，由于这种手段的语料数量较少，因此社会变量等因素对直接抱怨语中抱怨者陈述句的使用究竟具有怎样的制约作用，仍有待扩充语料予以验证。

3.2 汉语直接抱怨语的词汇调节手段与社会变量之间的关联

除了通过在句类的使用上对其抱怨语力进行调节外，抱怨者往往还会通过词汇的选择进一步调节语力。通过对语料标注分类，我们发现，在抱怨者的中心抱怨语中，以下几种词汇调节手段较为常见：激化语、缓和语的使用，抱怨事件的直接提及和人称代词的使用。那么抱怨者在使用这四种调节手段时又是否受交际情景中社会变量的制约呢？研究发现如下。

3.2.1 中心抱怨语中激化语的使用与社会变量之间的关联

依据Brown和Levinson（1987）的面子理论，直接抱怨行为在本质上属于面子威胁行为。激化语的使用会增加抱怨语力，提升话语对受话人面子的威胁程度。例如：为什么不、绝对是你，以及带有咒骂性的词汇。我们将不使用激化语赋值0，使用激化语赋值1，中心抱怨语中激化语的使用在各社会变量中的分布情况见表5。

表5 中心抱怨语中激化语的使用分布情况

社会变量	激化语的使用		次数
	否（0）	是（1）	
强加值 I 0	38（49%）	40（51%）	78
强加值 I －	10（67%）	5（33%）	15
强加值 I ＋	25（23%）	82（77%）	107
权势关系 P 0	38（32%）	82（68%）	120
权势关系 P －	16（67%）	8（33%）	24
权势关系 P ＋	19（34%）	37（66%）	56
社会距离 D 0	24（33%）	48（67%）	72
社会距离 D －	8（28%）	21（72%）	29
社会距离 D ＋	41（41%）	58（59%）	99

对这三个自变量进行的共线性诊断结果表明，三者之间不具备明显的共线关系，就这三个自变量与抱怨者对激化语的使用之间是否存在相关性而言，可以建立二元logistic回归模型进行分析。就激化语的使用与社会变量之间的关联来看，二元logistic回归分析结果表明，强加值和权势关系均对抱怨者是否使用激化语具有显著影响（$P<0.05$），详见表6。

表6 社会变量与抱怨者激化语使用的二元logistic回归分析结果

社会变量	回归系数	标准误	Wald	自由度	P值	OR值
强加值 I 0	—	—	17.64	2	0.00	—
强加值 I －	－ 0.90	0.62	2.11	1	0.15	0.41

社会变量	回归系数	标准误	Wald	自由度	P值	OR值
强加值 I +	1.17	0.34	11.53	1	0.00	3.22
权势关系 P 0	—	—	8.45	2	0.02	
权势关系 P −	− 1.49	0.51	8.45	1	0.00	0.23
权势关系 P +	− 0.31	0.38	0.68	1	0.41	0.73
社会距离 D 0	—	—	0.93	2	0.63	—
社会距离 D −	0.44	0.53	0.70	1	0.40	1.56
社会距离 D +	− 0.03	0.36	0.01	1	0.94	0.97

就激化语的使用与强加值之间的关联来说，抱怨事件强加值与抱怨者是否使用激化语之间存在相关关系，当强加值增加时，抱怨者更倾向于使用激化语。根据表6，当强加值处于较高水平时，抱怨者使用激化语的可能性约为强加值处于中等水平时的3.22倍（OR=3.22）；当强加值处于较低水平时，其对抱怨者使用激化语与否的影响不显著（$P>0.05$）。例如：

[4]　语　境：周皓在公司早会上不断质疑公司元老的工作能力。
　　　　叶总监：<u>你个小毛孩子敢教育我们</u>。我们跟着玉老大在俄罗斯玩命的时候，你连毛都没长齐呢！
[5]　语　境：郑洁找到梁国华，请求她把公公接到家里住一段时间。
　　　　梁国华：<u>你也不至于连你公公都容不下吧</u>，那不管怎么着是他爸呀！

在例[4]和例[5]中，抱怨者的权势都高于受话人，且双方社会距离适中。在例[4]中，交际对方当众挑战了抱怨者的权威，使抱怨者觉得当众受辱，该抱怨事件的强加值较高，因此抱怨者使用了"小毛孩子"这种激化语来表达自己的不满与愤怒。例[5]中引起抱怨者不满的是，交际对方提出让抱怨者暂时把父亲接到家中住一段时间，强加值处于一般水平，抱怨者没有使用激化语。

就激化语的使用与权势关系之间的关联来看，交际者之间的权势关系对抱怨者激化语的使用具有显著影响，当抱怨者在交际中为权势较低方时，他们更倾向于不使用激化语。根据表6，当抱怨者处于较低权势时，其使用激化语的可能性仅为双方权势平等时的23%（OR=0.23）。而当抱怨者在交际中持有更多权势时，权势关系对激化语的使用无显著影响（$P>0.05$）。例如：

[6]　语　境：郑洁的丈夫梁国辉请求父亲明天去联系下物业，而老爷子找借口说自己肋骨疼。

郑　洁：行了，爸，<u>你又拿那子弹片说事儿</u>。人家弹片不就是，那弹片不
　　　　就是从你肋骨中间穿过去了吗？

[7]　语　境：梁国辉在家中长期忍让媳妇，面对媳妇的批评不敢出声，引起他
　　　　父亲的不满。

梁　父：在家里干什么呀？<u>让她数落你，跟三孙子似的</u>，要是我呀，早大
　　　　嘴巴扇她了。

　　在例[6]和例[7]中，交际者互为家庭成员，距离近，关系亲密，且抱怨事件都是
日常生活中常见的事情，强加值处于中等水平。只不过例[6]中的抱怨者是受话人的
儿媳，其权势低于受话人，没有使用激化语；相反，例[7]中的抱怨者是受话人的父
亲，权势高，使用了"跟三孙子似的"增加抱怨语力。

3.2.2　中心抱怨语中缓和语的使用与社会变量之间的关联

　　缓和（mitigation）通常被认为是一种主要的礼貌方式和一种用来构建和谐人际
关系的工具（Fraser, 1980）。作为语用现象的缓和语有助于促进言谈互动交际中的和
谐人际关系管理。宏观来看，缓和语包括"词语、结构、话语片段、时态或体结构、
语调、韵律等"（冉永平，2012：4）。考虑到本文的研究需求，我们对缓和语采用狭
义的理解，仅指词汇层次。例如："不好意思""您"等敬语。抱怨者使用缓和语可
以降低其抱怨行为对受话人面子的威胁程度。语料中检索到的缓和语主要有："不好
意思""您""曹哥"等敬语。那么抱怨者在抱怨序列中使用缓和语与否又是否受社
会变量的制约呢？虽然在语料中，这种词汇手段的例子数量较少，我们仍对其与社
会变量之间的潜在关联进行了二元 logistic 回归分析，结果见表7。

表7　社会变量与抱怨者缓和语使用的二元 logistic 回归分析结果

社会变量	回归系数	标准误	Wald	自由度	P值	OR值
强加值 I 0	—	—	2.94	2	0.23	—
强加值 I −	0.89	1.04	0.74	1	0.39	2.44
强加值 I +	− 0.88	0.75	1.36	1	0.24	0.42
权势关系 P 0	—	—	17.03	2	0.00	—
权势关系 P −	3.23	0.78	17.03	1	0.00	25.33
权势关系 P +	− 17.67	5254.47	0.00	1	0.99	0.00
社会距离 D 0	—	—	1.75	2	0.42	—
社会距离 D −	− 18.70	7089.27	0.00	1	0.99	0.00
社会距离 D +	− 0.97	0.74	1.75	1	0.19	0.38

　　结果发现，三个自变量中只有权势关系对中心抱怨语中是否出现缓和语具有显著影响（P<0.05）。根据表7，当抱怨者权势低于受话人时，其更倾向于使用缓和语，且使用的可能性是双方权势平等时的25倍左右（OR=25.33）。而抱怨事件强加值和社会距离对缓和语的使用均无显著影响（P>0.05）。例如：

[8]　语　境：曹总监在晨会上以不懂电子邮件为借口摆脱责任。
　　　周　皓：<u>电子邮件您不会用</u>？曹总监，咱这可是网络公司。您，您能不这么搞笑吗？
[9]　语　境：白晓燕正在斥责徒弟付若林，剧团团长正好路过。
　　　团　长：付若林，<u>你怎么老惹白老师生气</u>？

　　在例[8]和例[9]中，交际双方均为工作关系，社会距离适中，且各自的抱怨事件强加值均处于中等水平。两者差异具体表现在，在例[8]中，抱怨者资历、年龄、职位均低于受话人，其权势较低，因此在抱怨中使用了缓和语"您"来降低对受话人面子的威胁程度；而在例[9]中，抱怨者权势高于受话人，其没有使用任何缓和语，并使用了一种责怪的语气。

　　3.2.3　中心抱怨语中抱怨事件的提及与社会变量之间的关联
　　多位学者一致认为抱怨事件的提及是抱怨者加强抱怨语力的信号（Olshtain & Weinbach, 1987；Trosborg, 1995）。那么抱怨事件的提及（同样作为增强抱怨语力的调节手段）是否也受社会变量等因素的语用制约呢？通过共线性诊断，我们未发现自变量之间具有显著的共线关系。于是我们对抱怨事件的提及与社会变量之间存在的潜在关联进行了二元logistic回归分析，结果见表8。

表8　社会变量与抱怨者抱怨事件提及的二元logistic回归分析结果

社会变量	回归系数	标准误	Wald	自由度	P值	OR值
强加值 I 0	—	—	0.073	2	0.96	—
强加值 I −	0.23	1.16	0.037	1	0.85	1.25
强加值 I +	0.13	0.55	0.055	1	0.81	1.14
权势关系 P 0	—	—	1.06	2	0.59	—
权势关系 P −	− 0.35	0.86	0.17	1	0.69	0.70
权势关系 P +	− 0.57	0.56	1.04	1	0.31	0.57
社会距离 D 0	—	—	9.36	2	0.01	—
社会距离 D −	0.61	0.72	0.72	1	0.40	1.85
社会距离 D +	2.06	0.67	9.32	1	0.00	7.83

结果发现，社会距离对抱怨事件的提及与否有显著影响（$P<0.05$）。根据表8，当交际双方社会距离较近时，抱怨者更倾向于直接提及引起自己不满的抱怨事件，其直接提及抱怨事件的可能性是双方社会距离适中时的7倍左右（OR=7.83）。而抱怨事件强加值和双方权势关系对其没有显著影响（$P>0.05$）。例如：

[10] 语　境：郑洁跟丈夫交代完事情后，丈夫没有即刻回应。
　　　妻　子：<u>听见了怎么也不答应一声</u>?
[11] 语　境：刘彪醉酒后，孙大妈前来搀扶他，刘彪将其推开，这引起了邻居的不满，双方争吵起来。
　　　邻　居：<u>算我倒霉啊碰你一酒鬼</u>。

在例[10]和例[11]中，抱怨事件的强加值均为中等水平，且交际双方在权势上无明显差别。但在例[10]中，交际者为夫妻，距离近，抱怨者明显提及了抱怨事件，直接表达出自己对丈夫的不满；而在例[11]中，交际双方为普通的邻居关系，距离适中，抱怨者没有直接提及之前受话人令其不满的不当行为，反倒是用了一种自认倒霉的言辞来结束会话，没有明显提及抱怨事件。

3.2.4　中心抱怨语中人称代词的使用与社会变量之间的关联

就人称代词的使用与社会变量之间的关联来看，在中心抱怨语中，抱怨者经常使用一些人称代词"你、我"来调节语力。汉语人称代词的省略不会影响其语义的生成，但是从语用上分析，"你"和"我"都被用来引起受话人的注意，起到增强语力的作用（袁周敏，2009）。我们也对这种调节手段进行了二元logistic回归分析，不过从数据上来看，社会变量对抱怨者人称代词"你、我"的使用不具有显著影响（$P>0.05$），结果见表9。

表9　社会变量与抱怨者人称代词使用的二元 logistic 回归分析结果

社会变量	回归系数	标准误	Wald	自由度	P值	OR值
强加值 I 0	—	—	0.82	2	0.66	—
强加值 I −	− 0.35	0.67	0.28	1	0.60	0.70
强加值 I +	0.20	0.39	0.27	1	0.60	1.23
权势关系 P 0	—	—	0.21	2	0.90	—
权势关系 P −	0.14	0.61	0.05	1	0.82	1.15
权势关系 P +	− 0.14	0.42	0.11	1	0.74	0.87
社会距离 D 0	—	—	1.16	2	0.56	—
社会距离 D −	0.19	0.56	0.11	1	0.74	1.21
社会距离 D +	0.43	0.40	1.16	1	0.28	1.53

❹ 结语

    本文基于电视剧剧本语料，考察汉语直接抱怨语内部调节手段与社会变量之间的潜在关联，以深刻认识社会因素是如何影响语言使用机制的，进而更好地在中观语境下了解汉语使用者的直接抱怨行为。结果发现，就句类维度而言，抱怨者在发出中心抱怨语时对反问句与陈述句的采用受社会变量的显著影响。具体来说，当交际双方社会距离较远时，抱怨者在抱怨序列中更倾向于不使用反问句；当抱怨者权势较低时，其中心抱怨语可能更倾向于使用陈述句。此外，就词汇维度而言，抱怨者的调节手段主要受抱怨事件强加值和双方权势关系的影响。具体而言，当交际双方权势和社会距离处于相对一致的水平时，抱怨事件的强加值越高，抱怨者就越倾向于使用激化语；在抱怨事件强加值和双方社会距离处于相对一致的水平时，抱怨者权势越低，越倾向于不使用激化语，事实上抱怨者可能更倾向于在抱怨序列中使用缓和语。在抱怨者选择是否明显提及抱怨事件时，还会受到交际双方社会距离的影响，当其他两个变量条件相当时，交际双方社会距离越近，抱怨者越倾向于直接提及抱怨事件。上述发现对于更为全面深入地认识抱怨言语行为的语境化内涵意义重大，而这也正是将语用能力融入对外汉语教学时必须思考的一个重要课题。

参考文献

❏ Blum-Kulka, S., House, J. & Kasper, G. (eds.), 1989. *Cross-cultural Pragmatics: Requests and Apologies*. Norwood: Ablex Publishing Corporation.

❏ Brown, P. & Levinson, S.C. 1987. *Politeness: Some Universals in Language Usage*. Cambridge, UK: Cambridge University Press.

❏ Emerson, R.M. & Messinger, S.L. 1977. The micro-politics of trouble. *Social Problems* 2: 121-134.

❏ Fraser, B. 1980. Conversational mitigation. *Journal of Pragmatics* 4: 341-350.

❏ Houck, N. & Gass, S.M. 1996. Non-native refusals: A methodological perspective. In S.M. Gass & J. Neu (eds.), *Speech Acts Across Cultures: Challenges to Communication in a Second Language*. Berlin: Mouton de Gruyter. 45-64.

❏ House, J. & Kasper, G. 1981. Politeness markers in English and German. In F. Coulmas (ed.), *Conversational Routine: Explorations in Standardized Communication Situations and Prepatterned Speech*. The Hague: Mouton de Gruyter. 157-185.

❏ Kevoe-Feldman, H. 2018. The interactional work of suppressing complaints in customer service encounters. *Journal of Pragmatics* 123: 102-112.

❏ Labben, A. 2016. Reconsidering the development of the discourse completion test in interlanguage pragmatics. *Pragmatics* 1: 69-91.

❏ Langlotz, A. & Locher, M.A. 2013. The role of emotions in relational work. *Journal of Pragmatics* 58: 87-107.

❏ Ogden, R. 2010. Prosodic constructions in making complaints. In D. Barth-Weingarten, E. Reber & M. Selting (eds.), *Prosody in Interaction*. Amsterdam: John Benjamins. 81-104.

❏ Olshtain, E. & Weinbach, L. 1987. Complaints: A study of speech act behavior among native and non-native speakers of Hebrew. In J. Verschueren & M. Bertuccelli-Papi (eds.), *The Pragmatic Perspective: Selected Papers from the 1985 International Pragmatics Conference*. Amsterdam: John Benjamins. 195-208.

❏ Schegloff, E.A. 2005. On complainability. *Social Problems* 4: 449-476.

❏ Searle, J.R. 1969. *Speech Acts: An Essay in the Philosophy of Language*. Cambridge, UK: Cambridge University Press.

❏ Trosborg, A. 1995. *Interlanguage Pragmatics: Requests, Complaints, and Apologies*. Berlin: Mouton de Gruyter.

❏ Yuan, Z.M. & Zhang, R.H. 2018. Investigating longitudinal pragmatic development of complaints made by Chinese EFL learners. *Applied Linguistics Review* 1: 63-87.

❏ 金梅、袁周敏, 2020, 中国网络购物评论中的抱怨语研究。《外语学刊》(4): 9-14.

❏ 康林花, 2010, 汉语抱怨言语行为研究。暨南大学硕士学位论文。

❏ 刘月华、潘文娱、故韡, 1983,《实用现代汉语语法》。北京：外语教学与研究出版社。

❏ 冉永平, 2012, 缓和语的和谐取向及其人际语用功能。《当代外语研究》(11): 4-10, 77。

❏ 邵敬敏, 1996,《现代汉语疑问句研究》。上海：华东师范大学出版社。

❏ 杨丽、袁周敏, 2019, 中国非英语专业研究生直接抱怨语语用能力发展研究。《外语与外语教学》(2): 24-33, 146-147。

❏ 袁周敏, 2009, 论汉语直接抱怨语。《语言文字应用》(1): 48-59。

❏ 赵英玲, 2003, 论英汉直接抱怨语。《外语学刊》(2): 20-24。

❏ 朱晓姝, 2008, 中美学生抱怨言语行为的差异探究。《西安外国语大学学报》(1): 51-55。

Pragmatic Management on the Internal Modification of Chinese Direct Complaints

Abstract: With data from Chinese TV drama scripts, this study makes use of the binary logistic regression model to investigate the potential correlation between the internal modification of Chinese direct complaints and social variables. As a result, it is found that the imposition degree of the complainable, and the social variables including power relationship and social distance between the interlocutors have significant effects on the complainers' use of rhetorical questions, upgraders, mitigators, and their mention of the complainable. This result could be seen as a contribution to the positivism of complaining speech acts research while shedding light on the complaining speech acts research from a perspective of cultural pragmatic modeling.

Key words: Chinese direct complaints; internal modification; imposition degree; power relationship; social distance

（责任编辑：郑萱）

语言对比研究

日汉数量名结构定指功能对比研究

日汉结果复合动词中后项动词指向主宾情况考察——基于核心特征渗透理论

日汉数量名结构定指功能对比研究

中南大学　郭蓉菲*

[提　要]　本文通过量化分析，对日汉数量名结构的定指功能进行了对比。当修饰人时，日汉数量名结构均具有照应指代、直示指代、直示照应的一体化指代三种类型。无论哪种类型，日语的数量名结构均比汉语可及性高，因此经常以光杆形式出现。汉语因其可及性低于日语，经常添加指示代词或人称代词等。指示代词或人称代词等的示踪作用，使可及性增强。当修饰人以外的其他事物时，日汉数量名结构可及性相当，在表示照应指代时，二者均通常以光杆形式出现；在表示直示指代或直示照应一体化指代时，二者均通常在数量名结构前添加指示代词。

[关键词]　数量名结构；定指；可及性；日汉对比

❶ 引言

在日语和汉语中，都存在数量名结构。

[1]　ところが、二、三日すると、また、<u>三人の男</u>がやってきました。[①]
（然而，过了两三天，又来了三个男人。）[②]

[2]　他发现车斗里的人都已经到了公路上，而且有<u>两个人</u>已经向坝梁那里跑去了。[③]

如例[1]、例[2]所示，在数量名结构「三人の男」和"两个人"中，数量词「三人」和"两个"分别修饰「男」和"人"，表示各自的具体数目。此时，数量名结构

---

*　作者简介：郭蓉菲，中南大学外国语学院日语系副教授、博士。研究方向：日语语言研究、日汉语言对比研究。Email：feifeixi0602@163.com。通信地址：410083 中南大学外国语学院日语系。
本文获教育部人文社会科学研究青年基金项目"语言类型学视阈下的汉日语名词性成分指称功能对比研究"（项目编号：19YJC740014）资助。

① 例句[1] [3] [8] [9]引自日本国立国语研究所语料库『中納言現代日本語書き言葉均衡コーパス通常版』

② 除4.1和4.2部分，本文译文均为笔者所译。

③ 例[2] [4] [10] [14] [15] [22]引自路遥，1986，《平凡的世界》（第一部）。北京：十月文艺出版社。

表示新导入的信息。此外，日语和汉语中还有下面这种情况。

    [3]   僚子は、若菜の目から敵意が消えているのを感じて、微笑んだ。「ありがとう」<u>二人の女</u>は、少しの間、やさしく見つめ合った。
        （僚子感觉到若菜眼中的敌意消失了，于是微微一笑。"谢谢！"两个女孩子片刻温柔地对视着。）

    [4]   这时候，听见晓霞和润叶说笑着回来了。爱云喊她们两个帮忙往窑里端菜。<u>三个女人</u>忙得进进出出，不一会桌上的酒菜都齐备了。

    在例[3]「二人の女」中，虽然「二人」仍表示「女」的具体数目，但「二人の女」不是新导入的信息，而是用来指代上文中的先行项「僚子」和「若菜」。同样，例[4]中的"三个女人"也用来指代先行项"晓霞"、"润叶"和"爱云"。陈平（2015）指出，从语义学的角度看，有指成分是指发话人可以利用该语言形式，通过它的内在语义指称外部世界、话语环境或者自己思想中的某个特定对象，否则应该将其判断为无指成分。数量名结构既可以是语义无指，也可以是语义有指。就语义有指成分而言，一般情况下，只要发话人使用这个语言形式，受话人就会认为该语言形式指称某个特定的事物。另外，有指又包括定指和不定指，所谓定指是指发话人使用某个名词性成分时，预料受话人能将所指对象与语境中的某个特定事物等同起来，或能将它与同一语境中可能存在的其他同类实体进行区分（陈平，1987）。在例[3]和例[4]中，受话人可以通过数量名结构推断出它所指的是上文中的哪几个具体人物，此时，数量名结构应该作定指解读。

    基于上述事实，本文就日汉数量名结构的定指功能进行考察，主要解决以下三个问题。

    （1）日汉数量名结构的定指功能具体可以分为哪几种类型？

    （2）在这几种类型上，日汉数量名结构之间有何差异？

    （3）为何会呈现出这种差异？

❷ 前期研究及其问题点

2.1 相关前期研究

    日语中关于数量名结构的指称功能较少论及，学者们大都围绕数量词的指称性展开讨论，如井上京子（1999）、加藤美纪（2003）、岩田一成（2013）等。汉语方面，有部分学者对汉语中数词为"一"的数量名结构的类指义进行过研究，如陈平（1987）、刘丹青（2002）、高顺全（2004）、牛保义（2012）等。此外，还有部分学者讨论过汉语数量名结构的回指功能，如刘宇红（2003）、熊岭（2012）等。刘宇红（2003）认为，回指的主要形式包括指示回指、数量回指、描述性回指和分类语回指。熊岭（2012）认为，在回指性的语篇环境中，数量名结构具有定指的语义特征，可以表示照应同指，回指前文出现的实体。例如：

[5]　三个人正要转身走，有人在很近的地方叫了声于观。三个人转过身，丁小鲁和他的女伴随人流走到他们跟前。①

熊岭（2012）指出，此时的"三个人"是对前文的一种并提性照应，表达者采用了并提的方法，对三个不同人物做出的同一行为进行了叙述，数量名结构把三个人总括在一个主语里，再共同使用一个谓语。这属于一种特殊的篇章回指。

2.2　前期研究的问题点

综上，日语方面，很多研究都只限于对数量词的指称情况进行讨论，对数量名结构的指称功能谈及较少。汉语方面，对"一量名"结构的类指义讨论较多，对数量名结构的定指功能研究较少，仅谈及了它的回指性功能，对其他定指功能的研究似乎并不多见。而且，很多例句仅讨论修饰人的数量名结构，如例[5]等，对修饰人以外的数量名结构的定指功能未曾考察。鉴于上述前期研究的不足，本文拟从对比的角度，将日汉数量名结构分为修饰人和修饰人以外两种场合，重点讨论二者的定指类型，对比这几种类型中的日汉数量名结构定指功能的差异，并分析具体原因。

❸ 日汉数量名结构的定指类型

无论是日语还是汉语，数量名结构的定指性，并非熊岭（2012）提出的那样，是将不同人物做出的同一行为进行叙述的并提的方法，而是一种合并性指代，也就是将彼此身份性质相同的人物，或者属性相同的事物，用数量名结构合并起来进行叙述的方法。

3.1　修饰人的日汉数量名结构的定指类型

在日语中，当数量词用来修饰「人」的时候，较少以「二人の人」的形式出现。笔者对"中日对译语料库"进行了全面检索，发现当日语的数量词修饰「人」时，以数量名结构出现的例句仅有2例。

[6]　三人の人々が手をつないでも囲めないほど大きな機械（銅毯）もあった。②
　　（也有一台很大的机器，其体积大到三个人无法合抱。）
[7]　一隻のタンカーが光の上に黒く動いていた。二人の人間が乗っていた。
　　（一艘油轮在波光中暗暗地前行着。上面载着两个人。）

---

① 例[5]引自熊岭，2012，现代汉语指称范畴研究。华中师范大学博士学位论文。
② 例句[6][7][20][21][23][24][25][26][27][28][29][30][31][32][33]引自"中日对译语料库"（2002）。该语料库是北京日本学研究中心于2002年开发的一个中日双语平行语料库。它由一个中文原文子库、一个日文原文子库、一个中文译文子库和一个日文译文子库构成。

因为「二人」已经包含了「人」，若再使用「二人の人」，不仅语义重复，也不符合经济原则。因此，日语通常以「二人」「三人」来表达。在这里，笔者把它们看作等同于「二人の人」「三人の人」的数量名结构来讨论。当修饰人时，日语和汉语的数量名结构都具有照应指代、直示指代、直示照应的一体化指代三种类型。

3.1.1　照应指代

3.1.1.1　日语的数量名结构

日语数量名结构的照应指代，一般出现在回指性或预指性的语篇环境中，分为回指和预指两种情况。例如：

[8]　確かに、志保と麻理は同い年だったのだから、そういうことになる。「仲の良い二人の女の子がいて、そのどっちも片親を亡くしてて、でもって残った親が同じ年に死んだわけですか？」

（确实，因为志保和麻理年龄相仿，所以才会那样。"关系要好的两个女孩子，都是单亲孩子，唯一的亲人也都在同一年死去了？"）

[9]　十二代将軍の義晴には、三人の男の子がありました。長男が義藤、次男が義昭、三男が周暠といいました。

（第十二代将军义晴有三个儿子，分别是长子义藤、次子义昭和末子周暠。）

例[8]中的「二人の女の子」属于回指用法，回指前文中的「志保」和「麻理」，由于两人都是女孩子，因此以「二人の女の子」将二者合并起来。

例[9]中的「三人の男の子」是预指用法，预指下文中的「義藤」「義昭」和「周暠」，由于同是男孩子，所以用「三人の男の子」将其统一起来。

3.1.1.2　汉语的数量名结构

与日语一样，汉语的数量名结构在表示照应指代时，也有回指和预指两种情况。例如：

[10]　另外，金波的妹妹也和他妹妹一块上学，两个孩子好得形影不离。

[11]　他常对人说："我拜了两位老师——中文请教小平同志，俄文请教左权同志。"①

例[10]中的"两个孩子"是回指性指代，回指上文中的"金波的妹妹"和"他妹妹"。例[11]中的"两位老师"并非回指上文中的先行项，而是预指下文中的"小

---

① 例句[11] [18] [19]引自北京大学中国语言学研究中心（Center for Chinese Linguistics PKU）的"现代汉语语料库"。

平同志"和"左权同志",由于两位分别教"我"中文和俄文,对于"我"来说,都
是"我"的老师,彼此身份一致,因此以"两位老师"将其进行了合并。

通过上述分析笔者发现,日语和汉语的数量名结构都具有照应指代用法,不仅
能对上文中的旧信息进行回指,也能对下文中的新信息进行预指。不论回指或预指,
都是将彼此身份相同、属性一致的几个名词合起来叙述,是一种合并性的指代方法。

3.1.2　直示指代

直示指代,就是通常说的现场指示。加藤重广(2008)指出:

発話の現場にあるものを直接指し示すというので現場指示或いは直示と言い
ます。(由于直接指示存在于发话现场的事物,因此称为现场指示或直示。)

修饰人的日汉数量名结构都具有直示指代用法,它是能够对发话现场的发话人
和受话人进行指代的一种用法,即数量名结构所指代的人物,能够在发话现场得以
确认。无论日语或汉语,数量名结构的直示指代,都只出现在对话中。

3.1.2.1　日语的数量名结构

看下面两个例句。

[12]「二人だけの秘密だよ。」①

　　("这可是咱们两个人的秘密哦。")

[13]　姉「なによ！」

　　　弟「なんだよ！」

　　　母「やめなさい！2人ともっ。なんですか。みっともない。」②

　　(姐姐:"干什么！"

　　弟弟:"怎么啦！"

　　妈妈:"你们两个人都给我住手！怎么回事！太不像话了！")

例[12]和[13]中的「二人」都是直示用法的合并性指代。其中,例[12]中的「二
人」分别用来指代发话人和受话人,例[13]中的「二人」用来指代受话人「姉」和
「弟」。

3.1.2.2　汉语的数量名结构

接下来看汉语数量名结构的直示指代用法。

[14]　在米家镇的青石板街上,秀莲深情地对他说:"两个人只要合心,又不在

---

① 例句[12][16]引自岩田一成,2013,『日本語数量詞の諸相』。東京:くろしお出版。
② 例句[13]引自朱春跃、相原茂,1995,《日语生活交际会话》(上)。北京:外语教学与研究出版社。

几件衣服上！（后略）^①"少安被秀莲的话说得眼圈都发热了。

[15]　不一会，那个妇女竟然哭得泪水满面跑过来，对田福军和张有智说："啊呀呀，我咋盼到包文正了，我再一世都忘不了<u>你们两个青天大老爷</u>……"

　　例[14]中的"两个人"用来指代发话人"秀莲"和受话人"少安"。例[15]中的"你们两个青天大老爷"可以看作"人称代词+数量名结构"，用来指代受话人"田福军"和"张有智"。

　　通过上述例句，笔者发现日汉数量名结构的直示指代用法一般发生在对话中，主要包括对"发话人（一人称）+受话人（二人称）"的合并性指代和对"受话人（二人称）"的合并性指代。

3.1.3　直示照应的一体化指代

　　直示照应的一体化指代，是指以数量名结构合并起来的人物，既包括存在于发话现场的人物（是发话人，也可以是受话人），也包括上文提及的人物。直示照应的一体化指代一般也只出现在对话中。

3.1.3.1　日语的数量名结构

　　日语数量名结构直示照应的一体化指代，主要包括对"发话人+上文提及的人物"的指代和对"受话人+上文提及的人物"的指代。

[16]　娘「ねえ、お父さん……どうしてお母さんと一緒に暮らさないの？」
　　　耕作「ん？」「それはね……今二人が暮らしたくないからそうしてるんだ。」
　　　（女儿："喂，爸……为啥不跟咱妈一起生活？"
　　　耕作："呃？""嗯……因为现在咱们两个人不想一起生活，所以就分开住来着。"）

[17]　A「それにしても、文枝さんはよく気がつくお嫁さんですねえ。」
　　　B「ええ、ほんと、働き者でいい嫁ですよ。私のことも大事にしてくれますし。」
　　　A「ほんとにねえ。二人を見てると、まるで実の親子みたいですよ。」^②
　　　（A："话说回来，文枝真是个懂道理的媳妇。"
　　　B："是的，真是个能干的好媳妇。对我也很孝顺。"
　　　A："确实。看着你们两个人，真像是一对母女。"）

　　在例[16]中，「二人」用来指代发话人「耕作」和上文提及的人物「お母さん」。在例[17]中，「二人」用来指代受话人「B」和上文提及的人物「文枝さん」。

---

① 受文章篇幅限制，例句中的"前略""中略""后略"表示笔者所略，后同。
② 例[17]引自朱春跃、相原茂，1995，《日语生活交际会话》（下）。北京：外语教学与研究出版社。

3.1.3.2　汉语的数量名结构

和日语一样，汉语数量名结构直示照应的一体化指代，也包括对"发话人＋上文提及的人物"的指代和对"受话人＋上文提及的人物"的指代。

[18]　序中赵清阁还提及她和老舍合写《桃李春风》的经过。（中略）合作的经过是这样的："（前略）故事由我们两个人共同商定后，他把故事写出来，我从事分幕。（后略）"

[19]　妈妈说："我们关心静秋，爱护静秋，就要从长远的观点着想，不能只顾眼前。（中略）现在她顶职的事还没搞好，如果这些人看见你们两个人在一起，对静秋顶职的事是非常不利的——"

例[18]和例[19]中的"我们两个人"和"你们两个人"也可以看作"人称代词＋数量名结构"。"我们两个人"用来指代发话人"赵清阁"和上文提及的人物"老舍"，"你们两个人"用来指代受话人和上文先行项"静秋"。

通过上述分析笔者发现，无论是日语还是汉语，数量名结构都具有照应指代、直示指代、直示照应的一体化指代三种类型。必须指出的是，只有当数词是"二以上"时，数量名结构才具有合并性指代功能。数词是"一"的时候，无法进行合并性指代，而且"一量名"结构通常表示的是不定指（曹秀玲，2005；魏红、储泽祥，2007）。

3.2　修饰人以外的日汉数量名结构的定指类型

当修饰人以外的其他事物时，日语或汉语通常具有照应指代用法，其他用法的用例相对较少。而且，全面检索"中日对译语料库"中日语和汉语修饰人以外的数量名结构，笔者也没有发现有关直示指代和直示照应一体化指代用法的例子。

3.2.1　日语的数量名结构

日语的数量名结构，当修饰人以外的事物时，也有回指和预指用法。例如：

[20]　1945年8月6日に広島、9日に長崎に原子爆弾を投下し、二つの都市を完全に破壊した。

（1945年8月6日在广岛、9日在长崎投下原子弹，将两座城市完全炸毁。）

[21]　まず人間の脳には、実は三つの脳が同居している。ワニ、ウマ、そして人間の脳である。

（首先在人的大脑中，同时存在着三个脑子。分别为鳄鱼脑、马脑和人脑。）

例[20]中的「二つの都市」是回指性用法，回指上文中的「広島」「長崎」。例[21]中的「三つの脳」是预指性用法，预指下文中的「ワニ」「ウマ」和「人間の脳」。

3.2.2 汉语的数量名结构

与日语一样，汉语的数量名结构在修饰人以外的事物时，也可以进行回指和预指。例如：

[22] "就是一头死牛，我也不换你那<u>三个活宝</u>……怎？有什么事要给我说？"少安问金俊武。

[23] 他的家门南面有<u>两座大山</u>挡住他家的出路，一座叫太行山，一座叫王屋山。

在例[22]中，"三个活宝"的前面添加了指示代词"那"，用来回指金俊武的三头牛。在例[23]中，"两座大山"预指"太行山"和"王屋山"。

由此可见，日汉数量名结构在修饰人以外的事物时，既可以合并回指前文中的先行项，也可以合并预指下文中的后续项。而且，此时的数词也仅限于"二以上"，当数词是"一"时，数量名结构通常表示不定指。

❹ 日汉数量名结构定指功能的对比

虽然日汉数量名结构在修饰人和人以外的事物时，具有相同的定指类型，但全面检索"中日对译语料库"中日语和汉语的数量名结构后，笔者发现二者之间呈现出很大的差异。岩田一成（2013）通过调查「書籍」「新聞」「会話」，对日语中量词的出现频率和所占比例进行了统计。本文按出现频率由高到低的顺序截取了前12位量词，它们分别是「人、つ、本、枚、個、名、杯、台、冊、軒、匹、頭」，其中，修饰人的量词是「人、名」，修饰人以外的量词是「つ、本、枚、個、杯、台、冊、軒、匹、頭」。具体检索方法如下：

检索例（正规表现）：「一二三四五六七八九十百千万1234567890」人

然后，笔者对检索结果的日语原文及对应的汉语译文中具有定指用法的数量名结构进行了整理和分析。

4.1 修饰人的日汉数量名结构定指功能的对比

笔者全面检索了"中日对译语料库"中的日语原文和汉语译文，发现修饰人的数量名结构的照应指代用法共出现了306例，具体对译情况如表1所示：

表1　修饰人的数量名结构照应指代用法的日汉对译差异

修饰人的数量名结构的 照应指代	日汉均光杆	日汉均添加	日语光杆， 汉语添加	日语添加， 汉语光杆	合计
日汉对译情况	170	17	117	2	306
	55.56%	5.56%	38.24%	0.65%	100%

如表1所示，日汉数量名结构均以光杆形式出现的有170例，约占55.56%，在例[24]中，日语原文中的「三人の女」和汉语译文中的"三个女士"都是光杆形式的数量名结构。

[24]　アルさんが克平と三沢の居る方へ歩き出したので、<u>三人の女</u>も彼について行った。

（乙醇朝克平和三泽那边走去，<u>三个女士</u>也跟在后面。）

与此相对，均添加"这/那"等指示代词或者"我们/你们/他（她）们"等人称代词的例子仅有17个，约占5.56%，在例[25]中，日语原文和汉语译文分别在数量名结构的前面添加了指示代词「この」和"这"。

[25]　<u>この二人の男</u>は、崩れた土塀のわきにある防火水槽を見つめて棒立ちになっていた。

（<u>这两个人</u>站在坍塌了的土墙旁边，正一动不动地凝视着墙边的消防用水池。）

可以看出，修饰人时，日汉数量名结构的照应指代用法，经常以光杆形式出现。但是，另一方面，日语原文以光杆形式出现、汉语译文在数量名结构前添加指示代词或者人称代词的例子也不少，有117例，约占38.24%。

[26]　と丑松は笑い紛して了った。銀之助も一緒になって笑った。奥様とお志保は<u>二人</u>の顔を見比べて、熱心に聞き惚れていたのである。

（丑松用笑声把它掩饰过去。银之助也一同笑起来。师母和志保来回瞧着<u>他们两个人</u>的表情，热心地听他们谈话。）

[27]　「行こう」と、また<u>二人</u>を促したが、妻も矢須子も返辞をしない。

（"走吧！"我又催促<u>她们两个人</u>。可是，妻子和矢须子没有搭理。）

例[26]中的数量名结构用来回指先行项，是回指性指代。日文原文中仅仅出现光杆形式的「二人」，但在相应的译文中，数量名结构"两个人"前面却添加了人称代词"他们"。例[27]中的数量名结构是预指性指代，预指下文中的「妻」和「矢須子」，同样，原文中仅仅出现了光杆的「二人」，但是在对应的译文中却在"两个人"的前面添加了人称代词"她们"。

另外，当表示直示指代或直示照应的一体化指代时，日语的数量名结构通常也是以光杆形式出现的，汉语则经常会添加"我们/你们/他（她）们"等人称代词。具体检索情况如表2所示：

表2　修饰人的数量名结构直示指代用法和直示照应一体化指代用法的日汉对译差异

修饰人的数量名结构的直示指代和直示照应一体化指代	日汉均光杆	日汉均添加	日语光杆，汉语添加	日语添加，汉语光杆	合计
日汉对译情况	11	0	24	0	35
	31.43%	0%	68.57%	0%	100%

如表2所示，日汉数量名结构均以光杆形式出现的仅有11例，约占31.43%。与此相对，日语原文以光杆形式出现，汉语译文在数量名结构前添加"我们/你们/他（她）们"等人称代词的有24例，占68.57%。例如：

[28] 「声が高い？」叔父は笑いながら、「ふふ、俺のような皺枯声が誰に聞えるものかよ。それはそうと、丑松、へえ最早これで安心だ是処まで漕付ければ、最早大丈夫だ。どのくれえ、まあ、俺も心配したろう。ああ今夜からは三人で安気に寝られる」
（"声音大啦？"叔父笑着说，"嗨，我这种破嗓子谁能听得见！先别管这些吧，我说，丑松，这下子可放心了，能熬到这一步就算万事大吉啦。在这以前，我多担心啊！好啦，今天晚上起，我们三个人都可以睡安稳觉喽。"）

[29] 浜田だよ、――浜田と関と中村と、四人で今日やって来たんだ」
（"是浜田呀。――浜田、阿关、中村和我，我们四个人今天来的。"）

例[28]和例[29]分别是直示指代和直示照应的一体化指代，这两个例子的日文原文均是光杆形式，但在所对应的汉语译文中，却在数量名结构的前面分别添加了人称代词"我们"。

由此可以看出，与汉语相比，日语的数量名结构在标示其指称对象时，可及性更高。许余龙（2018）指出，可及性是一个心理语言学概念，通常指一个人在说话时，从大脑记忆系统中提取一个语言或记忆单位的便捷程度。日语中的数量名结构在标示指称对象时可及性较高，因此往往以光杆形式出现。与此相对，汉语的数量名结构可及性较低，因此往往需要借助指示代词或人称代词等。方梅（2016）指出，指示代词具有示踪作用这一话语功能，属于回指用法，所指对象是上文语境中已经引入了的言谈对象。笔者认为，人称代词同样具有示踪作用，而且人称代词除了回指用法，还具有直示指代和直示照应一体化指代两种用法。例如：

[30] "爹，<u>我们</u>到哪儿去？"
[31] 奶奶和我父亲一进院，罗汉大爷就说："他们要拉咱的骡子。"奶奶说："先生，<u>我们</u>是良民。"

例[30]中的"我们"指代发话者和受话者，属于直示指代。例[31]中的"我们"指代发话者"奶奶"和上文中的"我父亲""罗汉大爷"，即直示照应的一体化指代。

由于汉语的数量名结构在标示指称对象时，可及性较低，往往借助指示代词或人称代词的示踪作用，使其可及性增强。因此，不论是照应指代，直示指代，还是直示照应的一体化指代，日语的数量名结构经常以光杆形式出现，而在对应的汉语译文中，常常在数量名结构的前面添加指示代词或人称代词等。

4.2 修饰人以外的日汉数量名结构定指功能的对比

修饰人以外的数量名结构的照应指代用法共有108例，具体对译情况如表3所示：

表3 修饰人以外的数量名结构照应指代用法的日汉对译差异

修饰人以外的数量名结构的照应指代	日汉均光杆	日汉均添加	日语光杆，汉语添加	日语添加，汉语光杆	合计
日汉对译情况	54	25	22	7	108
	50%	23.15%	20.37%	6.48%	100%

如表3所示，日语原文和汉语译文均以光杆形式出现的有54例，占总数的50%。

[32] また漁師がやって来て<u>二匹の獲物</u>を缶の中へ入れた。
（又一位渔夫上岸，把<u>两条收获物</u>装入桶内。）

另外，日语原文和汉语译文均添加指示代词的有25例，约占23.15%。这说明日汉数量名结构在指代人以外的事物时，通常以光杆形式出现，但有时也会添加指示代词等。

同时，日语光杆，汉语添加的有22例，约占20.37%。

[33] 段々歩行いて行くと、おれの方が早足だと見えて、<u>二つの影法師</u>が、次第に大きくなる。
（走着走着，我发现自己的脚步比他们来得快，<u>那两个人影</u>渐渐增大。）

与此相对，日语添加，汉语光杆的仅有7例，占6.48%。可以看出，当指代人以外的事物时，汉语数量名结构的可及性略低于日语，因而添加指示代词的情况比日语略多。

另外，在表示直示指代和直示照应一体化指代时，日语和汉语往往会添加指示代词，例如「すみません、<u>この二本のボールペン</u>をください」（您好，我想买<u>这两支圆珠笔</u>），因此，笔者认为此时日语和汉语数量名结构的可及性相当。

❺ 结语

本文从对比的角度分析日汉数量名结构的定指功能，注意到了二者在标示指称对象时体现出来的可及性差异。修饰人的日语数量名结构无论是进行照应指代，直示指代还是直示照应的一体化指代，可及性都比汉语高，因此经常以光杆形式出现。汉语数量名结构可及性低于日语，因此经常添加指示代词或人称代词等。通过指示代词或人称代词等的示踪功能，使数量名结构的可及性增强。修饰人以外的日汉数量名结构通常都是以光杆形式来进行照应指代的，但由于汉语数量名结构的可及性略低于日语，所以添加指示代词的情况比日语稍多。

参考文献

❏ 加藤美紀，2003，もののかずをあらわす数詞の用法について。『日本語科学』(13)：33-57。

❏ 加藤重広，2008，『日本語語用論のしくみ』。東京：研究社。

❏ 井上京子，1999，助数詞は何のためにあるのか。『月刊言語』(10)：30-37。

❏ 岩田一成，2013，『日本語数量詞の諸相』。東京：くろしお出版.

❏ 曹秀玲，2005，"一（量）名"主语句的语义和语用分析。《汉语学报》(2)：81-87。

❏ 陈平，1987，释汉语中与名词性成分相关的四组概念。《中国语文》(2)：109-120。

❏ 陈平，2015，语言学的一个核心概念"指称"问题研究。《当代修辞学》(3)：1-15。

❏ 方梅，2016，单音指示词与双音指示词的功能差异——"这"与"这个"、"那"与"那个"。《世界汉语教学》(2)：147-155。

❏ 高顺全，2004，试论汉语通指的表达方式。《语言教学与研究》(3)：14-21。

❏ 刘丹青，2002，汉语类指成分的语义属性和句法属性。《中国语文》(5)：411-422。

❏ 刘宇红，2003，认知语言学视野中的指称解读。复旦大学博士学位论文。

❏ 牛保义，2012，汉语名词"类指"义的认知假设。《语言教学与研究》(4)：74-81。

❑ 熊岭，2012，现代汉语指称范畴研究。华中师范大学博士学位论文。
❑ 许余龙，2018，英汉指称词语的语篇回指功能对比研究。《外国语》(6)：26-34。
❑ 魏红、储泽祥，2007，"有定居后"与现实性的无定 NP 主语句。《世界汉语教学》(3)：38-51。

The Identifiable Function of Definiteness in QN Structures: A Contrastive Study of Japanese and Chinese

Abstract: A quantitative analysis is conducted on QN structures in Japanese and Chinese. It is found that both Japanese and Chinese QN structures have anaphora, deixis and anaphoric-deixis when modifying nouns that refer to persons. The accessibility of Japanese QN structures is higher than that of Chinese. Therefore, they often appear in bare forms. In contrast, demonstratives or personal pronouns are often added before Chinese QN structures. Japanese and Chinese QN structures are equally accessible when modifying nouns that refer to others. They usually appear in bare forms as used for anaphora, and demonstratives should always be added on deixis and anaphoric-deixis case.

Keywords: QN structures, identifiable, accessibility, contrastive analysis of Japanese and Chinese

（责任编辑：赵华敏）

日汉结果复合动词中后项动词指向主宾情况考察

——基于核心特征渗透理论

延边大学　崔玉花*

[提　要]　本文从后项动词的语义指向来探讨日汉结果复合动词的构成特点，发现日语的后项动词只与句中主语发生语义关系，而汉语结果复合动词的后项动词既可以指向主语也可以指向宾语。关于这一不同，本文将运用生成语法理论框架下的核心特征渗透理论进行分析，指出在其语义指向上存在的差异是由两种语言中的结果复合动词的核心不同造成的。这一结论不仅能对两种语言在V2的语义指向上存在的异同做出合理的解释，也能对V2的及物性选择及论元分布上存在的差异做出一致的解释。

[关键词]　结果复合动词；后项动词；语义指向；题元角色；核心词

❶ 引言

　　日语和汉语中都有用后项动词（以下简称V2）表示前项动词（以下简称V1）结果的复合动词。影山太郎（1993）指出，前后两个动词表达的事件在时间上有先后顺序时，V1和V2一般具有原因和结果的语义关系，日语中这一语义关系通常用两种方式来表达：一是通过V1的某种手段、方法或过程来达到V2所内含的结果，即"手段"复合动词；二是将V1看作导致V2结果的原因，即"原因"复合动词。日语的这两种复合动词在V2的及物性选择方面也存在差异："手段"复合动词中的V2往往是带有某种变化的致使义及物动词；"原因"复合动词中的V2为非宾格动词。[①] 在

---

*　作者简介：崔玉花，延边大学朝汉文学院副教授、博士。研究方向：语言对比、理论语言学。Email：cuiyuhua@ybu.edu.cn。通信地址：133002 延边大学朝汉文学院。
本研究得到教育部人文社会科学研究项目"语言类型学视角下的日汉结果构式对比研究"（项目编号：15YJC740008）和吉林省教育厅社会科学研究项目"日汉英致使交替现象对比研究"（项目编号：JJKH20210598SK）的经费支持。

①　根据非宾格假说，不及物动词分为两类，即能指派施事的非作格动词和不能指派指施事的非宾格动词。

例[1]和例[2]中，汉语的结果复合动词"推倒"和"哭累"分别对应日语的"手段"复合动词和"原因"复合动词。

[1]　a. 太郎が次郎を押し倒した /＊押し倒れた。
　　　b. 太郎推倒了次郎。
[2]　a. 彼女が泣き疲れた。
　　　b. 她哭累了。

有关日汉结果复合动词的异同，学界讨论最多的是V1和V2的组合差异。在例[1]中，汉语的"推倒"为及物动词和非宾格动词的组合，而与之对应的日语复合动词"押し倒す（推-弄倒）"为及物动词和及物动词的组合。其实，除了前后项动词的组合差异外，在句中V2指向哪一个成分的问题上，日语和汉语之间也存在差异。例如：

[3]　张三追累了李四。
　　　张三追李四，李四累了。
　　　张三追李四，张三累了。
[4]　お母さんが子供を叱り疲れた。
　　　a. 妈妈骂小孩，妈妈累了。
　　　b. ＊妈妈骂小孩，小孩累了。①

结果复合动词中的V2不仅表示动作结果，还可以与句中的主语或宾语发生语义关系。上面两例中的"追累"和"叱り疲れる（骂-累）"都是及物动词和非宾格动词的组合。但是例[3]中的"因追而累者"既可以理解为宾语"李四"，也可以理解为主语"张三"，V2的指向不明确。而例[4]中的"因骂而累者"只能理解为主语"お母さん（妈妈）"，不能理解为宾语"子供（小孩）"。

为什么日语和汉语的结果复合动词在V2的语义指向上存在差异？如何解释这种差异？本文将围绕这个问题展开讨论。着眼于后项动词的语义指向来探讨日汉结果复合动词的异同，不仅可以揭示V2与句中其他成分之间的语义联系，而且可以通过从中表现出来的差异探明两种语言结果复合动词的论元分布及构成特点。

❷ V2 的语义指向与针对日语复合动词提出的两个原则

2.1　V2语义指向的异同
所谓语义指向，就是句法结构内的某一成分和其他成分（一个或几个）在语义

---

① 这里的"＊"表示例[4]"お母さんが子供を叱り疲れた"不能表达[4b]的含义。

上的相关关系（沈阳，2004）。着眼于V2的语义指向，对复合动词进行研究的有由本阳子（2005）、施春宏（2008）、彭广陆（2011）、Cheng和Huang（1994）、Huang（2006）等。虽然这些研究对日语或者汉语复合动词的语义指向做了较深入的探讨，但是考察的着眼点仅在于单一语言的语义指向，未从对比的角度探讨日汉结果复合动词在V2的语义指向上存在的异同。

关于V2的语义指向类型，根据其所指的句子成分的不同，大致可以分为指向主语、指向宾语和指向谓语的这三种。至于V2指向谓语的情况（比如，在"老王吃完了"中，"完"指向动词"吃"，即"吃"这个动作完成），本文暂不考虑，只考察V2指向主宾语的情况。下面，笔者着眼于V2的及物性，考察在其语义指向上日汉结果复合动词之间存在的异同。

当V2为及物动词时，不管V1是及物动词还是不及物动词，日语和汉语中的V2都指向主语。例如：

[5]　　a. 太郎が次郎を押し倒した。

　　　　（太郎推倒了次郎。）

　　　　b. 花子がハンカチを泣き濡らした。

　　　　（花子哭湿了手帕。）

[6]　　他听懂了老师的话。

例[5]是V2为及物动词的"手段"复合动词，及物动词一般支配两个论元，例[5a]中V2"倒す（弄倒）"支配域外论元"太郎"和域内论元"次郎"，它们分别从动词那里获得施事及受事的题元角色。此时，V2的逻辑主语跟句中主语一致，即V2与主语发生语义关系。但是在究竟"谁倒"这一问题上，"倒"的对象并非主语"太郎"而是宾语"次郎"。这是因为"手段"复合动词中的V2通常都有对应的不及物动词，如"倒す（弄倒）"就有对应的不及物动词"倒れる（倒）"，同样"濡らす（弄湿）"也有对应的不及物动词"濡れる（湿）"。这样，V2用相对应的不及物动词间接地表示宾语的结果状态。例[6]中的V2为表状态的及物动词，在汉语中，除了"懂、会、怕"等少数表状态的及物动词外，一般由非宾格动词充当V2。当V2为及物动词时，V2的逻辑主语跟句中主语一致，如例[6]中的V2"懂"指向主语"他"。

当V2为不及物动词时，根据有无宾语，其语义指向不同。不带宾语时，不管V1是不及物动词还是及物动词，日语和汉语中的V2都指向主语的结果状态，如"彼が走り疲れた（他跑累了）、彼が飲みつぶれた（他喝醉了）"。V2为不及物动词的复合动词在日语中属于"原因"复合动词，这类复合动词跟"手段"复合动词相比，数量不多。而在汉语中，这类复合动词数量多，构词能力也很强。

然而，带宾语时，V2指向句中哪一个成分，日语和汉语之间存在差异。在汉语中，不管V1的及物性，V2一般都指向宾语，但也有V2的指向不明确，既可指向主语也可指向宾语的情况。而在相同的情况下，日语结果复合动词的V2只指向主语，不指向宾语。例如：

[7]　a. 武松打死了老虎。
　　　b. 他哭肿了眼睛。

[8]　他骑累了马了。
　　　a. 他骑马，马累了。
　　　b. 他骑马，他累了。

[9]　お母さんが子供を叱り疲れた。
　　　a. 妈妈骂小孩，妈妈累了。
　　　b. *妈妈骂小孩，小孩累了。

　　跟不带宾语时的情况相比，结果复合动词带宾语时的情况较复杂，这种复杂性体现在语义指向的两种情况上，即多指单义关系和多指歧义关系。沈阳（2004）指出，多指单义关系是指结构上的某个成分可能与其他多个成分在语义上相联系，但不会造成不同的理解。也就是说，该成分一般与其中哪个成分相联系是确定的。多指歧义关系是指某个成分不但可能跟多个成分在语义上相联系，而且这些语义联系在理解上不确定。在例[7]中，主语和宾语都可以与V2相联系，但是实际上V2只指向宾语不指向主语，即构成多指单义关系。而在例[8]中，"累"的对象不确定，V2既可以指向宾语也可以指向主语，V2与句中成分之间构成多指歧义关系。①

　　还需要注意的是，当V1和V2分别为非作格动词和非宾格动词时，在复合动词能否带宾语的问题上，日语和汉语之间也存在差异。例如：

[10]　a. *彼女はハンカチを泣き濡れた。
　　　b. 她哭湿了手帕。

[11]　a. ピエロは踊り飽きた。
　　　b. 小丑跳烦了。

[12]　a. *ピエロは私を踊り飽きた。
　　　b. 小丑跳烦了我。

　　例[10a]不符合语法规则，不是因为前后项动词的组合有问题，而是"泣き濡れる（哭–湿）"带了宾语，若不带宾语就符合语法规则，如"彼女のほおは泣き濡れている（她的脸颊哭湿了）"。例[11a]和例[12a]的对立表明：结果复合动词"踊り

---

① 施春宏（2008）指出，带宾语时，V2指向主语的现象应看作句法和语义规则的特例而不能视为通例。Cheng 和 Huang（1994）指出，宾语为无指（non-referential）成分时，V2可指向主语，如例[8]作为歧义句，只有将"马"理解为不具任何实体的无指成分时才会有[8b]义。但是他们的观点也有不能解释的现象：在"张三追累了李四"中，宾语"李四"可解释为有指名词，但V2能指向主语，而且在"张三赶跑了马"中，宾语可解释为无指名词，但V2也能指向宾语。在带宾语的汉语结果复合动词中，在何种情况下V2指向主语，还需深入探讨。本文的着眼点在于日汉语结果复合动词的异同，这些问题留待今后进一步探讨。

饱きる（跳–烦）"可具有前后项动词的论元等同且出现在主语位置的论元结构，即不及物动词的论元结构；不能具有前后项动词的论元不等同且各自出现在主语和宾语位置的论元结构，即及物动词的论元结构。而汉语结果复合动词"跳烦"没有此限制，可具有两种不同的论元结构。与"跳烦"相类似的结果复合动词还有"哭醒""咳醒"等。这类结果复合动词都有一个特点，那就是不带宾语时，V2指向主语，带宾语时指向宾语，V2与句中成分之间只构成多指单义关系。

如上所述，日语结果复合动词中的V2与句中成分之间只构成多指单义关系，V2只指向主语，不指向宾语。而在汉语结果复合动词中，根据V2的及物性及有无宾语，其指向有所不同。当汉语结果复合动词中的V2为及物动词或句子无宾语时，V2指向主语。当V2为不及物动词且句子有宾语时，V2一般指向宾语，但也有指向不明确、与句中成分之间构成多指歧义关系的情况。另外，在V2的及物性选择及论元分布方面，日汉结果复合动词之间也存在差异。

2.2 针对日语复合动词提出的两个原则与汉语结果复合动词

根据构成层面的不同，日语复合动词大体上分为词汇式复合动词和句法式复合动词两类，其中，词汇式复合动词的语义关系较复杂。影山太郎（2013）对其在1993年提出的分类进行修正，进一步提出把词汇式复合动词分为"主题关系"和"体"复合动词的新观点。以往分类中的"手段""原因""并列""样态"属于"主题关系"复合动词，可以与"V1てV2"进行互换，如"切り倒す（砍–弄倒）：切って倒す"；补文关系的复合动词属于"体"复合动词，V2表示的是广义上的体，它从后修饰V1，对V1添加某种"体"的语义，这类复合动词不能与"V1てV2"进行互换，如"織り上げる（织–完）：*織って上げる"。

词汇式复合动词不同于句法式复合动词，V1和V2的组合受"及物性协调原则"的制约，只有相同类型论元结构的动词之间才可以组合构成复合动词。以论元形态来说，有域外论元的及物动词和非作格动词同属一个类型，而只有域内论元的非宾格动词另属一类。根据这一原则，具有相同类型论元结构的"及物动词/非作格动词＋及物动词"的组合可构成复合动词，如"押し倒す（推–弄倒）、泣きはらす（哭–弄肿）"等，而前后项动词的论元结构不属于同一类型的"及物动词/非作格动词＋非宾格动词"的组合则不成立，如"*押し倒れる（推–倒）、*泣き腫れる（哭–肿）"等。然而，"及物性协调原则"也有不能解释的现象，像"走り疲れる（跑–累）、飲みつぶれる（喝–烂醉）"等复合动词，虽然V2为非宾格动词，但可以与非作格动词或及物动词组合构成复合动词。对于这些现象，松本曜（1998）、由本陽子（2005）提出的"主语一致性原则"似乎更具有解释力。这一原则规定，只要前后项动词的主语一致，不属于同一类型的动词之间也可以组合构成复合动词。从这一点上看，"主语一致性原则"相较于"及物性协调原则"，是个宽松的组合原则。但是，"主语一致性原则"也有不能解释的现象，如"（地面が）踏み固まる（踩–变硬）、（まな板が）折り曲がる（折–弯）"等，前后项动词的主语不一致，一致的是V1的宾语和V2的主语，但是可构成合法的复合动词。

虽然针对日语复合动词提出的"及物性协调原则"和"主语一致性原则"不能涵盖所有的现象，各自都存在一些反例，但是笔者认为这两个原则对V1和V2的复合条件做出了最基本的规定。根据这些规定可以基本掌握日语复合动词的复合规则，对V2的语义指向也能做出一定程度的预测。根据"主语一致性原则"，前后项动词的主语必须一致，这就规定V2不能与V1的宾语一致，与句中成分之间也只能构成多指单义关系。然而，将这些原则运用到汉语结果复合动词时就会发现，这些都不适用于汉语，汉语允许及物动词和非宾格动词的组合，在"张三推倒了李四"中，V2的主语就跟V1的宾语一致，既不遵守"及物性协调原则"，也不遵守"主语一致性原则"。

从对比的角度探讨两种语言的某一语言现象时，如果只对两种语言的异同进行描述而不对其差异做出合理的解释，就不能算是真正揭示了两种语言间的共性和差异。为什么日汉结果复合动词在V2的语义指向、及物性选择，以及在论元分布上存在差异？对于这些问题，本文将运用生成语法理论框架下的核心特征渗透（head feature percolation）理论进行分析，指出其差异是由两种语言结果复合动词的核心不同造成的。

❸ 基于核心特征渗透理论的分析

3.1 核心特征渗透理论

汉语结果复合动词也称动结式。结果复合动词虽然由两个动词组合而成，但是其论元结构既不完全等同于V1或者V2的论元结构，也不等于其组成部分动词论元的简单叠加。因此，其论元整合问题一直以来备受各派学者的关注，也存在诸多争议。虽然学者们在分析结果复合动词的论元结构时所采用的理论框架及具体操作有所不同，但是所面临的问题基本上都是一样的，即前后项动词的论元结构依照什么方式整合为复合动词的论元结构，其题元角色是如何指派给有关成分的。凡是从生成语法角度研究汉语结果复合动词的整合过程的，基本上都采取核心特征渗透理论，因为核心特征渗透是生成语法语杠理论（X'-theory）的基础。语杠理论规定，一切词组乃至句子都是向心结构，都有一个中心语。在运用核心特征渗透理论对复合动词进行分析的研究中，Li（1990，1993，1995）、李亚非（2004）的操作具有代表性。[①]

核心特征渗透理论规定，在复合词中，当核心词的题元角色及其凸显关系向复合词渗透时，其特点必须在复合词的题元网络（theta-grid）中体现出来。例如：

[13] a. gift-giving to children

　　　b. *child-giving of gifts

　　　c. give <Agent, Goal, Theme>

---

① 运用核心特征渗透理论来讨论汉语结果复合动词的研究还有 Huang et al.（2009）、Li（2009）等。

所谓核心特征渗透，简单地说，就是指核心成分的句法和语义关系投射到句法结构中，这里的语义和句法关系主要指的是动词的题元角色及其因凸显程度差异而形成的层级关系（hierarchy）。比如，动词give（给）可以支配三个论元，并给这些论元指派三个不同的题元角色，但是在构成复合词时，例[13a]和例[13b]的差异说明，三个题元角色具有层级关系，即<Agent，Goal，Theme>。这些论元及其题元角色的层级关系可以简单地用<1，2，3>来表示，其中，<1>是凸显程度最高的题元角色，在句子的主语位置；<3>是凸显程度最低的题元角色，在句子的宾语位置。

采用核心特征渗透理论分析汉语结果复合动词时，确定V1和V2中哪一个是核心词至关重要。有关汉语结果复合动词的核心问题，学界一直存在争论，有"V1核心说（Li，1990，1993，1995）""V2核心说（沈力，1993）""无核心说（Li，2009）"等，至今尚无定论。本文赞同汉语复合动词的核心为V1的观点，该观点可以用复合动词在"得"字结构中的分布来说明。汉语结果复合动词一般都有其对应的"得"字结构，如"她哭湿了手帕"有对应的"她哭得手帕都湿了"，V1"哭"和V2"湿"分别出现在主句和从句里，而句子里的主从关系代表核心与非核心的关系，因此可以推断"哭湿"是前核心复合动词。

根据核心特征渗透理论，核心词V1的题元角色及其凸显关系应该在复合动词的题元网络中体现出来。例如：

[14]　a. 他背会了这首诗。
　　　　<1-1'，2-2'>
　　　b. *这首诗背会了他。
　　　　<2-2'，1-1'>

例[14]的"背"的论元及其关系是<1，2>，其中<1>比<2>凸显："会"的论元及其关系是<1'，2'>。V1和V2是及物动词，两个动词的论元结构合在一起，共有四个论元。但是复合动词在句中通常只能带两个论元，即主语和宾语，这是因为在无任何辅助条件的情况下，句子最多只能有两个结构格，论元的数量超过两个就会受格鉴别式（case filter）的限制。格鉴别式要求每个有语音形式的名词词组论元必须得到一个格，否则就不成立，因此在论元整合过程中，V1和V2的题元要具备等同关系（identification）。例[14a]和例[14b]的对立表明，在构成复合动词时，"背"的核心特征向复合词渗透，也就是说，<1>在复合词中处于凸显地位（主语位置）时符合语法规则，而分配到宾语位置时不符合语法规则。

由此可见，建立在生成语法理论框架下的核心特征渗透理论在分析汉语结果复合动词的论元整合及其句式的构造过程中具有方法论的机制，操作性也很强。①下文

---

① 不少学者提到"张三追累了李四"还有第三种释义，即"李四追张三，李四累"。如果这一释义成立，此句具有非常规论元配置，即V1的施事作全句的宾语，V2的历事作主语。这一释义对V1核心说构成挑战。为了解释这一现象，Li（1995）在题元等级外，又设定一个使役等级。其实，汉语中带宾语的结果复合动词允许这种释义的情况比较特殊，如"张三打哭了李四"就没有"李四打张三，李四哭"的释义。若撇开这些特殊的例句，笔者认为核心特征渗透理论仍具有很强的解释力。

显示，核心特征渗透理论也能对日汉结果复合动词在论元的分布特征及V2在语义指向上存在的异同做出合理而一致的解释。

3.2 基于核心特征渗透理论对日汉结果复合动词的分析

基于核心特征渗透理论考察V2的语义指向时，需要考虑V2的论元是否与V1的论元等同，如果有等同关系，要考虑V2能与V1的哪一个论元等同。这种等同操作看起来具有随机性，实则受核心特征渗透理论的限制。如前所述，汉语结果复合动词的V2与句中成分之间可构成多指歧义关系，这一现象就能用核心特征渗透理论进行合理的解释。例如：

[15] 他骑累了马了。
　　　a. 他骑马，马累了。<1，2-1'>
　　　b. 他骑马，他累了。<1-1'，2>

在例[15]中，"骑"的论元及其关系是<1，2>，其中<1>比<2>凸显，"累"的论元及其关系是<1'>。在构成复合动词时，"骑"的核心特征向复合词渗透，即<1>在复合词中处于凸显的地位，而"累"的论元可以跟"骑"的任何一个论元有等同关系。这样，就可以得到两种解释：当<1'>跟<2>等同时，得到<1，2-1'>的结果，即"他骑马，马累了"；当<1'>跟<1>等同时，得到<1-1'，2>的结果，即"他骑马，他累了"。可见，"骑累"的歧义来自论元同一化的随机性，汉语之所以允许V2的论元跟V1的任何一个论元等同，是因为汉语结果复合动词的核心是V1，而不是V2。

用核心特征渗透理论来分析日语结果复合动词时，也面临如何确定复合动词核心的问题。对于日语词汇式复合动词的核心，普遍认为是V2（影山太郎，1993，2013）。我们发现，用核心特征渗透理论分析日语相关现象时，将V2看作核心，能更好地解释日语及日汉结果复合动词之间的差异。下例[16a][16b]的对立说明，复合动词"踏み固まる（踩–硬）"为后核心动词。根据核心特征渗透理论，V2的核心特征向复合词渗透，即<1'>在复合词中处于凸显地位的[16a]符合语法规则，而V1的核心特征向复合词渗透，V2的<1'>处于第二个凸显地位的[16b]不符合语法规则。

[16] a. 地面が踏み固まった。　　　　<2-1'>
　　　　（地面踩硬了。）
　　　b. *太郎が地面を踏み固まった。<1，2-1'>
　　　　（太郎踩硬了地面。）

日语结果复合动词不允许歧义解释也与V2为核心有关。在例[17]中，"叱る（骂）"的论元及其关系是<1，2>，"疲れる（累）"的论元及其关系是<1'>。在构成复合动词时，日语只允许将V2解读为<1'>跟<1>等同并处于凸显地位时的释义，即"妈妈骂小孩，妈妈累了"。这是因为日语结果复合动词的核心为V2，根据核心特征渗透理论，<1'>就不能跟V1的<2>等同，处于第二个凸显地位，因此得不到"妈妈骂小孩，小孩累了"的解释。

[17] お母さんが子供を叱り疲れた。
　　　a. 妈妈骂小孩，妈妈累了。<1-1'，2>
　　　b. *妈妈骂小孩，小孩累了。<1，2-1'>

另外，核心特征渗透理论也能对日汉结果复合动词在V2及物性选择方面存在的差异做出合理的解释。

[18] a. *太郎が次郎を押し倒れた。
　　　　　<1，2-1'>
　　　b. 太郎が次郎を押し倒した。
　　　　　<1-1'，2-2'>
[19] 张三推倒了李四。
　　　　　<1，2-1'>

如果假设日语复合动词的核心为V1，那么<1>在复合词中处于凸显地位的例[18a]和例[18b]理应都成立，也就是说"押し倒れる（推–倒）"和"押し倒す（推–弄倒）"都应该成为合法的组合。然而，日语不允许"*押し倒れる（推–倒）"，这说明日语结果复合动词的核心不是V1而是V2。V2为核心词，V2的核心特征向复合词渗透，因此日语只允许<1'>与<1>等同并处于主语位置的[18b]。但是汉语结果复合动词的核心为V1，V2的<1'>可以与V1的<2>等同，因此允许V2为非宾格动词的"推倒"这种组合。

由前文可见，由两个不及物动词构成的日汉结果复合动词在论元分布方面也存在差异。对此，也能运用核心特征渗透理论进行解释。

[20] <1-1'>
　　　a. 彼女が踊り飽きた。
　　　b. 她跳烦了。
[21] <1，1'>
　　　a. *彼女が李四を踊り飽きた。
　　　b. 她跳烦了李四。

V1和V2都是不及物动词，所以逻辑上有两种论元合并方式，即V1和V2的论元等同并出现在主语位置的论元结构和不等同且各自出现在主语和宾语位置的论元结构。汉语中这两种情况都可以发生，但日语只允许前一种情况。这也跟两种语言结果复合动词的核心不同有关。汉语结果复合动词的核心为V1，而不是V2，在构成复合动词时，只要求V1的核心特征向复合词渗透，即<1>在复合词中处于凸显的地位，对V2的论元则没有这种要求，因此<1'>既可以跟V1的论元等同，得到<1-1'>，即"她跳，她烦了"，也可以不等同，得到<1，1'>，即"她跳，李四烦了"。但日语结果复合动词的核心为V2，因此V2的论元<1'>必须跟V1的<1>等同，得到<1-1'>。既然日语不允许带宾语的论元结构，V2也就只能指向主语。

由此可见，运用核心特征渗透理论可以解释在V2的语义指向、V2的及物性选择以及论元分布方面，日汉结果复合动词之间存在的异同。日汉结果复合动词的论元结构、V2的语义指向及核心之间的关系可总结如下（见表1）：

表　日汉结果复合动词的论元结构、V2的语义指向及核心

	结果复合动词		论元结构	V2的语义指向	核心
日语	$V_{及物}V_{及物}$ 例：押し倒す		<1-1'，2-2'>	指向主语	V2
	$V_{及物}V_{不及物}$	例：（子供を）叱り疲れる	<1-1'，2>	指向主语	
		例：（太郎が）飲みつぶれる	<1-1'>	指向主语	
		例：（地面が）踏み固まる	<2-1'>	指向主语	
	$V_{不及物}V_{不及物}$ 例：踊り飽きる		<1-1'>	指向主语	
汉语	$V_{及物}V_{及物}$ 例：背会（这首诗）		<1-1'，2-2'>	指向主语	V1
	$V_{及物}V_{不及物}$	例：推倒	<1，2-1'>	指向宾语	
		例：骑累（马）	<1，2-1'>； <1-1'，2>	指向宾语和主语 （多指歧义关系）	
		例：吃饱（饭）	<1-1'，2>	指向主语	
		例：喝醉	<1-1'>	指向主语	
	$V_{不及物}V_{不及物}$	例：跑累、跳烦	<1-1'>	指向主语	
		例：跳烦、哭湿	<1，1'>	指向宾语	

❺ 结语

本文从后项动词的语义指向出发，探讨了日汉结果复合动词的构成特点。日语结果复合动词的V2不管在何种情况下，都指向主语而非宾语，而在汉语中，根据V2的及物性及有无宾语，其指向有所不同。当汉语结果复合动词的V2为及物动词或句子无宾语时，V2指向主语。当V2为不及物动词且句子有宾语时，V2一般指向宾语，但也存在指向主语的情况，有时还可构成多指歧义关系。汉语结果复合动词的V2既可指向主语也可指向宾语，与日语相比，能够呈现更为丰富的论元结构。对于日汉结果复合动词的异同，本文基于核心特征渗透理论做了较为系统的分析，指出在V2的语义指向上存在的差异是由两种语言结果复合动词的核心不同造成的，即日语结果复合动词的核心为V2，汉语结果复合动词的核心为V1。这一结论不仅能对两种语言在V2的语义指向上存在的差异做出合理的解释，也能对V2的及物性选择及论元分布方面存在的异同做出一致的解释。

关于汉语结果复合动词的核心，至今尚无定论，但是通过与日语结果复合动词的对比，本文能证明汉语结果复合动词的核心为V1而非V2。同时，也能进一步证实日语结果复合动词的核心为V2。另外，本文的研究所依据的理论为生成语法理论，着眼于探索人类语言所共有的结构特征，也就是通常所说的普遍语法理论，在这个理论框架里，人类各种语言的结构规律都遵循着同样的原则，而各种语言的差异只是参数的差别。运用这一理论框架下的核心特征渗透理论对两种语言的结果复合动词进行分析，有利于更好地揭示语言间的共性和差异。

参考文献

- Cheng, L.S. & Huang, C.-T.J. 1994. *On the Argument Structure of Resultative Compounds, In Honor of William S.Y.Wang: Interdisciplinary Studies on Language and Language Change.* Taipei: Pyramid Press.187-221.
- Huang, C.-T.J. 2006. Resultatives and unaccusatives: A parametric view.《中国語学》253: 1-43.
- Huang, C.-T.J., Li, Y.H. & Li, Y.F. 2009. *The Syntax of Chinese.* Cambridge: Cambridge University Press.
- Li, C. 2009. On the "scare reading" of resultatives. *Language Sciences* 31: 389-408.
- Li, Y.F. 1990. On V-V Compounds in Chinese. *Natural Language and Linguistics Theory* 8: 177-207.
- Li, Y.F. 1993. Structural head and aspectuality. *Language* 69: 480-504.
- Li, Y.F. 1995. The thematic hierarchy and causativeity. *Natural Language and*

Linguistics Theory 13: 255-282.

❏ 松本曜，1998，日本語の語彙的複合動詞における動詞の組み合わせ。『言語研究』(114)：37-83。

❏ 影山太郎，1993，『文法と語形成』。東京：ひつじ書房。

❏ 影山太郎，2013，語彙的複合動詞の新体系ーその理論的・応用的意味合いー。『複合動詞研究の最先端ー謎の解明に向けて』1-46。東京：ひつじ書房。

❏ 由本陽子，2005，『複合動詞・派生動詞の意味と統語ーモジュール形態論から見た英語の動詞形成』。東京：ひつじ書房。

❏ 李亚非，2004，补充式复合动词论。《中国语言学论丛》(3)：63-77。北京：北京语言大学出版社。

❏ 彭广陆，2011，日语复合动词研究的新视角——对后项动词语义指向的探讨。《日语学习与研究》(3)：1-7。

❏ 沈力，1993，关于汉语结果复合动词中参项结构的问题。《语文研究》(3)：12-21。

❏ 沈阳，2004，指向理论与语义指向分析。《汉语和汉语研究第十五讲》249-295。北京：北京大学出版社。

❏ 施春宏，2008，动结式"V累"的句法语义分析及其理论蕴涵。《语言科学》(3)：242-258。

The Subject- and Object-Pointing V2 in Japanese and Chinese Resultative V-V Compounds: A Head Feature Percolation Theory Perspective

Abstract: This paper discusses the word formation feature in Japanese and Chinese resultative V-V compounds, focusing on semantic orientations of the second verb. The V2 of Japanese resultative V-V compounds allows the subject-orientation but not object-orientation, whereas its Chinese counterpart does. The paper analyzes this difference in light of the head feature percolation throry in generative linguistics. It is argued that the difference in V2's semantic orientation results from the different locations of the morphological head in the two languages. This result not only explains the difference in semantic orientation, but also gives consistent explanation regarding transitive selections and the distribution of arguments in Japanese and Chinese resultative V-V compounds.

Key words: resultative V-V compounds; second verb; semantic orientation; θ-role; head

（责任编辑：赵华敏）

语言应用研究

外语教师动机研究——回顾与展望

中国 EFL 学习者英语介词前置的习得研究

基于回归的多因素预测与偏差分析法——应用与展望

外语教师动机研究
——回顾与展望

苏州大学　刘宏刚*

[提　要]　通过梳理1995年至2021年，发表在国内外重要学术刊物上关于外语教师动机的研究文献，本文从研究对象、研究方法、研究主题三个视角探究该领域的发展特点，并对未来研究做出展望。研究发现，国内外外语教师动机研究总体上呈现出一种波动上升的趋势，其研究对象具有多元化特征，研究方法以单一的定性或定量研究方法为主，在研究主题上，教学取向的动机研究占主导，发展取向的动机研究相对较少。研究对象和主题交叉分析结果显示，有关中小学外语教师教学取向的动机研究成果要多于有关其发展趋向的动机研究成果；对高校和其他类型教师发展取向的动机研究关注度较高。研究主题和研究方法的交叉分析结果显示，有关教学取向的动机研究中，定性研究居多，有关发展取向的动机研究中，定量研究和定性研究较为均衡。基于以上研究结果，本文认为：未来研究要拓宽研究对象，关注小语种教师；研究方法要多样化，增大混合研究的比重；研究主题要拓展思路，走跨学科发展之路。

[关键词]　外语教师；动机；研究对象；研究方法；研究主题

❶ 引言

　　Pennington的外语教师动机研究（转引自Dörnyei & Ushioda，2021）诞生以来，相关研究数量增加，但仍略显不足（刘宏刚，2016；徐锦芬，2020；Thompson，2021）。外语教师动机作为教师心理的一面镜子，从教师教学动力、从教原因、自身发展动机等角度折射出外语教师专业发展诸多层面的心理概貌。开展外语教师动机研究有助于丰富教师动机研究的成果，助力外语教师心理研究的发展，对探索如何

*　作者简介：刘宏刚，苏州大学外国语学院教授、博士生导师，研究方向：应用语言学、外语教师教育。Email：liuhonggang@suda.edu.cn。通信地址：215006 苏州大学外国语学院。

　　本文为国家社科基金项目"高校外语教师专业发展动机及其影响因素的生态模型构建研究"（项目编号：15BYY099）的阶段性成果。

增强教师发展动力，促进外语学科发展和提升人才培养质量有重要作用。虽然国内外已经有学者对外语教师动机进行了综述（如Dörnyei, 2001；Dörnyei & Ushioda, 2011，2021；刘宏刚，2016；Hiver et al., 2018；Kubanyiova, 2020），但尚未见到基于文献计量数据的分析，而这方面的研究对未来的外语教师动机研究有一定的借鉴意义。为此，本文对1995年至2021年，发表在国内外重要学术刊物上的文献进行梳理，从研究主题、研究对象和研究方法三个维度分析外语教师动机研究的发展轨迹和特点，并做出展望。

❷ 研究设计

2.1 研究问题

本研究主要考察外语教师动机研究的发展特点，具体研究问题如下：

（1）外语教师动机研究在研究对象、研究方法和研究主题三个维度上分别呈现何种发展特征？

（2）外语教师动机研究在研究主题和研究对象维度上有何交叉性特征？

（3）外语教师动机研究在研究主题和研究方法维度上有何交叉性特征？

2.2 研究样本的选择和分析方法

本研究的文献检索依托SCOPUS数据库和中国知网。英文检索词为：motiv*，teach*，language or English or EFL or ESL or L2；中文检索词为：动机，教师＋教学，英语＋二语＋外语。以篇名检索和文献细读的方式，最终筛选了50篇（包括英文文献37篇、中文文献13篇）发表在CSSCI、SSCI、北京大学中文核心期刊目录上的文章，以及业内知名专家（如Dörnyei）撰写的高水平综述性文章作为本文的分析基础，文献检索的时间跨度为1995年1月1日至2021年12月31日。

❸ 研究结果和分析

3.1 总体趋势：在波动中上升，关注度日益提升

从外语教师动机研究文献数量历年分布图（见图1）中可以看出，教师动机的国内外研究呈现"在波动中上升"的总体态势，具体可分为研究起步（1995年至2004年）和波动中发展（2005年至2021年）两个阶段。外语教师动机研究开始于Pennington（1995，转引自Dörnyei & Ushioda, 2011），因此，本研究将1995年定为外语教师动机研究的起点。2005年，首届全国外语教师教育与发展学术研讨会召开，国内学者开始了对相关议题的关注（吴一安，2008；张莲、高释然，2019），外语

---

* 是文献检索中用到的一个符号，例如，teach*可以检索出teaching、teacher、teach等词，可帮助使用者较为全面地检索出相关表达。

在文献检索中，"+"表示"或"的意思，输入运算符时，前后要空一个字节。

教师动机研究作为教师发展领域的一部分，也有了一些成果。Dörnyei（2005）提出的二语动机自我系统（L2 motivational self system）及其理论基础——自我理论（self theories）（Markus & Nurius, 1986）为外语教师动机研究注入了新的动力。从数据上看，2005年之后，国内外外语教师动机研究逐渐增多，为本研究进行综合分析提供了可能。因此，本研究将第二阶段的起始年份定为2005年。

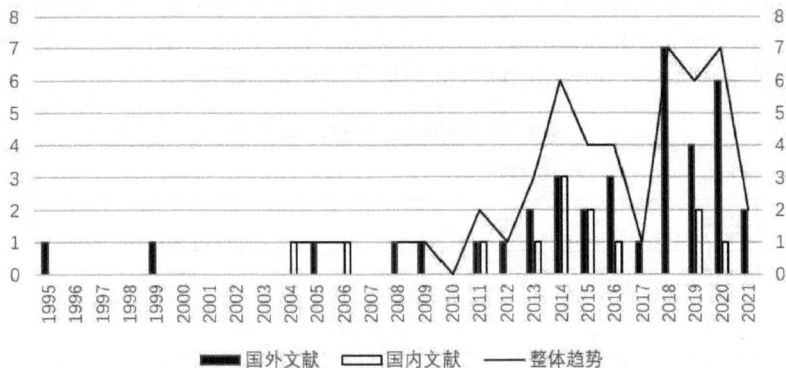

图1　外语教师动机研究文献数量历年分布图（1995年至2021年）

　　从起始时间和发文数量上看，国内研究晚于国外研究（国外1995年，国内2004年），数量也少于国外研究。作为国内首个有关外语教师动机的研究，卢睿蓉（2004）采取抽样调查方式探讨了影响高校外语教师教学动机的内在、外在因素，尽管没有依托相应的动机理论，但为之后的相关研究提供了可参考的依据。

　　3.1.1　研究对象特征：对象多元、职前教师关注度较低

　　在筛选出的50篇文献中，实证类文献（44篇）占主导，综述类文献（6篇）占比仅为12%，这反映了动机研究的"实证"取向。研究对象分析结果显示，大学教师最多，其后依次为中小学教师、职前教师（师范生）和其他类型教师（有些研究没有写明对象类别，故归为其他类型教师）（见表1）。国内研究者对职前教师动机的研究关注度不够（0篇），国外对大学教师群体的研究少于国内同类研究，国外对中小学教师动机的研究多于国内研究。总体上，有关大学教师动机的研究最多，这可能与从事教师动机研究的学者多为高校教师有一定关系，这也从侧面反映了外语教师教育研究中基础教育阶段的教师研究、师范教育研究不足的现实问题（张莲、高释然，2019）。

表1　外语教师动机的研究对象特征

研究类别	职前教师	中小学教师	大学教师	其他类型教师	总计
国内研究	0	2	10	0	12
国外研究	7	12	7	6	32

3.1.2　研究方法特征：定性研究为主，混合研究有待增强

在44篇实证研究文献中，定性研究（20篇）最多，其后是定量研究（15篇）和混合研究（9篇）。根据表2，国外研究者更倾向于使用定性研究，在定量研究的使用上，国内外研究几乎处于均等状态，混合研究的使用在国内教师动机研究中略显不足。外语教师教育研究的主要研究方法是定性研究，这可能对教师动机研究有一定影响，因为定性研究更能揭示社会性的人在社会活动中的本质（陈向明，2000；Yin，2012）。国内基于混合研究方法的外语教师动机研究数量较少，这可能与该方法在国内外语教育领域使用的时间不长（张培，2014）有关。

表2　外语教师动机的研究方法特征

研究类别	定量研究	定性研究	混合研究	总计
国内研究	7	3	2	12
国外研究	8	17	7	32
总计	15	20	9	44

通过文献细读，笔者发现，在研究工具的使用上，问卷和访谈在定量和定性研究中被广泛使用，如Kyriacou和Benmansour（1999）运用22个题项构成的自编问卷探索职前外语教师的从教动机。Gao和Xu（2014）采用传记式访谈（biographical method）研究中国中学英语教师的职业发展经历。Borg（2015）通过问卷调查和访谈方式，探讨外语教学专家参加国际会议的原因。问卷和访谈在外语教师动机研究中受到青睐，这可能与二语学习动机研究为教师动机研究提供了方法和工具使用上的参考（刘宏刚，2016；Hiver et al.，2018）有一定关系，因为这两种数据搜集方法在二语学习动机研究中的使用频率较高（Dörnyei & Ushioda，2021）。

3.1.3　研究主题特征：教学取向动机研究居多，研究主题有待丰富

通过文献细读，笔者归纳出三个外语教师动机研究主题：教学取向的教师动机（包括从教动机和教学动机），发展取向的教师动机（包括科研动机、在职进修动机），动机与其他心理因素（见表3）。

表3　外语教师动机的研究主题特征

研究类别	从教动机	教学动机	科研动机	在职进修动机	动机与其他心理因素	总计
国内研究	0	6	2	4	0	12
国外研究	11	6	4	2	9	32
总计	11	12	6	6	9	44

外语教师从教动机指外语教师从事外语教育职业的原因，有的研究用承诺（commitment）来指代从教动机（如Gao & Xu，2014）。外语教师教学动机指外语教师在教学环境中继续从事该项工作的原因（如汤闻励，2011）。外语教师科研动机指

外语教师从事科研工作的原因（如陶伟，2019；Hosseini & Bahrami，2020）。外语教师在职进修动机指外语教师为提升自我专业水平和能力而参与访学、研修班和学术会议等活动的动机（如刘宏刚、寇金南，2014）。动机与其他心理因素主要涵盖教师动机与教师职业倦怠、学生动机、自我概念等心理因素，该类文献关注教师一般性动机与其他教师心理因素的联系（如Rahmati et al.，2019），一般不强调"教学取向"或"科研取向"。

外语教师动机的定义呈现"宽指代"的灵活性特点，即一般没有固定的定义。在不同主题的研究中，教师动机有具体的所指（signifier）（Liu，2020），如研究外语教师从教动机（Barnes，2005；Damar，2018），研究者会使用外语教师动机（language teacher motivation）作为指代从教/教学动机（motivation to teach）的上位概念，这两个术语在论文中轮换使用，说明教师动机概念具有一定的情境性。总体上说，教师动机可以用作上位概念，指称几乎所有和教师有关的动机（如从教动机、教学动机等），研究者会根据具体研究主题和内容，描述教师动机的内涵（刘宏刚，2016）。

总体上看，以教学为取向的动机研究总量为23篇，远高于以发展为取向的动机（12篇）和其他动机研究（9篇）。原因主要有以下三点：第一，关注教师为什么从事教育事业和为什么要教某一科目，是对教师职业本体的关注；第二，外语教师动机研究从普通教育学的教师动机研究中汲取营养，包括观点、方法等，而在普通教育学的教师动机研究中，教学取向的动机研究较多，如Watt和Richardson（2012）等对从教动机的系列研究；第三，外语教师通过做科研、访学等方式寻求自己的专业发展与近年来国家对教师发展的重视（中华人民共和国教育部，2018）有密切关系。

通过文献细读，笔者发现外语教师动机研究较多地借鉴了心理学理论，如期待价值理论（如Zhang et al.，2020）、自我决定理论（如王永，2014）、可能自我理论（如Gao & Xu，2014），少数研究还借鉴了学习者外语学习动机的相关成果，如二语动机自我系统理论（如Rahmati et al.，2019），也有学者借鉴了成人教育研究中的教育参与理论（如刘宏刚，2015）。这显示了外语教师动机研究的跨学科属性及其理论基础的多元性。值得注意的是，有些研究没有明确说明其理论基础，采用描述性的方式对研究现象进行"深描"，基于扎实的文献研究，建构适合自己研究的描述性理论，为深入研究做好铺垫（如Guilloteaux，2013）。

3.2 研究主题、研究对象的交叉特征

如3.1.3小节所述，外语教师动机研究的主题主要集中在教学取向的教师动机研究上，从表4中可以看出，教学取向的动机研究（从教动机和教学动机）在职前、中小学和大学教师群体中的分布基本均等（7：7：7）。而发展取向的动机研究（科研动机和在职进修动机）对象集中于大学教师群体（7篇），针对中小学教师和其他群体教师的研究都不多（分别为3篇和2篇），这反映了教学动机作为教师本职工作的动力在各教师群体中都得到了关注。但对中小学教师的职业发展动机的关注依然不足；职前教师（师范生）踏足社会晚，缺少科研、教学的机会，相关研究缺乏。

表4 不同外语教师动机类型的研究对象特征

研究对象	研究类别	从教动机	教学动机	科研动机	在职进修动机	动机与其他心理因素	总计
职前教师	国内	0	0	0	0	0	0
	国外	7	0	0	0	0	7
	总体	7	0	0	0	0	7
中小学教师	国内	0	0	0	2	0	2
	国外	3	4	1	0	4	12
	总体	3	4	1	2	4	14
大学教师	国内	0	6	2	2	0	10
	国外	1	0	2	1	3	7
	总体	1	6	4	3	3	17
其他类型教师①	国外/总体	0	2	1	1	2	6

　　从国内外动机研究文献的数量上看，国外教学取向的动机研究聚焦于职前教师（7篇）和中小学教师群体（7篇），国内这一研究聚焦于大学教师群体（6篇）；国内外发展取向的动机研究聚焦于大学教师群体，对职前和中小学教师的关注较少。目前中小学教师专业发展虽然在政策层面得到了关注，但在实际操作层面上的形式可能还不多，"国培""省培"等在职发展模式是主流（刘宏刚、王相锋，2014），而高校外语教师发展途径较多（访学、参加研讨会、在职进修等），有关大学教师专业发展动机的选题可能多于针对中小学教师群体的选题。

　　通过文献细读，笔者发现，研究者对法语等小语种教师、乡村地区的教师群体有一定关注。例如，在探讨教师从教动机时，研究者积极关注了来自英国的法语职前教师群体，以此为研究对象探讨外语教师从教动机的影响因素（如Barnes，2005），也关注了中国乡村中学英语教师的从教承诺（如Gao & Xu，2014）。在教学动机研究中，积极关注了高校外语教师（如王永，2014）和中学外语教师群体（如Kimura，2014）。在职进修动机研究除了关注中小学、大学外语教师群体，还关注了参与国际会议的语言教学专家（如Borg，2015）。从外语教师动机研究对象的国别看，涉及中国、韩国、印度尼西亚、伊朗、英国、土耳其、埃塞俄比亚等国家的各类教师群体。

3.3　研究主题、研究方法的交叉特征

　　为了解不同类型的外语教师动机研究在研究方法上的具体特征，本研究将收集

---

① 研究对象是其他类型教师的国内研究，篇数为0。

的数据进行了整理归类（见表5）。

表5　不同外语教师动机类型的研究方法特征

研究对象	研究类别	从教动机	教学动机	科研动机	在职进修动机	动机与其他心理因素	总计
定量研究	国内	0	3	1	3	0	7
	国外	4	1	1	0	2	8
	总体	4	4	2	3	2	15
定性研究	国内	0	1	1	1	0	3
	国外	5	5	2	0	5	17
	总体	5	6	3	1	5	20
混合研究	国内	0	2	0	0	0	2
	国外	2	0	1	2	2	7
	总体	2	2	1	2	2	9

表5显示，外语教师动机研究在研究方法上虽然总体上以定性研究为主，但不同动机类型的研究在研究方法的应用上有不同特征。第一，教学取向的教师动机研究（从教动机、教学动机）以定量研究（8篇）和定性研究（11篇）为主，混合研究为辅（4篇）。第二，在发展取向的教师动机研究（科研动机、在职进修动机）中，定量研究和定性研究较多，分别有5篇和4篇，混合研究的应用稍弱（3篇）。第三，动机与其他心理因素的研究以定性研究为主（5篇），其次是定量研究（2篇）和混合研究（2篇）。

不同研究主题的国内外动机研究在不同研究方法上的发展趋势存在一定差异。其中，在教学取向和动机与其他心理因素相关性这两个主题上，国外研究不论在定量还是定性方法的使用上都多于国内研究；在发展取向的研究主题上，国内外研究者使用定性研究的数量相差无几（2：2），在定量研究的使用上，国内研究多于国外研究（4：1）。在三个研究主题的混合研究中，国内教学取向的动机研究与国外相似，国外发展取向的动机研究，以及动机与其他心理因素的研究均多于国内。

外语教师动机主题与方法维度交叉分析呈现定性研究使用比例高于定量研究、混合研究比例稍低的特点，这可能与教师教育研究的定性研究取向有一定关系（徐锦芬、李霞，2018），也与普通教育学、教育心理学中采用的动机研究方法有一定关联，例如，在教师教育中，有关教师从教动机的定量研究居多（Watt et al.，2017）。

综上所述，国内外动机研究在波动中上升，国外研究多于国内研究。研究对象呈现多元化特征，大学教师、中小学教师、职前教师成为主要研究对象。定量、定性研究方法的使用多于混合研究方法。在教学取向的动机研究中，定性研究居多；在发展取向的动机研究中，定量研究和定性研究较为均衡；而在动机与其他心理因素研究中，定性研究较多。教学取向的动机研究丰富，发展取向的动机研究还略显不足。国内动机研究的理论性还不够，多数研究并未依托具体理论（如自我理论、期待价值理论等）展开，相关理论指导下的研究方法的使用还有待进一步拓展，例如，国内基于期待价值理论的相关研究大都采用定量研究方法，但该理论并不排斥定性研究方法，相关研究还不多。

❹ 外语教师动机研究展望

笔者认为，未来可以从以下层面开展研究。

第一，外语教师动机研究需要拓宽研究思路，在跨学科发展的道路上寻求新的增长点，尝试建构外语教师动机理论。外语教师动机研究除了继续从动机心理学研究中汲取营养，在其他学科教师动机研究的启发下开展研究外，还要挖掘外语教师的特点并进行深入研究。例如，在职进修是外语教师继续学习的一种重要形式，外语教师进修动机研究是一个可以深入探索的主题。教师所具有的学习者、教学者、教学改革的执行者等多重身份（Barkhuizen，2017）和教师所处的生活、工作环境，启发研究者突破传统的动机心理学界限（Kubanyiova，2020），采用生态学、教育生态学、语言生态学、社会学等新视角来探索不同社会生态环境下（如大学师范教育环境、教学工作环境和现实课堂环境）的教师动机。例如，Bronfenbrenner（1979）提出的人类发展生态学理论已经被运用于外语教师专业发展环境（如顾佩娅等，2014）、教研实践（如彭剑娥，2019），以及幸福感（如Hofstadler et al.，2020）等研究中，这些研究为开展基于该理论指导下的动机研究提供了有益参考（刘宏刚，2021）。未来可以开展教师动机的生态学研究，挖掘外语教师的特点，尝试建构外语教师生态动机理论。

第二，外语教师动机研究要拓宽研究对象。本研究发现，以往的外语教师动机研究对日语、俄语、法语等小语种教师，乡村地区的教师等群体的关注度不够，因此，今后的研究要对这些教师的动机状况予以关注。本研究还发现，在教学取向和发展取向的动机研究中，国内学者对职前教师和中小学教师的关注有限，因此，对这两个主题和这两类群体的关注度需要提升。职前教师培养是中小学教师队伍建设的基础，中小学教师教育是整个教师教育的基石，关注这两类群体的教学取向和发展取向的动机，有助于了解教师心理，构建有助于教师发展的生态环境。

第三，外语教师动机研究要采用多种研究方法，为深入开展不同主题的动机研究提供利器。本研究发现，外语教师动机研究方法"单一化"趋势较为明显，混合研究方法的应用相对较少，而混合研究的优势在于能够发挥定性和定量研究各自的长处，展现事物的全貌（Dörnyei，2007；Creswell & Clark，2011），未来研究应当考虑采用该方法（徐锦芬、李霞，2018），多角度探索教师动机。此外，可采用纵向的定量跟踪研究（longitudinal research）探索职前教师的从教动机/承诺，而Q-方法、社会网络分析也可以为教师动机研究插上新的翅膀。

外语教师动机研究对教师本人的发展也有一定启发。语言教学是一项充满危机的职业（Hiver & Dörnyei, 2015），在从事这项职业的过程中，外语教师面临诸多来自组织机构、学生、同事等带来的消极情感和压力，了解并增强教师动机，有助于提升教师对工作的满意度（Watt & Richardson, 2008）和幸福感水平（Mercer & Gregersen, 2020），发展教师的心理韧性（Day & Hong, 2016）。此外，有研究表明，教师动机与学生动机、学生成就相关（Dörnyei & Ushioda, 2021），教师对学生的期待，以及对工作的热情被学生感知后，会直接或间接地影响学生的学习动机（刘宏刚，2016）。对教师动机的深入研究，也能够使学校教育管理者了解并关注影响教师动机的多种因素，通过不同渠道增强教师的情绪调节能力，使教师在日常教学中保持较高的动机水平，在教学中获得更强的幸福感和价值感，最终促进教学的积极发展，提升学生的学习质量。

外语教师动机研究作为外语教师心理研究的重要组成部分（Mercer & Kostoulas, 2018），在诸多动机理论的关照下扬帆起航。在过去20多年时间里，外语教师动机研究曲线虽有波折，但研究者们运用跨学科的研究视角、多维度的研究理论、多样化的研究方法不断前行，必将迎来外语教师动机研究繁荣发展的春天！

参考文献

❑ Barkhuizen, G. 2017. *Reflections on Language Teacher Identity Research*. New York: Routledge.

❑ Barnes, A. S. 2005. A passion for languages: Motivation and preparation to teach modern foreign languages in eight cohorts of beginning teachers. *Research Papers in Education* 20: 349-369.

❑ Borg, S. 2015. The benefits of attending ELT conferences. *ELT Journal* 1: 35-46.

❑ Bronfenbrenner, U. 1979. *The Ecology of Human Development: Experiments by Nature and Design*. Cambridge, Massachusetts: Harvard University Press.

❑ Creswell, J. W. & Clark, V. L. P. 2011. *Designing and Conducting Mixed Methods Research*. London: SAGE.

❑ Damar, E. A. 2018. Identifying motivational factors of pre-service EFL teachers. *Academic Journal of Interdisciplinary Studies* 7: 147-151.

❑ Day, C. & Hong, J. 2016. Influences on the capacities for emotional resilience of teachers in schools serving disadvantaged urban communities: Challenges of living on the edge. *Teaching and Teacher Education* 59: 115-125.

❏ Dörnyei, Z. 2001. *Teaching and Researching Motivation* (1st edition). Harlow: Longman.

❏ Dörnyei, Z. 2005. *The Psychology of the Language Learner: Individual Differences in Second Language Acquisition*. Mahwah, NJ: Lawrence Erlbaum Associates Publishers.

❏ Dörnyei, Z. 2007. *Research Methods in Applied Linguistics: Quantitative, Qualitative, and Mixed Methodologies*. Oxford: Oxford University Press.

❏ Dörnyei, Z. & Ushioda, E. 2011. *Teaching and Researching Motivation* (2nd edition.). Harlow: Longman.

❏ Dörnyei, Z. & Ushioda, E. 2021. *Teaching and Researching Motivation* (3rd edition). London: Routledge.

❏ Gao, X. & Xu, H. 2014. The dilemma of being English language teachers: Interpreting teachers' motivation to teach, and professional commitment in China's hinterland regions. *Language Teaching Research* 18: 152-168.

❏ Guilloteaux, M. J. 2013. Motivational strategies for the language classroom: Perceptions of Korean secondary school English teachers. *System* 41: 3-14.

❏ Hiver, P. & Dörnyei, Z. 2015. Language teacher immunity: A double-edged sword. *Applied Linguistics* 38: 405-423.

❏ Hiver, P., Kim, T. Y. & Kim, Y. 2018. Language teacher motivation. In S. Mercer & A. Kostoulas (eds.), *Language Teacher Psychology*. Bristol: Multilingual Matters. 18-33.

❏ Hofstadler, N., Babic, S., Lämmerer, A., Mercer, S. & Oberdorfer, P. 2020. The ecology of CLIL teachers in Austria: An ecological perspective on CLIL teachers' wellbeing. *Innovation in Language Learning and Teaching* 3: 218-232.

❏ Hosseini, M. & Bahrami, V. 2020. Adaptation and validation of the research motivation scale for language teachers. *The Journal of Experimental Education* 90: 229-248.

❏ Kimura, Y. 2014. ELT motivation from a complex dynamic systems theory perspective: A longitudinal case study of L2 teacher motivation in Beijing. In K. Csizér & M. Magid (eds.), *The Impact of Self-Concept on Language Learning*. Bristol: Multilingual Matters. 310-332.

❏ Kubanyiova, M. 2020. Language teacher motivation research: Its ends, means and future. In M. Lamb, K. Csizér, A. Henry & S. Ryan (eds.). *The Palgrave Handbook of Motivation for Language Learning*. Cham: Palgrave Macmillan. 389-407.

❏ Kyriacou, C. & Benmansour, N. 1999. Motivation to become a teacher of a foreign language. *Language Learning Journal* 19: 69-72.

❏ Liu, H. 2020. Language teacher motivation. In M. A. Peters (ed.), *Encyclopedia of Teacher Education*. Singapore: Springer. 1-5.

❏ Markus, H. & Nurius, P. 1986. Possible selves. *American Psychologist* 41: 954-969.

❏ Mercer, S. & Gregersen, T. 2020. *Teacher Welling*. Oxford: Oxford University Press.

❏ Mercer, S. & Kostoulas, A (eds.), 2018. *Language Teacher Psychology*. Bristol: Multilingual Matters.

❏ Pennington, M. C. 1995. Work satisfaction, motivation, and commitment in teaching English as a second language. New York: ERIC Clearing House.

❏ Rahmati, T., Sadeghi, K. & Ghaderi, F. 2019. English language teachers' vision and motivation: Possible selves and activity theory perspectives. *RELC Journal* 50: 457-474.

❏ Thompson, A. S. 2021. *The Role of Context in Language Teachers' Self Development and Motivation: Perspectives from Multilingual Settings*. Bristol: Multilingual Matters.

❏ Watt, H. M. G. & Richardson, P. W. 2008. Motivation for teaching. *Learning and Instruction* 5: 405-407.

❏ Watt, H. M. G. & Richardson, P. W. 2012. An introduction to teaching motivations in different countries: Comparisons using the FIT-Choice scale. *Asia-Pacific Journal of Teacher Education* 40: 185-197.

❏ Watt, H. M. G., Richardson, P. W. & Smith, K (eds.), 2017. *Global Perspectives on Teacher Motivation*. Cambridge: Cambridge University Press.

❏ Yin, R. K. 2012. *Applications of Case Study Research* (3rd edition). London: SAGE.

❏ Zhang, H., Wu, J. & Zhu, Y. 2020. Why do you choose to teach Chinese as a second language? A study of pre-service CSL teachers' motivations. *System* 91: 1-17.

❏ 陈向明，2000，《质的研究方法与社会科学研究》。北京：教育科学出版社。

❏ 顾佩娅、古海波、陶伟，2014，高校英语教师专业发展环境调查。《解放军外国语学院学报》（4）：51-58,83,159-160。

❏ 刘宏刚，2015，英语专业免费师范毕业生在职攻读硕士学位动机实证研究。《学位与研究生教育》（1）：52-58。

❏ 刘宏刚，2016，教师动机。载徐浩主编，《外语教师教育重点问题研究》。北京：外语教学与研究出版社。56-81。

❏ 刘宏刚，2021，基于Bronfenbrenner生态系统理论的外语教师发展研究：综述与展望。《外语教学理论与实践》（2）：56-63。

❏ 刘宏刚、寇金南，2014，高校英语教师访学动机的实证研究。《外语与外语教学》（6）：13-19。

❏ 刘宏刚、王相锋，2014，中小学英语教师在职进修动机：基于"国培"项目的实证研究。《中小学英语教学与研究》（11）：50-56。

❏ 卢睿蓉，2004，直面大学英语教师教学动机。《教育与职业》（30）：60-61。

❏ 彭剑娥，2019，《生态系统视域下高校外语教师的国际发表研究》。广州：中山大学出版社。

❏ 汤闻励，2011，大学英语教师教学动机调查与分析。《当代外语研究》（4）：29-

33,60-61。

❏ 陶伟，2019，高校外语教师科研动机量表构建及基本现状调查。《浙江外国语学院学报》（4）：77-83,112。

❏ 王永，2014，中国高校口译课教师教学动机实证研究。《外语教学》（2）：108-112。

❏ 吴一安，2008，外语教师专业发展探究。《外语研究》（3）：29-38,112。

❏ 徐锦芬，2020，论外语教师心理研究。《外语学刊》（3）：56-62。

❏ 徐锦芬、李霞，2018，国内外二语教师研究的方法回顾与反思（2000—2017）。《解放军外国语学院学报》（4）：87-95, 160。

❏ 张莲、高释然，2019，中国外语教师教育与发展研究40年：回眸与展望。《外语教育研究前沿》（1）：3-12,87。

❏ 张培，2014，应用语言学研究中的混合法。《中国外语》（2）：80-87。

❏ 中华人民共和国教育部，2018，教育部财政部国家发展改革委印发《关于高等学校加快"双一流"建设的指导意见》的通知。http://www.moe.gov.cn/srcsite/A22/moe_843/201808/t20180823_345987.html（2022-1-17）。

Foreign Language Teacher Motivation Research: Retrospect and Prospect

Abstract: Based on a dataset of papers on foreign language teacher motivation (FLTM) published in leading academic journals at home and abroad from 1995 to 2021, this paper analyzes FLTM development in terms of research participants, methods, and themes and offers recommendations for future studies in this field. The past 26 years have witnessed fluctuations in FLTM research. Over this period, research participants have been diversified, and research methods have demonstrated either a qualitative or a quantitative orientation. Research has focused on teaching-oriented motivation, with less emphasis on development-oriented motivation. An analysis of themes and participants indicates that more research explored primary and high school teachers' teaching-oriented motivation than their development-oriented motivation, which is contrary to the findings on teachers in higher education and other types of teachers. An analysis of research themes and methods showcases that qualitative methods dominate in teaching-orientated motivation research, while both quantitative and qualitative methods are used to explore development-orientated motivation. Based on these findings, future research should employ broader samples with more focus on teachers of languages other than English, use more mixed-method approaches, and widen the research themes with transdisciplinary support.

Key words: foreign language teacher; motivation; research participant; research method;
research theme

（责任编辑：郑萱）

中国EFL学习者英语介词前置的习得研究

长安大学　杨雯琴　秦亚勋　殷春叶*

[提　要]　英语介词的地道运用是二语或外语教学的一个难点。本研究依托基于使用
的语言习得理论，以介词位置变体之一的介词前置为研究对象，考察中国
EFL学习者的相关习得情况。通过"前测—干预—后测—延时后测"的实
验设计，对比实验组和控制组被试在可接受性判断和汉英翻译两个任务中
的表现。研究发现，中国EFL学习者在短时高频接触英语介词前置的范例
后，对介词前置的接受度明显提高，而且习得效果能保持一定时间，但相
关产出能力的发展明显滞后，其习得过程存在过度泛化现象。

[关键词]　英语介词前置；基于使用的语言习得理论；过度泛化；中国EFL学习者

❶ 引言

英语介词作为一种常见的功能词类，数量有限，意义和用法多样，是二语或外
语学习（以下统称"二语"）中公认的一大难点。一方面，不同语境（体现为不同的
动词、形容词和语义等）要求使用不同的介词；另一方面，英语介词的使用还牵涉
其在句中的位置问题。介词有悬空（preposition stranding）和前置（preposition pied-
piping or fronting）两种位置变体（具体见下文介绍）。在某些条件下，两种位置均可
接受；而在其他条件下，只有一种位置可被接受。关于介词的恰当选用，学界已有
不少探索，但对于介词使用的位置问题，既有理论和教学实践均鲜有涉及。事实上，
在特定条件下，英语介词前置往往更为地道，但二语学习者普遍使用较少。有鉴于
此，本研究旨在通过教学实验，考察中国EFL学习者对英语介词前置的习得情况，
助力高水平英语人才的培养。

*　作者简介：杨雯琴，长安大学外国语学院副教授、博士。研究方向：二语习得、心理语言学。Email：
yang_wenqin@163.com。通信地址：710064 长安大学外国语学院。秦亚勋，长安大学外国语学院副教
授、博士。研究方向：语言学。Email：qinyaxun@126.com。通信地址：710064 长安大学外国语学院。
殷春叶，长安大学外国语学院硕士生。研究方向：二语习得。Email：1139539350@qq.com。通信地
址：710064 长安大学外国语学院。

本研究为教育部人文社科青年基金西部项目"中国英语学习者不地道言语产出的心理认知机制和克服
路径研究"（项目编号：18XJC740011）的阶段性成果；亦得到福建省社科规划项目"方言语音经验对
儿童阅读影响的眼动研究"（项目编号：FJ2018C093）的经费支持。

❷ 研究背景

前置，也称伴随，指当介词支配的宾语发生移位时（常发生在定语从句和wh-问句中），介词与之一同移位，如例[1]和例[3]；悬空则是在同样的条件下，介词留在原位，仅介词支配的宾语前移，如例[2]和例[4]。此外，还有一种与之相伴的空介词（null preposition）错误，即二语学习者在移位操作中丢掉了必要的介词，如例[5]中省略了介词*with*。

[1]　The man to whom he talks is his uncle.（定语从句中的介词前置）
　　　（和他说话的男人是他叔叔。）

[2]　The man whom he talks to is his uncle.（定语从句中的介词悬空）
　　　（和他说话的男人是他叔叔。）

[3]　To whom should I complain?（wh-问句中的介词前置）
　　　（我应该向谁投诉？）

[4]　Who should I complain to?（wh-问句中的介词悬空）
　　　（我应该向谁投诉？）

[5]　* A pencil is something you can write.（空介词错误）
　　　（铅笔是你可以写的东西。）

英语介词的这两种位置变体不可随意替换使用，其分布受多种因素的制约，如介词短语在定语从句中的句法功能、引导词的选用、定语从句的限定性和复杂性等（Jach, 2018）。前人一系列基于语料库的研究表明：如果不区分语境条件，英语母语者使用介词悬空更多；但在旁格wh-词引导的定语从句这一特定句式语境中，母语者使用介词前置更多，尤其是在书面语和正式语域中（Hoffmann, 2011）。除梳理它们在母语者语言使用中的分布特征外，既有研究还从句法学的格授予和类型学的蕴含普遍性等角度，讨论了介词两种位置变体的标记性（markedness），均认为介词前置无标记、悬空有标记（如van Riensdijk, 1978；White, 2003）。一般认为，无标记介词前置的习得应先于有标记的介词悬空，但事实并非如此，二语学习者普遍偏好介词悬空，很少使用介词前置（如Meng, 2014；Rezai, 2018；Yang, 2017）。这一现状虽与大部分学习者语言敏感度不高有关，但与该现象本身的特征（如标记性、突显性）及传统教学对介词位置问题重视不足也有关系。因此，英语介词前置的习得探究亟须跟进。

关于语言习得，当下主流的基于使用的语言习得观（usage-based approach to language acquisition, UALA）明确提出：语言知识是各类形义结合体的集合，源于语言使用体验；作为一个动态复杂系统，语言习得是学习者所接受的语言输入与其认知能力不断交互作用的过程和结果（Tomasello, 2003；Tyler, 2010）。该过程中的过度泛化现象（overgeneralization）体现的正是学习者基于既有实例体验而形成的一种带有偏差的规律应用（如 Ambridge, 2013；Zhang & Mai, 2018）。

该语言习得观已得到初步验证（如 Year & Gordon, 2009；徐承萍，2017），但既有研究多集中于动词相关构式的习得（如介宾或双宾构式、新造移动构式、前置定语过去分词），较少涉及其他词类构式，且部分研究（如高维，2016）对语言使用体验的操控不够严格（多为对相关学习历史的评判，较少直接操控）。故而，对 UALA 的检验亟须拓展研究范围，并更好地控制相关变量。

在此背景下，通过控制严格的教学实验来考察二语学习者介词前置的习得能有效弥补上述不足，且介词位置变体分布的特殊性也便于考察过度泛化现象。本研究拟具体回答如下三个研究问题：

（1）在介词前置范例短时高频接触的教学干预后，中国 EFL 学习者能否习得介词前置？

（2）如果能够习得，习得效果能否保持？

（3）习得过程中是否存在过度泛化现象？

❸ 研究方法

3.1 实验设计

本研究拟采用"前测—干预—后测—延时后测"的实验设计，通过对比不同组别被试在不同测试中的表现回答上述三个研究问题。其中组别（实验组 vs. 对照组）为被试间变量，测试时间（前测 vs. 后测 vs. 延时后测）为被试内变量。

3.2 被试

来自某重点高校非英语专业研究生一年级两个自然班的 71 名同学参与了本实验。其中 5 名被试因缺席部分实验环节而导致数据不完整；2 名被试因有超过 2 周的英语国家学习经历被剔除。两班分别有 33 名、31 名被试的数据进入最终分析。这 64 名被试参加实验时的平均年龄为 23.7 岁，已学习英语不少于 12 年，目前每周接触英语的平均时间为 7.3 小时，均已通过全国大学英语六级考试，平均成绩为 463.3 分，均未在英语国家逗留超过 2 周。对两班学生牛津英语快速分级测试（满分 50 分的语法部分）的结果进行独立样本 t 检验表明，两班学生的英语水平（平均成绩分别为 42.1 分和 42.7 分）无显著性差异，$t(62)=.660, p=.512$。两班被随机分配为实验组和控制组。

3.3 教学干预

本研究的教学干预旨在提供介词前置实例的接触体验。如前所述，介词前置的使用有一定限制条件，为操作方便，本研究仅聚焦定语从句中的介词前置。教学干预通过短文阅读和相关任务的完成来实现。两组被试按要求分别阅读一篇约 200 词的英语短文。这两篇文章话题相同，难度相当。不同之处在于实验组的文章包含 4 句介词前置和 4 句介词悬空的定语从句范例，而控制组的文章虽也包含 8 个定语从句，但均不涉及介词前置。两组被试需在阅读结束后完成 3 道阅读理解判断题，并找出、翻译文中所有定语从句。需要说明的是，不同于类似研究中单个句子逐一呈现的做法（如董晓丽、张晓鹏，2017），本研究考虑到被试（中高水平学习者）和语言现象（与对应结构意义相同，极易被忽略）的特点，将介词前置的范例呈现于意义连贯的语篇中，设计了找出并翻译定语从句的任务，以便在意义优先的基础上将被试的注意适时引至相关结构。综合考虑学界操纵频率的常规作法、被试特点和实验时长，确定了实验组介词前置的具体接触频次。

3.4 测试工具

本研究包含前测、后测和延时后测三次测试。所有测试均采用传统纸笔测试的形式，由任课教师整班进行。所用测试卷均包含可接受性判断和汉译英两部分，前者考察被试对介词前置现象的接受情况，后者考察相应的产出情况。换言之，本研究中的习得是通过考察被试在这两个任务中的表现来考量的。

可接受性判断任务要求被试在李克特五级量表上标出对36个句子的接受度，1代表完全不可接受，3代表不确定，5代表完全可接受。36个句子正误各半，其中填充句占50%，包括空介词错误句、与目标结构无关的其他错误句和与目标结构无关的其他正确句三类。目标句也分三类，分别为介词前置正确句、介词悬空正确句和介词前置错误句。每种类型各6句。每名被试每种类型的正确句最高得分为30分，每种类型的错误句最低得分为6分。

汉译英任务要求被试使用句末提供的动词短语，将22个汉语句子译成英文。这些句子也分目标句和填充句两类，其中6句介词前置/悬空均可，6句只能悬空，10句为与目标结构无关的填充句。考虑到实验时间限制，填充句仅考察基本语法点。被试如果全部使用悬空翻译，最多可产出12个介词悬空句。测试所用材料举例见表1。

表1　测试所用材料举例

类型		举例[①]	1 2 3 4 5
可接受性判断	前置正确句	1. Wuxi in which I live is one of the most beautiful cities in China.	
	悬空正确句	2. The boy that I talked with yesterday is timid.	
	前置错误句	3. The paper in which you handed is well-organized.	
	空介词错误填充句	4. The sofa is something you can lie.	
	无关正确填充句	5. My father has been to USA for three times.	
	无关错误填充句	6. The keys to the test has been checked.	
汉英翻译	前置/悬空均可句	小孩写字用的铅笔断了。(write with)	
	仅悬空可行句	他一直照顾着的小猫昨天死了。(look after)	
	无关填充句	她擅长演讲。(be good at)	

---

① "举例"中的英语句子汉译如下：

1. 我居住的无锡是中国最美丽的城市之一。2. 昨天和我说话的那个男孩很胆小。3. 你交的论文写得条理清晰。4. 沙发是你可以躺着的东西。5. 我父亲去过美国三次。6. 测试的钥匙已经检查过了。

因涉及三次测试，本研究准备了三套平行测试卷。所有测试和干预材料在正式使用前请相关老师和专家进行了校对，确保每个正确句语义和句法均无问题，错误句的错误点明确无争议，要求翻译的句子语义清晰。且所有材料都经过了先导实验的验证和完善，参与先导实验的同学与被试水平相当，但不参加正式实验。

3.5 实验流程、评分和数据分析方法

整个实验在正常教学时间内完成，历时三周，由经过培训的同一任课教师在两班分别组织实施。具体流程为：第一周，在正常教学任务完成后留出约20分钟时间进行前测；第二周，进行用时约10分钟的教学干预，即短文阅读与相关任务的完成，干预结束后马上进行时长约20分钟的后测；第三周，在正常教学内容前进行延时后测，结束后被试填写语言学习背景调查问卷，课间随机抽取被试进行访谈，了解他们对实验目的的猜测，以及对受测语言现象的看法，为数据的分析和讨论提供佐证。

数据按如下标准评分：第一，教学干预部分的数据，理解判断题和定语从句的识别翻译任务经先导实验证实难度不大，需要被试高质量完成，错误率不应超过5%，否则说明被试未认真阅读短文，教学干预失败，其所有数据应被删除。第二，被试在测试卷填充材料上的表现仅作为判断其对待测态度的依据。因填充材料涉及的均为基本语法和词汇，被试应完全能够正确翻译和判别可接受度（正确句的可接受度应为4或5；错误句的可接受度应为1或2）。同样，若该部分被试的错误率高于5%，则其所有数据全部剔除。填充项上的所得数据不进入最后的数据分析。第三，被试在两道测试题中目标句上的表现是考察重点。对于可接受性判断，我们计算了每名被试对每类句子的平均可接受度；对于汉译英，我们计算了各类句子出现的频次；不考虑翻译中出现的其他错误。过度泛化现象的考察则集中在前置错误句的可接受度和此类句子在翻译中是否出现，以及出现的频次方面。

数据分析主要采用差异比较的方法（即方差分析和t检验），对比同一组被试在三次测试中的表现，以及实验组和对照组在同一次测试中的表现，如发现差异，则通过事后分析确认差异的来源。

❹ 研究结果

数据的预整理表明，不存在被试态度不端正、敷衍测试和教学干预的情况，故无此类数据的剔除。随机访谈结果表明，绝大部分被试认为测试意在考察定语从句的使用，未猜到实验的真正目的。

如前所述，本研究采用"2×3"的混合实验，考察中国EFL学习者在短时高频接触相关范例后对英语介词前置的习得情况。下文将首先呈现实验的总体结果，然后呈现研究问题和实验任务。因不关注实验结果在项目上的推广性，故本研究只汇报有关被试分析的数据。

4.1 实验结果的描述性统计

可接受性判断任务旨在考察被试关于介词位置的接受性知识，除去完全无关的

两类填充句后，还有四类句子，其三次测试的描述性统计结果（包括每类句子的平均可接受度和标准差）见表 2。

表 2　被试在可接受性判断任务中的表现

类别 组别	前置正确句			前置错误句			悬空正确句			空介词错误句		
	前测	后测	延时	前测	后测	延时	前测	后测	延时	前测	后测	延时
实验组 (n=33)	16.30 (4.21)	21.70 (3.35)	20.03 (3.45)	15.73 (4.06)	19.94 (3.61)	19.09 (4.01)	20.15 (3.91)	21.27 (3.35)	21.18 (3.88)	17.42 (4.58)	16.91 (4.15)	16.61 (4.55)
控制组 (n=31)	17.13 (3.70)	17.48 (4.03)	17.58 (4.09)	16.61 (3.58)	17.06 (4.23)	16.97 (4.76)	21.13 (2.88)	22.42 (2.99)	22.16 (2.92)	15.46 (3.59)	15.77 (3.40)	15.29 (3.87)

注：每一类有 6 个句子，每个句子的最高接受度为 5，故每类最高接受度为 30。

对上述任务中介词前置正确句的数据进行两因素混合设计的方差分析显示，测试时间（被试内变量）的主效应显著，$F(2, 61)=21.431$，$p<.01$, partial $\eta^2=.413$；多重比较表明，两两测试之间均有显著差异；组别（被试间变量）的主效应显著，$F(1, 62)=5.969$，$p=.017$，_partial_ $\eta^2=.088$；且组别和测试时间的交互效应显著，$F(2, 61)=16.976$，$p<.01$，_partial_ $\eta^2=.358$。

对上述任务中介词前置错误句的数据进行两因素混合设计的方差分析显示，测试时间的主效应显著，$F(2, 61)=10.767$，$p<.01$，_partial_ $\eta^2=.261$；多重比较表明，除延时测试和后测之间差异不显著外，其他两两测试之间均差异显著；组别的主效应不显著，$F(1, 62)=2.619$，$p=.111$，_partial_ $\eta^2=.041$；且组别和测试时间的交互效应显著，$F(2, 61)=7.001$，$p=.002$，_partial_ $\eta^2=.187$。

对上述任务中介词悬空正确句的数据进行两因素混合设计的方差分析显示，测试时间的主效应显著，$F(2, 124)=6.187$，$p=.003$，_partial_ $\eta^2=.091$；多重比较表明，除延时测试和后测之间差异不显著外，其他两两测试之间的差异均显著；组别的主效应不显著，$F(1, 62)=2.041$，$p=.158$，_partial_ $\eta^2=.032$；且组别和测试时间的交互效应不显著，$F(2, 124)=.034$，$p=.966$，_partial_ $\eta^2=.001$。

对上述任务中空介词错误句的数据进行两因素混合设计的方差分析显示，所有主效应和交互效应均不显著。上述结果表明，教学干预对被试介词前置句的可接受性判断产生了影响。

汉英翻译任务旨在考察被试对介词位置的产出偏好及其变化。所有填充项的数据不进入最终分析。句末给出了所需动词短语，故未出现空介词错误。进行数据统计的主要目的是观察被试是否产出了介词前置句，以及是否出现错误的介词前置句和各类句子的频次。三次测试的描述性统计结果（各类句子出现的平均频次及标准差）见表 3。

表3　被试在汉译英任务中的表现

组别 \ 类别	前置正确句			前置错误句			悬空正确句		
	前测	后测	延时	前测	后测	延时	前测	后测	延时
实验组 (n=33)	.303 (.585)	.455 (.794)	.273 (.911)	.152 (.364)	.303 (.637)	.182 (.727)	11.545 (.833)	11.242 (1.146)	11.545 (1.603)
控制组 (n=31)	.226 (.560)	.161 (.583)	.097 (.539)	.129 (.428)	.065 (.359)	.097 (.301)	11.645 (.950)	11.774 (.920)	11.806 (.749)

对该任务中不同类型句子的产出频次数据进行两因素混合设计的方差分析显示，所有主效应、交互效应均不显著，说明在产出方面，教学干预基本没有效果。为进一步揭示数据所反映的情况，下文将区分研究问题，整理汇报相关实验发现。

4.2　介词前置的习得

关于介词前置的习得，我们区分产出和接受性知识，分别进行考察。汉英翻译任务中不存在任何主效应和交互效应，这说明实验组、控制组在相关句子的产出上表现相当，在不同测试时间得到的结果亦无差异，故以下主要对比不同组别被试在不同测试时间对不同类型句子可接受度的表现。

第一，我们关注实验干预前两组被试的相关知识有无差异。原始数据显示，控制组对介词位置的掌握总体略优，他们对正确句的接受度高于实验组（19.13 vs. 18.23），对空介词错误句的接受度低于实验组（15.46 vs. 17.42）。但独立样本的t检验表明，两组被试对四种句子的接受度相当，t值分别为$-.831$，$-.922$，-1.131，1.911，其中，在空介词错误句上二者的差异边缘显著（$p=.061$），其他均不显著（$p>.1$）。这说明，两组被试在干预前起点一样。

第二，为考察两组被试在前后测之间有无差异，我们分别进行了配对样本t检验。结果表明，实验组在前置正确句、前置错误句和悬空正确句的前后测上差异显著，t值分别为-8.32，-5.676，-2.149（$p<.01$；$p<.01$；$p=.039$）；在空介词错误句的前后测上无显著差异$t(32)=.831$（$p=.412$）。描述性统计数据表明，实验组被试在教学干预后对上述三类范例的接受度显著提高，教学干预在这个任务上有效。而控制组仅在悬空正确句的前后测上有显著差异，$t(30)=-2.615$（$p=.014$）。描述性统计数据表明，控制组被试在接受无关干预后，对介词悬空范例的接受度有所提高，但对其他各类范例的接受度基本未变。

第三，我们考察了即时后测中两组被试的表现有无差异。独立样本的t检验表明，两组被试对前置正确句和错误句的接受度有显著差异（介词前置正确句：$t=4.558$，$p<.01$；前置错误句：$t=2.934$，$p=.005$）；比较悬空正确句和空介词错误句，二者的差异不显著（$t=-1.443$，$p=.154$；$t=1.192$，$p=.238$）。描述性统计数据表明，实验组被试在教学干预后，无论介词前置正确与否，其接受度均显著高于控制组。

综上，与控制组相比，实验组被试因教学干预的作用，对介词前置的接受度显著提高，但其相关产出能力提升不大。

4.3 习得效果的保持

如上所述，实验组被试通过短时高频接触介词前置范例，在一定程度上习得了介词前置（主要表现为接受度的提高）。对于该习得效果能否保持，则需对比延时后测与即时后测。配对样本 t 检验表明，实验组仅在前置正确句的接受度上在两次测试间有显著差别，$t(32)=3.624$, $p=.001$，描述性统计数据表明，间隔一周后实验组被试对介词前置正确句的可接受度显著下降。

关于延时后测中两组被试的表现有无差异，独立样本的 t 检验表明，两组被试对前置正确句的接受度有显著差异（$t=2.596$, $p=.012$）；对前置错误句可接受度的差异仅边缘显著（$t=1.933$, $p=.058$）；在悬空正确句和空介词错误句上，二者差异不显著（$t=-1.136$, $p=.26$；$t=1.242$, $p=.219$）。描述性统计数据表明，间隔一周后，实验组被试对介词前置正确句的接受度仍显著高于控制组，但对其他三类句子的接受度与控制组基本无差异。

我们还关注了前测和延时后测中两组被试的表现有无差异，即考察习得效果在间隔一周后是否消失殆尽。配对样本 t 检验表明，实验组在延时后测中对前置正确句和错误句的接受度仍显著高于前测，$t(32)=-4.894$, $p<.01$，对介词悬空正确句的接受度边缘显著，$t(32)=-1.748$, $p=.091$，空介词错误句的接受度无显著变化。

综上，中国EFL学习者通过短时高频接触相关范例，对介词前置接受性知识的习得能保持一定时间，尽管效果或可出现部分回落。

4.4 过度泛化是否存在

第三个研究问题针对习得过程中的泛化展开。鉴于翻译任务中没有任何效应，本文结合已有相关分析，仅考察被试对介词前置错误句可接受度的变化。前测时，控制组对此类句子的接受度略高（15.73 vs. 16.61）。经不同的教学干预后，控制组对前置错误句的接受度在三次测试中无任何变化（$p>.09$）；而实验组的接受度从前测到后测出现显著增高（15.73 vs. 19.94, $p<.01$），从后测到延时后测虽略有回落（19.94 vs. 19.09），但无统计学意义（$p=.224$）。这说明实验组的确发生了泛化，即通过干预，他们意识到了介词可以在定语从句中随其支配的宾语一并前置，但并未掌握介词前置的限制条件。

❺ 讨论

本研究通过实验考察中国EFL学习者英语介词前置的习得情况，主要有以下三点发现：一是中国EFL学习者通过短时高频接触介词前置的范例，能在一定程度上习得介词前置，体现为对其接受度的提升，但基本无产出上的体现；二是习得效果能保持一定时间（本研究为一周）；三是在习得过程中，中国EFL学习者存在过度泛化现象。以下将从四个方面进行讨论。

　　第一，本研究进一步验证了UALA关于语言使用体验的相关论断。UALA认为，语言习得以语言使用体验为前提和基础。既有研究局限于动词相关构式的习得，本研究则拓展至介词前置的习得，研究结果再次证实了语言使用体验的重要作用。该结果也为UALA在解释冠词习得理论时面临的困难提供了启示。冠词在英语输入中出现的频率很高，一个句子中甚至可达两个以上，但习得效果却与该理论的基本预设相悖：接触体验越多，大脑中的固化程度（entrenchment）越高，习得效果也就越好（Bybee, 2006）。有学者认为，这是冠词的语义、词形均不突出主观感受导致的（Gass et al., 2018）。在这方面，本研究考察的介词和冠词有一定可比性：同属功能词类、词长较短、语义不够突显（介词前置与悬空意义相同）。在本研究四个介词前置范例集中出现的干预下，实验组被试对介词前置的接受度得到提高并能保持一段时间，表明语言使用体验对功能性词类相关知识的习得确有影响，但最终的习得效果还会受到其他要素的影响。UALA应进一步完善，以解释更多的习得现象。

　　需要说明的是，本研究对语言使用体验的操作化定义有别于既往研究。既有研究（如高维，2016）多采用被试学习背景调查的方法估算相关构式的使用体验，但由于学习者个体差异大，且个体回忆汇报不够可靠，难以如实反映学习者的语言体验。本研究则根据所选语言项目的特点，采用了更便于严格控制的语言使用体验的操作化方法，即短时间内集中呈现相关范例的教学干预，然后考察该干预对学习者相关结构习得的影响。在对实验组的干预中，我们还将两种介词位置的范例同时呈现出来（各四句），以强化它们的竞争关系。换言之，与估计的语言使用体验不同，本研究涉及的是控制相对严格的近期使用体验，它能微缩进而显化语言使用体验原本产生作用的缓慢过程。由此可见，作为UALA的核心概念，语言使用体验概念的操作化定义至关重要，具体研究须谨慎对待。

　　第二，本研究印证了既有研究关于二语学习者普遍偏好介词悬空的发现（如Bardovi-Harlig, 1987；Kao, 2001；Salehi, 2011；Rezai, 2018）。在本研究中，所有被试在实验干预前均对介词悬空句有较高接受度。干预后，介词悬空句的接受度仍保持在高位。而在汉译英任务中，无论是干预前还是干预后，介词悬空均有显著优势。本研究的被试作为研究生，已有较长的英语学习史，较为频繁地接触规范的学术语言（其中就有不少介词前置的范例），所以部分被试（尤其是控制组被试）在前测时就表现出对更加地道的介词前置表达的较高接受度。然而，总体上他们并未达到高水平阶段，特别是在产出方面，其表达仍止于基本意义的传递，离地道的表达尚远。

　　中国EFL学习者同其他许多英语二语学习者一样，普遍偏好英语介词悬空，原因应该和其母语经验关系不大，因为该偏好与其母语经验不符：介词悬空仅见于古汉语中，而现代汉语已明确要求介词和其宾语同现（即介词前置），只有在特定语法手段之下二者才能分离（Li & Thompson, 1981）。由此可推定：因为汉语中定语从句和疑问句的构成不一定发生移位，所以，中国EFL学习者在习得英语介词前置时，无类似母语经验可借鉴，主要受二语输入分布规律的影响。本研究被试母语的特殊性导致了其母语使用经验影响的弱化，但这并不能完全抹除母语的影响，Jach

（2018）通过对比汉、英、德三组被试的相关数据发现，相较于中国 EFL 学习者，德国英语二语学习者因德语与英语在词序方面具有更高的相似度而更容易接受英语介词前置。因此，母语和二语经验间的复杂互动，以及其他可能混入因素的作用有待进一步探明。

　　第三，本研究中的实验干预致使实验组被试对介词前置范例的接受度提高，而他们的产出性表现存在明显不足。这符合二语习得领域中产出性知识的习得滞后于接受性知识这一普遍规律，但具体到本研究中，还需要考虑其他一些因素。如前所述，介词悬空和前置分布不平衡，能用前置的地方也能用悬空，反之则未必（Hoffmann, 2011）。总体上，中国 EFL 学习者介词悬空范例的累计输入总量远大于介词前置。此外，受实验时长等客观因素制约，本研究干预阶段提供的介词前置的范例有限（仅四句），不足以让实验组被试在语言敏感性普遍不高的前提下正确抽象出介词前置的限制条件。故省力和准确产出的双重因素致使被试在产出任务中放弃对表达的地道性的追求，一味选用大概率正确的悬空。这对实际教学的启示是，相关教学应分阶段设置目标：中低水平阶段以意义的传达为主，高水平阶段则应在此基础上增加对表达的地道性的引导。

　　第四，本研究的另一个重点是对泛化现象的考察。泛化在一语、二语习得中均会出现，是学习者"U 型发展"（U-shaped development）过程中的重要机理。泛化实质上是学习者根据已有语言经验做出的不恰当推断（Takshimna, 1992）。我们在事后访谈中了解到，大部分实验组被试留意到了干预材料中介词位置的变动，这些变动也常见其日常学术阅读。干预中相关范例的集中呈现让被试印象深刻，直至认为介词的前置和悬空这两种位置变体可以随意互换，或限制条件很少。他们对大部分介词前置错误句的接受度较高即缘于此，只有极个别语感较强的被试才较为明确地意识到，不是所有介词均可前置。关于对泛化的克服，本研究赞同 UALA 从内核的内隐概率性学习（implicit statistical learning）及相关的占位（或称概率性先摄，preemption）入手解决问题（如 Ambridge, 2013；Robenalt & Goldberg, 2016；Zhang, 2017；Zhang & Mai, 2018）。这对实际教学的启示就是：在相关教学活动中，教师应创造条件，引导学生对相关现象进行细致的观察、对比和归纳整理，从而更准确地把握相关项目。

❻ 结语

　　本研究依托 UALA 理论视角，考察了中国 EFL 学习者对英语介词前置的习得情况。研究发现，通过短时高频接触英语介词前置范例的教学干预，中国 EFL 学习者对介词前置的接受度明显提高，且习得效果能保持一定时间，但相关产出能力明显滞后。在习得过程中，学习者还出现了一定程度的泛化。该结果进一步验证和发展了 UALA，为相关表达的习得研究和教学提供了启示。未来研究一方面可就其他情形（如疑问句）中的介词前置及不同任务中的习得效果展开考察；另一方面，可就

UALA关于"语言使用体验"这一构念细化的产物（如输入频率的高低、不同输入分布）及克服泛化的路径等论述展开验证，深化人们对相关理论和语言现象的认识。

参考文献

❏ Ambridge, B. 2013. How do children restrict their linguistic generalizations? An (un-) grammaticality judgment study. *Cognitive Science* 37: 508-543.

❏ Bardovi-Harlig, K. 1987. Markedness and salience in second language acquisition. *Language Learning* 37: 385-407.

❏ Bybee, J. 2006. From usage to grammar: The mind's response to repetition. *Language* 82: 711-733.

❏ Gass, S., Spinner, P. & Behney, J. 2018. *Salience in Second Language Acquisition*. London: Routledge.

❏ Hoffmann, T. 2011. *Preposition Placement in English: A Usage-Based Approach*. Cambridge: Cambridge University Press.

❏ Jach, D. 2018. A usage-based approach to preposition placement in English as a second language. *Language Learning* 68: 271-304.

❏ Kao, R. 2001. Where have the prepositions gone? A study of English prepositional verbs and input enhancement in instructed SLA. *International Review of Applied Linguistics in Language Teaching* 39: 195-215.

❏ Li, C. N. & Thompson, S. A. 1981. *Mandarin Chinese: A Functional Reference Grammar*. Berkeley: University of California Press.

❏ Meng, F. 2014. *Markedness or Salience: An Empirical Research on the Acquisition of Ps and Ppp by Chinese Learners of English*. Master thesis, Xi'an International Studies University.

❏ Rezai, M. J. 2018. Preposition stranding and pied-piping in second language acquisition. *Essex Graduate Student Papers in Language and Linguistics* 8: 110-128.

❏ Robenalt, C. & Goldberg, A. 2016. Nonnative speakers do not take competing alternative expressions into account the way native speakers do. *Language Learning* 66: 60-93.

❏ Salehi, M. 2011. The acquisition of preposition pied-piping and preposition stranding by Iranian learners of English. *South Asian Language Review* 7: 85-99.

❏ Takshimna, H. 1992. Transfer, overgeneralization and simplification in second language acquisition. *International Review of Applied Linguistics in Language Teaching* 30: 97-120.

❏ Tomasello, M. 2003. *Constructing a Language: A Usage Based Theory of Language*

Acquisition. Cambridge: Harvard University Press.

❏ Tyler, A. 2010. Usage-based approaches to language and their applications to second language learning. *Annual Review of Applied Linguistics* 30: 270-291.

❏ van Riensdijk, H. 1978. *A Case Study in Syntactic Markedness: The Binding Nature of Prepositional Phrases*. Lisse: The Peter de Ridder Press.

❏ White, L. 2003. *Second Language Acquisition and Universal Grammar*. Cambridge: Cambridge University Press.

❏ Yang, J. 2017. Markedness and salience in acquiring preference for preposition stranding. *Proceedings of the 2017 Northeast Asia International Symposium on Linguistics, Literature and Teaching (2017NALLTS)*. Lvliang, China.

❏ Year, J. & Gordon, P. 2009. Korean speakers' acquisition of the English ditransitive construction: The role of verb prototype, input distribution, and frequency. *Modern Language Journal* 93: 399-417.

❏ Zhang, X. 2017. Second language users' restriction of linguistic generalization errors: The case of English un-prefixation development. *Language Learning* 67: 569-598.

❏ Zhang, X. & Mai, C. 2018. Effects of entrenchment and preemption in second language learners' acceptance of English denominal verbs. *Applied Psycholinguistics* 39: 413-436.

❏ 董晓丽、张晓鹏，2017，不同频率分布的语言输入对两类英语构式的促学研究。《现代外语》(4)：540-551。

❏ 高维，2016，《基于使用理论视角下的二语词汇搭配习得研究》。北京：科学出版社。

❏ 徐承萍，2017，形符频率、词汇频率和形义映合凸显度在英语构式习得中的效应研究。《外语教学与研究》(3)：428-439。

Chinese EFL Learners' Acquisition of English Preposition Pied-Piping

Abstract: The acquisition of English prepositions' native-like use poses a challenge to EFL/ESL teaching and learning. Adopting the usage-based approach, this study investigated Chinese EFL learners' acquisition of English preposition pied-piping as a variant of preposition placement in English. With the "pretest-treatment-posttest-delayed posttest" design, the study compared participants in the control group and experimental group in the tasks of acceptability judgment and Chinese-to-English translation. It was found that high-density exposure to instances of preposition pied-piping within a short time led to its increasing acceptability immediately by Chinese EFL learners and this successful acquisition could last a period of time. Additionally, these learners' productive capability in this regard suggested that no marked improvement and overgeneralization was identified in these learners' acquisition.

Key words: English preposition pied-piping; usage-based language acquisition theories; overgeneralization; Chinese EFL learners

（责任编辑：冯硕）

基于回归的多因素预测与偏差分析法
——应用与展望

淮北师范大学　王红卫*

[提　要]　基于回归的多因素预测与偏差分析法是近来在学习者语料库研究领域出现的一种新方法。它主要关注的是学习者语言在哪些方面，以及为什么会偏离母语者的语言。该方法已在学习者语料库研究、英语变体研究，以及翻译研究等领域获得了广泛应用。本文梳理了该方法提出的背景，介绍了该方法的分析程序，归纳了该方法的应用现状。同时，本文还指出了该方法的优点和缺点，并对其发展前景做出展望。

[关键词]　基于回归的多因素预测与偏差分析法；学习者语料库；回归模型；英语变体；显化

❶ 引言

　　第二语言习得是一个复杂的过程，相应地，学习者语料库研究也越来越多地使用更先进的统计工具，如多因素回归模型、分类树和随机森林等。近年来，应用最广泛的一种方法是由 Gries 和 Deshors（2014），以及 Gries 和 Adelman（2014）提出的，基于回归的多因素预测与偏差分析法（Multifactorial Prediction and Deviation Analysis Using Regression，简称 MuPDAR）。它是一种两步逻辑回归方法，用来回答以下问题：（1）在和学习者相同的情景下，母语者会做出什么样的选择？（2）学习者的选择在何处，以及为什么会与母语者的选择存在偏差？基于回归的多因素预测与偏差分析法已取得了很多富有意义的成果。该方法的一个很重要的特点是它的可扩展性，即当一个"事物"被认为是标准或目标（target），其他"事物"与之进行比较时，就可以在这种场合下使用这一方法。

---

*　作者简介：王红卫，淮北师范大学外国语学院副教授、博士。研究方向：认知语言学、语言类型学、语料库语言学。Email：hongwei703@163.com。通信地址：235000 安徽省淮北市东山路 100 号淮北师范大学外国语学院。

　　本项目得到安徽省哲学社会科学规划项目"汉语与格交替的多因素研究"（项目编号：AHSKY2021D162）的经费支持。

这一方法还没有引起国内学者的重视，目前国内还没有出现应用此方法开展的研究。鉴于此，本文尝试梳理这一方法提出的背景，介绍该方法的分析程序，归纳该方法的应用现状。同时，本文还指出了该方法的优点和缺点，并对该方法的发展前景做出展望。

❷ 基于回归的多因素预测与偏差分析法提出的背景

基于回归的多因素预测与偏差分析法是在解决过往分析方法的弊端中发展起来的。在过去20年左右的时间里，随着学习者语料库的日益普及，这一领域变得越来越活跃。大部分研究采用的是对比的方法，研究目的主要是发现学习者语言和母语者语言的差异。Gries和Deshors（2014）指出，以往大多数研究都仅限于关注非母语者（学习者）语言中的某一语言成分的过度使用或使用不足，使用的统计方法多为单变量方法或双变量的卡方检验（Aijmer, 2002; Altenberg, 2002; Cosme, 2008; Hundt & Vogel, 2011; Hasselgård & Johansson, 2012; van Aertselaer & Bunce, 2012; Rogatcheva, 2012）。这些研究的不足之处在于，它们并不是"在类似的情况下"（in a comparable situation）对非母语者语言和母语者语言进行比较（Péry-Woodley, 1990）。这是因为许多研究将"类似的情况"这一概念简化为一个单一的共现因素，如Altenberg（2002）基于*make*的共现搭配模式来探讨*make*的使用。然而，正如Gries和Adelman（2014）指出的，如果所研究的现象P是由15个左右的因素决定的，如果仅仅研究其中的一个影响因素F_1，而忽略了其他因素$F_{2\text{-}15}$，那么这种研究如何能够揭示这一现象的本质？

因此，如果学习者语料库研究的目标是确定母语者语言和非母语者语言之间的差异，就需要对"类似的情况"进行更全面的定义，这通常需要对有关单词或模式的实例的多个特征进行标注，所有这些特征都必须包括在统计分析中。有鉴于此，Gries和Deshors（2014）提出了基于回归的多因素预测与偏差分析法，这一方法是在相同的语境下将学习者的选择跟母语者的选择进行比较，旨在发现学习者的语言在哪些方面及多大程度上偏离了母语者的语言。

❸ 基于回归的多因素预测与偏差分析法的分析程序

这一方法借用了缺失数据估算的方法。我们通常会有母语者"在某些情况下说了什么"这一语料库数据，也有学习者"在某些情况下说了什么"这样的语料库数据，但是，我们没有（也不容易得到）的数据是，"在和学习者完全相同的情况下母语者会说什么"。基于回归的多因素预测与偏差分析法通过以下三个步骤来估算母语者的选择：

第一步，以母语者的数据为基础生成第一个回归模型R_1，来预测母语者的选择。

第二步，当且仅当R_1拟合度和分类精度较好时，将由R_1得到的回归方程应用于所有学习者数据来估算母语者的选择。这个步骤旨在确定母语者和学习者处于相同情况后，母语者会做出什么样的选择。

第三步，我们将学习者的选择与母语者的选择进行比较，看学习者是否与母语者预期要说的话相同。根据学习者是否做出了和母语者同样的选择得到一个二元变量（"是"或"否"），然后，这个变量作为因变量拟合第二个回归模型R_2，以确定哪些变量（如果有的话）导致学习者没有做出和母语者一样的选择。

我们以Gries和Deshors（2014）对母语者和学习者有关may和can的使用的研究为例来说明以这一方法的分析程序：首先，在母语者语料库和学习者语料库中分别生成can和may的索引行，接着对影响情态动词选择的相关特征进行编码，然后基于母语者的数据拟合第一个回归模型R_1。R_1拟合良好且具有高度显著性（似然比=449.34, df=32, $p<10^{-75}$），模型的分类能力也较好，其分类精度为0.79。因此，可以进入到下一步，将R_1应用到1 497个母语为法语的学习者的个案中，由此得到了may的预测概率。然后可以将这一预测概率转换成一个分类的预测（categorical prediction），即当may的预测概率≥ 0.5时，可以说预测为may，否则预测为can。因此，对于每一个个案，都存在两种可能性：学习者做出了和母语者相同的选择，或者学习者做出了和母语者不一样的选择。随后，拟合一个线性回归模型R_2，即使用所有特征来预测学习者何时没有做出母语者的行为，这可以被解释为这些特征导致了学习者的困难。以上程序最有趣的发现在于预测因子与"形式"（can和may）的相互作用，它可以揭示哪些因素对can的使用没有影响，但对may的使用有影响。图1为"形式"和其中一个预测因子"体"的交互作用（Gries & Deshors, 2014：130）。

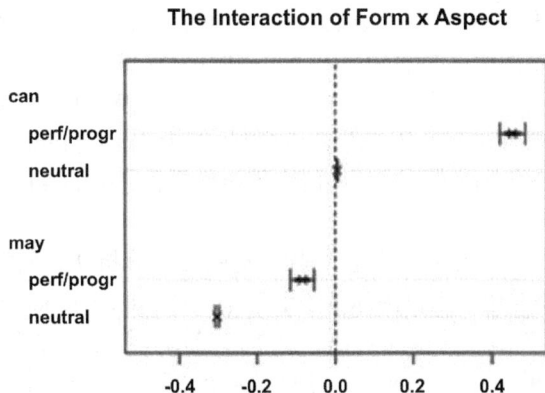

The Interaction of Form x Aspect

图1 形式和体的交互

在图1中，虚线代表母语者的情况，图中各符号离虚线的远近代表了以法语为母语的学习者偏离母语者的情况：离虚线越近表明偏离母语者越轻，离虚线越远表明偏离母语者越重，和虚线重合表明学习者的选择和母语者是一致的。从图1的上半部分可以看出，在can的选择方面，学习者在中性体（neutral）这一参数上和母语者是一致的，但是在完成或进行体（perfect/progression）参数上，学习者对 *can* 的选择偏离了母语者的选择。从图1的下半部分可以看出，在 *may* 的选择方面，学习者在使用完成或进行体时稍微偏离了母语者的使用情况；但是，在同样的语境下，当学习者在使用中性体时，他们和母语者之间的差异较大。

目前大多数研究的因变量是一个二元变量，然而，这一方法还可以在更细的颗粒度上进行，即因变量是一个连续变量，这样可以对学习者和母语者选择的差异情况进行量化。比如，如果学习者的选择和预测的母语者的选择一致，就将偏差值设置为 $p=0$；如果学习者的选择和预测的母语者的选择不一致，就将偏差值设置为 p-0.5。一旦所有的偏离分数被定义好，我们就可以按照上述第三步拟合一个线性回归模型 R_2。

❹ 基于回归的多因素预测与偏差分析法的应用

该方法提出之后，已广泛应用于学习者语料库研究、英语变体研究，以及翻译研究等领域。

Wulff 和 Gries（2019）采用此方法研究了英语学习者的小品词置位（particle placement）现象，数据样本包括来自17个将英语作为第二语言的中级学习者的口语和书面材料，从句法复杂性、韵律，以及说话人母语的动词框架等14个方面，对从母语者和学习者语料库中检索到的4 911个实例进行标注。研究结果显示，加工需求、输入效果和母语类型共同决定了学习者对结构的选择与母语是否相似。其他研究包括：Gries 和 Adelman（2014）研究了日语母语者和非母语者在日语会话中的主语实现或省略问题，Wulff 和 Gries（2015）研究了中国英语学习者和德国英语学习者习得位于名词前的形容词语序的情况，Deshors 和 Gries（2015）研究了本族语英语和非本族语英语中双及物构式和介词与格构式交替的现象，Wulff 等（2018）采用此方法研究了德国英语学习者和西班牙英语学习者补语结构（complementation）中可选标句词 *that* 的使用情况，Lester（2019）研究了西班牙和德国的英语学习者口语中关系代词 *that* 的使用情况。

Heller 等（2017）采用基于随机森林分类的偏差分析法，研究了亚洲英语的所有格交替现象。[①] 研究语料来自国际英语语料库（The International Corpus of English）中英国英语、印度英语、菲律宾英语、新加坡英语和斯里兰卡英语的4 200个所有格交替的实例。结果显示，英国英语与亚洲英语之间存在着显著的差异，即亚洲英语存在使用's所有格的倾向。造成以上倾向的原因包括所有者的生命度、总体频率、所有者和所有物在长度上的区别，以及所有者的主题性（possessor thematicity）等因素。其他研究还包括：Gries 和 Bernaisch（2016）采用此方法研究了英国英语和六种南亚英语的与格交替现象，Deshors 和 Gries（2016）采用了基于随机森林分类的偏差

---

① 基于随机森林分类的偏差分析法是基于回归的多因素预测与偏差分析法的扩展，下文将会介绍。

分析法探讨了英语母语（英国英语和美国英语）中带to和-ing的动词补语模式。

Kruger和de Sutter（2018）采用基于回归的多因素预测与偏差分析法，对翻译的（translated）和非翻译的（non-translated）南非英语中的可选标句词that和英国英语进行了对比，旨在重新评价翻译显化的三种解释：认知的复杂性、规约性和源语言的影响。结果表明，源语言对that的使用或省略没有影响，而复杂性和规约性对其影响较大。其他研究还包括：Vermeire（2018）采用此方法考察了原生英语与（译自荷兰语的）翻译英语在包含或省略补语从句标句词that方面的差异；de Sutter和Vermeire（2020）通过对英语补语小句标句词that显化和隐化交替的研究，探讨了与原生文本相比，造成译文文本显化倾向的因素。Beveren等（2020）探讨了规避风险是否会影响译语荷兰语中隐化的和显化的om（类似于英语不定式标记to）的选择，更具体地说，规避风险是否会导致译者选择更显化的变体。

❺ 基于回归的多因素预测与偏差分析法评价

基于回归的多因素预测与偏差分析法第一次真正实现了Péry-Woodley（1990）30多年前的愿望："在类似情况下对比非母语者和母语者的语言行为"。该方法超越当前大多数学习者语料库研究所采用的方法，表现在：（1）认识到目标现象的复杂性，将所有被认为影响这一现象的预测因素全部包括进去，并考虑因素间的交互效应；（2）指出学习者偏离本族语行为的具体预测因素，即指出学习者错误的本质；（3）进一步量化学习者偏离母语规范的程度，即告知研究人员学习者错误的严重程度。

这一方法还可以进行扩展，即用其他统计方法代替回归模型。回归模型存在着一些缺点：一是回归模型在认知上是不可信的；二是回归模型有时并不能产生最佳的分类/预测精度；三是回模型要求的数据形式有时不能被满足，有时会受到共线性和数据稀疏性的影响，有时又是无法计算的（Gries，2017）。扩展后的方法被称为基于随机森林分类的偏差分析法（multifactorial deviation analysis based on random forest classifications）。该统计方法的优点是：它可以产生相当好的准确性，计算速度快，且不需要回归模型所要求的分布假设；它的抽样过程的特点使它不太容易过度拟合或忽略重要的预测因子，能够更好地处理共线预测因子。

基于回归的多因素预测与偏差分析法也存在不足之处，即关于预测空间的中间地带（the middle ground）问题。自从这一方法提出之后，Gries就意识到了此方法存在的一个潜在的缺点，即在许多情况下，两种/所有交替的结构（大致上）都是可以接受的。Gries和Deshors（2020）对此方法进行了进一步完善，尝试对中间地带进行定义。在没有任何标准的情况下，他们借鉴了机器学习领域的一个概念，对数损失（log loss），使用对应于一个单位的对数损失的预测概率作为分界点，即如果错误，分类/预测将导致对数损失值>1。这样，通过使用一个对数损失单位将预测概率转换成了区间[0.36788, 0.63212]，即在通常的分界点0.5附近，0.2642的区间。他还通过与格交替的例子说明，考虑了中间地带，准确率显著提高。Gries提出的对预测空间中间地带的处理方法，不仅是对基于回归的多因素预测与偏差分析法的改进，而且适用于语料库语言学中一般的回归/分类器的方法。然而，这一方法至少在以下两个方面还存在需要改进的地方：（1）尽管Gries利用了机器学习领域的一个统计数据（对数损失）来定义中间地带，但这并不是没有争议的。Gries自己也承认这不是唯一的选择。因此，后续研究面临的最紧迫的任务是找到确定中间地带大小的最佳的方法。（2）无论是传统的交替（alternation）研究还是基于回归的多因素预测与偏差分析法的交替研究，对分类错误或预测错误的个案的探讨都比较少，很多研究的做法是提供一个模型，讨论其准确性和C-score，并讨论模型的显著效应或重要变量。这些都没有问题，但是对那些回归模型做出错误预测的地方，尤其是错误严重的地方（以所有格交替为例，如果回归模型对*s*-所有格预测概率≥0.85，但实际上说话者的选择是*of*-所有格），研究不够深入。未来研究应该对错误预测给予更多关注，并提出一种识别严重预测错误的方法。

❻ 基于回归的多因素预测与偏差分析法应用展望

基于回归的多因素预测与偏差分析法已广泛应用于学习者语料库研究、英语变体研究，以及翻译研究。未来，该方法应得到进一步发展。第一，要将更多因素纳入统计模型，包括形态句法的、语义的、语用的、韵律的，以及社会语言学的等方面的因素。第二，应探索更多的语言现象。目前研究大都限于常见的句法变异现象，如与格交替、所有格交替、小品词置位、*that*-变异等，将来可以扩展到语音、词汇和语用等层面。该方法还可以扩展到历时语言变异研究方面，传统的历时句法变异研究侧重于单个因素随时间的变化所带来的变异。如Wolk等（2013）探讨了现代晚期英语中生命度对属格选择影响的变异。单个因素影响的变异解释了变异的发展过程，但没有说明变异的原因。未来借助基于回归的多因素预测与偏差分析法可以考察说话人在特定语境中的语言选择是如何随着时间的变化而变化的。翻译领域的研究也应不局限于翻译显化和隐化研究，还要探索新的、更复杂的、有助于我们描述翻译文本特征的语言指标。第三，应涉及更多的语言。例如，对英语变体的研究主要集中在印度英语和新加坡英语上，而对太平洋地区、非洲及美洲等地区潜在中心的研究也可以从此方法中受益。翻译方面的研究大多以荷兰语为源语，未来应扩展到以荷兰语之外的语言为源语，来验证之前的假设。

❼ 结语

语料库语言学已成为语言学研究的一个重要的方法，基于语料库的第二语言习得研究也在不断增多。然而传统研究大都采用单因素方法，且局限于对非母语者语言中的某一语言成分的过度使用/使用不足的描述。使用基于回归的多因素预测与偏差分析法的目的是预测和解释（而不是描述）学习者的语言选择，该方法有助于我们理解英语学习者在何处，以及为什么会偏离母语者的语言，为学习者语料库研究提供了一个全新的视角。该方法除了应用于学习者语料库研究之外，还被应用于语言变异研究、翻译研究等领域。尽管这一方法还需要进一步完善和发展，但它已经表现出巨大的应用价值。希望国内学者可以借鉴并完善此方法，在学习者语料库研究、英语变体研究，以及翻译研究等领域取得更多的成果。

参考文献

❏ Aijmer, K. 2002. Modality in advanced Swedish learners' written interlanguage. In S. Granger, J. Hung & S. Petch-Tyson (eds.), *Computer Learner Corpora, Second Language Acquisition and Foreign Language Teaching*. Amsterdam & Philadelphia: John Benjamins. 55-76.

❏ Altenberg, B. 2002. Using bilingual corpus evidence in learner corpus research. In S. Granger, J. Hung & S. Petch-Tyson (eds.), *Computer Learner Corpora, Second Language Acquisition and Foreign Language Teaching*. Amsterdam & Philadelphia: John Benjamins. 37-54.

❏ Beveren, A. V., de Sutter, G. & Colleman, T. 2020. The mechanisms behind increased explicitness in translations: A multifactorial corpus investigation of the *om*-alternation in translated and original Dutch. In L. Vandevoorde, J. Daems & B. Defrancq (eds.), *New Empirical Perspectives on Translation and Interpreting*. New York: Routledge. 38-66.

❏ Cosme, C. 2008. Participle clauses in learner English: The role of transfer. In G. Gilquin, S. Papp & M. B. Díez-Bedmar (eds.), *Linking up contrastive and learner corpus research*. Amsterdam/Atlanta: Rodopi. 177-200.

❏ de Sutter, G. & Vermeire, E. 2020. Grammatical optionality in translation: A multifactorial corpus analysis of *that/zero* alternation in English using the MuPDAR approach. In L. Vandevoorde, J. Daems & B. Defrancq (eds.), *New Empirical Perspectives on Translation and Interpreting*. New York: Routledge. 13-37.

❏ Deshors, S. C. & Gries, S. T. 2015. EFL and/vs. ESL? A multi-level regression modeling perspective on bridging the paradigm gap. *International Journal of Learner Corpus Research* 1: 130-159.

❏ Deshors, S. C. & Gries, S. T. 2016. Profiling verb complementation constructions across New Englishes: A two-step random forests analysis to *ing* vs. *to* complements. *International Journal of Corpus Linguistics* 21: 192-218.

❏ Gries, S. T. 2017. Syntactic alternation research: Taking stock and some suggestions for the future. *Belgian Journal of Linguistics* 31: 8-29.

❏ Gries, S. T. & Adelman, A. 2014. Subject realization in Japanese conversation by native and non-native speakers: Exemplifying a new paradigm for learner corpus research. In J. Romero-Trillo (ed.), *Yearbook of Corpus Linguistics and Pragmatics 2014: New Empirical and Theoretical Paradigms*. Cham: Springer. 35-54.

❏ Gries, S. T. & Bernaisch, T. 2016. Exploring epicenters empirically: Focus on South Asian Englishes. *English World-Wide* 37: 1-25.

❏ Gries, S. T. & Deshors, S. C. 2014. Using regressions to explore deviations between corpus data and a standard/target: Two suggestions. *Corpora* 9: 109-136.

❏ Gries, S. T. & Deshors, S. C. 2020. There's more to alternations than the main diagonal of a 2×2 confusion matrix: Improvements of MuPDAR and other classificatory alternation studies. *ICAME Journal* 44: 69-96.

❏ Hasselgård, H. & Johansson, S. 2012. Learner corpora and contrastive interlanguage analysis. In F. Meunier, S. de Cock, G. Gilquin & M. Paquot (eds.), *A Taste for Corpora: In Honour of Sylviane Granger*, Amsterdam/Philadelphia: John Benjamins. 33-61.

❏ Heller, B., Bernaisch, T. & Gries, S. T. 2017. Empirical perspectives on two potential epicenters: The genitive alternation in Asian Englishes. *ICAME Journal* 41: 111-144.

❏ Hundt, M. & Vogel, K. 2011. Overuse of the progressive in ESL and learner Englishes — Fact or fiction? In J. Mukherjee & M. Hundt (eds.), *Exploring Second-Language Varieties of English and Learner Englishes: Bridging a Paradigm Gap*. Amsterdam/Philadelphia: John Benjamins. 145-165.

❏ Kruger, H. & de Sutter, G. 2018. Alternations in contact and non-contact varieties reconceptualising that-omission in translated and non-translated English using the MuPDAR approach. *Translation, Cognition & Behavior* 1: 251-290.

❏ Lester, N. A. 2019. That's hard: Relativizer use in spontaneous L2 speech. *International Journal of Learner Corpus Research* 5: 1-32.

❏ Péry-Woodley, M. P. 1990. Contrasting discourses: Contrastive analysis and a discourse approach to writing. *Language Teaching 24*: 205-214.

❏ Rogatcheva, S. 2012. Perfect problems: A corpus-based comparison of the perfect in Bulgarian and German EFL writing. In S. Hoffmann, P. Rayson & G. Leech (eds.), *English Corpus Linguistics: Looking Back, Moving Forward*. Amsterdam: Rodopi. 149-163.

❏ Wolk, C., Bresnan, J., Rosenbach, A. & Szmrecsanyi, B. 2013. Dative and genitive variability in Late Modern English: Exploring cross-constructional variation and change. *Diachronica* 30: 382-419.

❏ Wulff, S. & Gries, S. T. 2015. Prenominal adjective order preferences in Chinese and German L2 English: A multifactorial corpus study. *Linguistic Approaches to Bilingualism* 5: 122-150.

❏ Wulff, S. & Gries, S. T. 2019. Particle placement in learner English: Measuring effects of context, first language, and individual variation. *Language Learning* 69: 873-910.

❏ Wulff, S., Gries, S. T. & Lester, N. 2018. Optional *that* in complementation by German and Spanish learners: Where and how German and Spanish learners differ from native speakers. In A. Tyler & C. Moder (eds.), *What does Applied Cognitive Linguistics Look Like? Answers from the L2 Classroom and SLA Studies*. Berlin: Mouton de Gruyter. 99-120.

❏ van Aertselaer, J. N. & Bunce, C. 2012. The use of small corpora for tracing the development of academic literacies. In F. Meunier, S. de Cock, G. Gilquin & M. Paquot (eds.), *A Taste for Corpora: In Honour of Sylviane Granger*. Amsterdam/ Philadelphia: John Benjamins. 63-83.

❏ Vermeire, E. 2018. *A Multivariate Study of Explicitation in English Translations: Optional "That" in Complement Clauses*. Belgium: Ghent University.

Multifactorial Prediction and Deviation Analysis Using Regression: A Review

Abstract: Multifactorial prediction and deviation analysis using regression (MuPDAR) is a new approach recently developed in the field of learner corpus research. It focuses on where and why learners' language deviates from native speakers' language. Since it is proposed, this approach has been widely used in the fields of learner corpus research, English variation research, and translation research. This paper reviews its background, introduces its procedure, and expounds its new developments. Meanwhile, advantages and disadvantages of MuPDAR are also discussed, and suggestions for future development are provided.

Key words: MuPDAR; learner corpus; regression modeling; English variation; explicitation

（责任编辑：冯硕）

经典译文

编者按

浮现语法（1987）

编　者　按

北京大学　钱　军*

《语言学研究》第 32 辑经典译文栏目刊登美国语言学家 Paul Hopper 的论文《浮现语法》(1987)。

一般而言，语法可以分为三类：（1）参考语法（reference grammar，亦称描写语法 descriptive grammar），如 Jespersen（2014）；（2）科研语法（scientific grammar），如 Mathesius（2008）；（3）教学语法（pedagogical grammar），这一类没有留下公认的传世之作。这些类型的语法在目标取向上不同。

浮现语法属于科研语法，如同其前的格语法（Fillmore, 1968, 1977）、其后的构式语法（Goldberg, 1995, 2006, 2019）等语法一样，与其说它们是对某一语言的语法系统进行的详细研究，不如说它们是宣示自己的语法观，或者说是展示自己的语法研究的一种路径。

Hopper 给浮现语法贴了三个标签：时间属性、浮现、有争议。他认为，语法是一种实时的社会现象，因此，语法有时间属性（temporal）。语法的结构总是被推延，总是处在过程当中，永远不能完工。所以，语法是浮现的（emergent）。对语料的选择可能会与他人的兴趣相左。因此，语法会有争议（disputed）。

第一个和第三个标签，很难被视作浮现语法的区别性特征。语言在历史的长河之中产生、发展、演变（或者死亡，如吐火罗语、赫梯语），其语法注定有时间的属性，有时间的烙印。至少从 19 世纪的历史比较语言学出现开始，这几乎就是常识。

至于语料引发的争议，更常见的似乎还是技术层面的考虑。比如，经典参考语法基本都是以文学作品为依据的语料，这是因为当时没有口语语料库。无论是书面语语料，还是口语语料（如 Chao, 1968），语料本身并没有受到过多的质疑。容易引发争议的是自编自造的语料。比如，在自然语言中不易找到语法可以脱离语义的实例，于是自造一个例子来证明自己的观点（Chomsky, 1957）。诚然，Chomsky 的例子未必可以证明语法可以脱离语义，如 Jakobson（1959）所认为的那样，但这种语料在某些条件下也有适用的场合。比如，构式语法曾自造例句，试图验证论元结构的模式（argument structure patterns）可以唤起意义，即便是没有意义的句子（Johnson & Goldberg, 2013）。

---

* 作者简介：钱军，北京大学外国语学院英语系教授，博士生导师。研究方向：英语语言学、语言学史。Email: junqian@pku.edu.cn。通信地址：100871 北京大学外国语学院英语系。

比较而言，浮现语法的第二个标签更值得关注。Hopper 强调的是语法动态性的一面，有过程，无终点。理论上说，语法具有变化的潜势（见《语言学研究》第十辑经典译文栏目）。由于语言系统本身具有核心与边缘的区分（Daneš, 1966），语法系统的某些部分可能易于变化，某些部分不易于变化。在突出语法动态性的同时，对语法静态的一面，包括其相对成形的项目，也应该给予适当的位置。"浮现"的特征或许在于，语法的结构不是单一的进行体或完成体，而是复杂的完成进行体。

浮现语法提出后，既有后续的研究（如 Bybee & Hopper, 2001），又有回应（如方梅, 2018）。

参考文献

❏ Bybee, J. & Hopper, P. (eds.), 2001. *Frequency and the Emergence of Linguistic Structure*. Amsterdam: John Benjamins.

❏ Chao, Y. R. 1968. *A Grammar of Spoken Chinese*. Berkeley and Los Angeles: University of California Press.

❏ Chomsky, N. 1957. *Syntactic Structures*. The Hague: Mouton.

❏ Daneš, F. 1966. The relation of centre and periphery as language universal. *Travaux Linguistiques de Prague* 2: 9-21.

❏ Fillmore, Ch. 1968. The case for case. In E. Bach & Harms, R. (eds.), *Universals in Linguistic Theory*. New York: Holt, Rinehart and Winston. 1-88.

❏ Fillmore, Ch. 1977. The case for case reopened. In P. Cole & Sadock, J. (eds.), *Syntax and Semantics Vol.8: Grammatical Relations*. New York: Academic Press. 59-81.

❏ Goldberg, A. 1995. *Constructions: A Construction Grammar Approach to Argument Structure*. Chicago: The University of Chicago Press.

❏ Goldberg, A. 2006. *Constructions at Work: The Nature of Generalization in Language*. Oxford: Oxford University Press.

❏ Goldberg, A. 2019. *Explain Me This: Creativity, Competition, and the Partical Productivity of Constructions*. Princeton: Princeton University Press.

❏ Hopper, P. 1987. Emergent grammar. *Berkeley Linguistic Society* 13: 139-157.

❏ Jakobson, R. 1959. Boas' view of grammatical meaning. In R. Jakobson 1971. *Selected Writings II: Word and Language*. The Hague: Mouton. 489-496.

❏ Jespersen, O. 2014. *A Modern English Grammar on Historical Principles*. 7 vols. Beijing: World Publishing Corporation.

❏ Johnson, M. & Goldberg, A. 2013. Evidence for automatic accessing of constructional meaning: Jabberwocky sentences prime associated verbs. *Language and Cognitive*

Processes 28（10）: 1439-1452.

❏ Mathesius, V. 2008. *A Functional Analysis of Present-Day English on a General Linguistic Basis*. Ed. by Josef Vachek; Trans. by Libuše Dušková. Beijing: Beijing World Publishing Corporation.

❏ 方梅，2018,《浮现语法：基于汉语口语和书面语的研究》。北京：商务印书馆。

浮现语法（1987）

[美] 鲍尔·霍伯尔（著）

杨 旭 王雅琪（译） 杨建新（校）*

> "碎片是我信任的唯一形式。"
> ——唐纳德·巴塞尔姆，《看见月亮了吗？》①
> "本质在语法中道出自身。"
> ——路德维希·维特根斯坦《哲学研究》第371条②

❶ 浮现语法（emergent grammar）

目前，有关"功能语法"（functional grammar）的研究日益增多，并引起了广泛关注。可是句子句法（sentence syntax）的支持者批评：只要句子层面的句法问题还没有解决，把语篇研究提上日程就是不合理的。这已经成为他们批评"功能语法"的标准策略。此外，他们还借特定句法现象（当然还是从句子层面表述）提出挑战，看功能语法能否找到其语篇关联。比如，杰瑞·摩根（Jerry Morgan）提问，像罗斯的变量约束条件（Ross' constraints on variables）这种有名的现象，是否可以从语篇层面得到

---

* 作者简介：鲍尔·霍伯尔（Paul Hopper），美国卡内基–梅隆大学人文学科教授，主要从事语法化研究，以提出"浮现语法"闻名于世。原文出自 Hopper, P. 1987. Emergent grammar. *Berkeley Linguistic Society* 13: 139-157。

译者简介：杨旭，武汉大学文学院讲师。研究方向：语法理论、现代汉语语法。E-mail: yangxu1216@foxmail.com。 通信地址：430072 湖北省武汉市武昌区八一路299号。王雅琪，豫章师范学院外国语学院讲师。研究方向：互动语言学、手语语言学。E-mail: 541503787@qq.com。通信地址：330103 江西省南昌市兴湾大道1999号。

审校者简介：杨建新，河西学院外国语学院副教授。研究方向：语言学理论。E-mail: yangjianxin@hxu.edu.cn。通信地址：734000 甘肃省张掖市环城北路846号。

① 译文出自 [美] 巴塞尔姆著，陈东飚译，2015，《巴塞尔姆的60个故事》，海口：南海出版公司，114页。——译者注

② 译文出自 [英] 维特根斯坦著，陈嘉映译，2001，《哲学研究》，上海：上海人民出版社，178页。——译者注

感谢桑迪·汤普森（Sandy Thompson）就本文会议版本所作的书面评论。此外还要感谢皮特·贝克（Pete Becker）、兰吉特·查特基（Ranjit Chatterjee）、杰克·杜波依斯（Jack Du Bois）、芭芭拉·福克斯（Barbara Fox）、泰尔米·吉汶（Talmy Givón）、克努德·兰布雷希特（Knud Lambrecht）、拉里·罗伯茨（Larry Roberts）、德博拉·坦嫩（Deborah Tannen），尤其是德怀特·鲍林格（Dwight Bolinger），他们对本文的写作产生了直接或间接的影响，在此致谢！我在使用他们的观点时若有错讹，责任在我；若由于篇幅限制未能引用他们出版的作品，在此深表歉意。——原注

令人信服的解释（Morgan，1981）。如果语言中每句话的结构都必须有一个功能解释，那么下面这种日常例句中的关系小句"外置"（extraposition）现象该如何解释？

The woman died in 70 000 BC who invented the wheel.（那个发明了车轮的女人死于公元前 70 000 年。）

句法和功能之间匹配的任意性也被其他从句子语法（sentence grammar）角度研究语篇语言学的语言学家们当成了靶子。这里引用纽迈尔（Newmeyer，1983）宣称的所谓"功能主义的谬论"的说法。他说，句法和功能之间的匹配只要有一点点失败的迹象，就会破坏结构和功能之间的黏合性，也就是说，只要有一个句法事实无法得到功能解释，摇摇欲坠的功能主义宫殿就会轰然倒塌。萨多克（Sadock，1984）对此也表示支持。

对于以上观点，我可以给一个表层回应，也可以给一个深层回应。表层回应是：既然句子语法学家和语篇语言学家都认为他们的工作没有完成，那么提出所有"句法事实"都可以独立于功能的观点就显得为时尚早；同理，功能主义也不能在没有一个完整理论的前提下宣称所有结构都有功能对应物。那些乍一看没有功能解释的句法事实，如果仔细研究的话（我指的是在真实语篇中），是有可能得出一个功能解释的。而对于摩根给出的那个特定的例子，可以这样分析：关系小句外置确实是由语篇中的某种因素引发的，有可能是主句相对从句的凸显，因为"外置"好像总是意味着关系小句的语篇重要性高于主句，但这在该句中似乎并没有得到多少体现；事实上，也许正是这一缺失解释了我在试验此句时的发现，大多数人认为用这种方式来表达该句想要表达的东西非常奇怪。

批评"激进语用学"和"功能语法"的学者认为，他们和他们所反对的学者有着相同的语言观，即自足（或脱离语境）的语法形式和"功能"（不管其抽象意义为何）之间存在对应，唯一的分歧在于，这些形式最终是否是从"功能"派生出来的，或者对形式的描写是否必须独立于"功能"。我认为，如此使用"功能"和"功能主义"颇具讽刺意味，因为把调查限制在人造的"句子"层面，在我看来恰恰是典型的反功能主义学派。尽管如此，我在本文中关注的是另一个更为根本的问题，即批评背后的假设，批评者甚至假设人们说话时背后有一套抽象的、心理表征的规则系统在运作。这个假设在语言学领域根深蒂固，可以说已成为一种官方教条。一年前，《高等教育纪事报》（*Chronicle of Higher Education*）编辑邀请美国语言学会会长维多利亚·弗罗姆金（Victoria Fromkin）提交了一份语言学学科最新发展的简短报告，同其他学科代表撰写的报告一起刊登在两页篇幅的专栏中。下面是弗罗姆金报告的部分内容：

"*在人类语言的输入和理解中，说话人和听话人不仅要通达心理表征的语言系统，也要通达其他认知系统和世界知识。*"（Fromkin，1985：13）

这一声明背后蕴含了一整套哲学假设，我们可以通过"通达""心理""表征""语言系统"和"认知系统"等术语一窥究竟。这是该声明学术的一面。另外，我们不要忘记它也是一份"领域"声明，因为这是语言学会会长针对语言学的边界和目标发表的公开声明。但是我更关注的是其基本假设，它能为说话人和听话人的共有语言系统提供一个逻辑前提（可能最终还是生物前提），同时也是语言实际使用的先决条件，具体来说就是：我们说话时会参考抽象的、心理表征的规则系统，从某种意义上来说是在"使用"现成的抽象规则和图式。

换句话说，"语法"（作为语言规则、约束条件和说话人语言范畴的"语法"）必须是脱离说话人及其使用的客体。这种语法通常被认为由一系列规则组成，这些规则应用在名词、动词等固定范畴上，细分出了格、时、及物性等附加范畴形式，还限制了单词在句中的顺序。作为语言实际使用的语篇则在某种意义上被视为对这些结构的"实际执行"，或者说被视为说话人抽象心理系统在具体话语中的实现方式。

语篇语言学也经常会有这种观念。我们经常会在语篇中遇到这种二元结构假设，例如，结构优先于语篇，语篇是对作为逻辑前提的抽象组织的模拟，只不过由段落、片段、事件等其他宏观单位来表示。把语篇视为具有一致内部结构的单位，实际上等同于把语篇视为超长句，这种做法并不能减轻句子语法所面临的问题，因此形式和功能契合的问题仍然存在。我们可以预知某个小品词或某种"体"形式在语篇中以特定角色行使功能，反之则不然。也就是说，特定的形式不会局限于某一特定的语篇角色。总之，我们需要设法摆脱从形式到功能，再到形式的恶性循环。

以上就是我提出"浮现语法"的背景。"浮现"这个词是我从文化人类学家詹姆斯·克利福德（James Clifford）的一篇文章中借来的，但我把原来的"文化"背景改成了"语法"背景。克利福德说："文化是临时、浮现和有争论的。"（Clifford，1986：19）。我认为语法也是这样：它和言语本身一样，必须被视为实时的社会现象，因此它是临时的；它的结构总是在推延中，永远处于过程中，永远到达不了终点，因此它也是浮现的；研究者只能选择有限的数据进行描写，会出于政治考虑，或只是为了与其他人区别开来，而去限制其研究领域（如选择文本，或优先考虑某个特定民族、阶层、年龄或性别人群的使用），因此存在相关争论。

浮现语法的观点就是，结构或规律来自语篇，它们实时地塑造语篇，也不断被语篇塑造。因此，我们不能把语法视为语篇的先决条件，或者说话人和听话人共享的先有财产。语法的形式并非固定不变，而是可以在面对面的互动中协商，反映了说话人对这些形式的过往经验，以及对当前语境、尤其还包括对听话人的判断。听话人的经验和判断则可能截然不同于说话人。此外，"浮现语法"所说的语法并非抽象表达和表征，而是植根于具体的话语形式中。

浮现表达了一种"孕育"的概念。它无意成为语法起源或谱系的标准概念，也不关心语法"如何"成为"如今"这个样子的历史问题，而是想通过"浮现"这个修饰语来表达：语法是一种不断走向结构的持续运动，是结构的滞后或推延，结构永远是临时的、可协商的，因而是一种附带现象，或者至少既是因也是果。

　　浮现语法的假设为语言学家提供了一种截然不同的视角来看待语言学的语料基础。孤立的、人造的小句和句子固然有用，而且确实是语法研究不可或缺的捷径，但是我们必须正确认识它们的来源，而不是固守过去那种基于抽象规则和母语使用者直觉的方法。在我们看来，语言学家的任务应该是研究语篇中各种重复出现的事实，然后在这个过程中找到那些准子系统（incipient sub-systems）的规则。

　　从这个视角来看，结构并非包罗万象的抽象原则，而是单个单词、短语和小集合的系统性扩散问题。下面，我将以英语不定冠词 a/an 为例子来说明。如果我们看一下 a/an 的历史，会发现它的同源形式从印欧语时代起就有单数"一个"的意思，并且在古英语中依然具有 án 的基本意思。例如下位 án（Bosworth & Toller，1898）：

God geworhte ænnan mannan, Adam, of láme.（上帝用泥土创造了一个男人，亚当。）

它也经常被用来为语篇引入一个新参与者。例如：

án man hæfde twegen suna（一个男人有两个儿子）

常见的不定冠词用法直到后来才出现，所以在古英语的如下语境中，án 并未出现。例如：

Deodric wæs Cristen.（狄奥多里克是一个基督徒。）

a/an 的前身在古英语中的这三种功能，在现代英语中并没有一个统一的、整体的弱化意义，而是呈现出弱化意义和较早的更强意义之间共存的格局。除其他用法之外，我们还发现了虚指（non-specific）、分类冠词的不定意义。例如：

My husband and I went to a showroom to buy *a new car*. After we had test-driven *one*, the salesman asked us ...（我丈夫和我去展销厅买了一辆新车。我们试开之后，销售员问我们……）（引自 *Redbook*①）

此外，我们还发现了实指（specific）和引入新角色（new-mention）的意义。例如：

They introduced me to *a young woman* (whose name was Ethel).［他们把我介绍了给了一个年轻的女人（名叫艾瑟儿）。］

---

① 原文未提供具体信息。

My husband and I went to a showroom to pick up *a new car* we had ordered. After we had test-driven *it*, the salesman asked us ...（我丈夫和我去展销厅取预订的新车。我们试开之后，销售员问我们……）

人们通常认为，实指和虚指意义可以把不定冠词的领域整齐地一分为二，但事实上还存在其他几种用法，如表示"同一"（one and the same）。例如：

Birds of *a feather* flock together.（鸟以群分。）
They are all of *a kind*.（他们是一类人。）

甚至还表示"一个"。例如：

A stitch in time saves nine.（一针及时省九针。）
A penny saved is *a penny* earned.（省一文则赚一文。）
— How much is that picture-frame?（—— 那个画框多少钱？）
— *A dollar*.（—— 一美元。）

顺便提一下，在最后一个例子中，英式英语要求用"one dollar"。重要的是，"一个"和"相同"这些意义无法被复制到这些公式语言的语境（甚至特定用语）之外。因此，下面的例句看起来很反常：

Linguists of *a theory* attend the same conferences.（持同一理论的语言学家参加同一个会议。）
— What was left of the woods after they built the parking-lot?（—— 他们建好停车场后，树林里还剩下什么？）
— *A tree*.（—— 一棵树。）

很明显，英语"不定冠词"的意义无法统一在一个极其抽象的功能之下。相反，一系列开放的较小的子系统出现了，而且与不定冠词共现的新语法形式不是提前规定好的，而是即兴创造和协商出来的。即使是会话参与者本身，也不清楚他想说的是实指和引入新角色，还是虚指和不定，一切要等到会话互动时说出来才见分晓。此外，这些子系统既不是早期有限用法的创新和扩散，也不是早期宽泛用法的收缩和抛弃。传统的公式化谚语最能体现这一点，如"birds of a feather"[1]这类俗语，其中的"a feather"不仅保留了"同一"这种较早的意义，还保留了意为"（鸟的）全身羽毛"（plumage）的单数名词"feather"。具体可看Hopper & Martin（1987）对

---

[1] 其字面义为"同一种羽毛的鸟"，引申义为"同一类人"。——译者注

*a/an*新不定–虚指功能扩散的描写。

　　其实，早已有人指出俗语中保存着古语词，但鲜有人指出，俗语只是语篇中重复的极端例子，另一端是形态和句法重复，其中有一些就被称为语法——兰布雷希特曾中肯地指出了这一点（Lambrecht，1984）。也就是说，在真实语篇中存在各式各样的重复现象，它们并不像通常理解的那样，和语法存在什么关系，比如，习语、俗语、陈词滥调、公式语言、专业术语、过渡语、开场白、结束语和一些特定用法的小句等。我们无法找到让这些规律保持稳定的恒定层面。它们不一定是"句子"或"小句"，存在反复出现的内部结构，而是经常作为一个整体出现。它们的界限可能符合，也可能不符合我们进行语法描写时的成分界限（如主语、谓语、名词短语和介词短语）。此外，一个公式化表达在换了语境之后也可能失去其公式化表达的身份（Lambrecht，1984）。

　　早有人指出，日常语言很大程度上是通过组合这类预制构件（prefabricated parts）而成形的。换句话说，可以把语言视为某种集锦，由现成元素即兴拼贴而成。因此，用维特根斯坦（Wittgenstein）的话来说，我们要"从外部"看语言（参见Wittgenstein，1958：para. 120）；语言不是由内在心理表征规则所统辖，而是由构建语篇的已有材料所统辖（参见Staten，1984：85-86；Smith，1978：61-62等）。雅克·德里达（Jacques Derrida）也是如此看待语言的，他把语言比喻为"嫁接"：新言语行为"嫁接到"旧言语行为上，反过来又成为了更新言语行为被嫁接的基础（参见Culler，1982：134-135）。贝克（Becker）的"前文本"（prior texts）（Becker，1979：244-245）概念也很关键：先前的实际话语形成了新话语的基础。鲍林格（Bolinger）、安德鲁·波利（Andrew Pawley）等学者也有类似观察。言语的这种预先模式和预先制造的一面，能够对那些二元理论和双重层级理论无法圆满解释的语言特征提供完美的解释，因为在自然语篇中，我们一边创作一边说话（Smith，1978：60），这样就无须求助于心智结构了。正如鲍林格（Bolinger，1976）所指出的，正是在这个意义上，说话更像是去记取一些程序和东西，而不是去遵循规则。这样，我们只需要知道如何去构造语篇和调取记忆，然后在其基础上进行即兴创作和拼贴组合就够了。因此，语法不再是规律的唯一来源，甚至也不是主要来源。恰恰相反，语法是公式语言以各种方式重组、拆卸和重建的结果。

　　如此看待语言，需要语言学家做出重大调整，因为我们已经习惯了以固定规则框架看待话语，尤其因为我们是在句子具有自由生成性，以及创新优先于前文本的教条环境下成长起来的。在我们的社会中，创新确实是一个珍贵的品质。[①]为此，我们有许多责难模仿行为的表达（有一些比较委婉），还有大量针对重复行为（拷贝、模仿）的词汇。当我们从公式语言的视角查看真实言语样本时，却发现了令人吃惊和难忘的效果，因为这之后，我们就很难像以前一样从规则统辖句法的视角来看待语篇了。试看下面来自卡特莱特和琼斯语料库（Carterette and Jones corpus）的英语

---

① 凯瑟琳·鲁兹（Catherine Lutz）和德博拉·坦嫩（Deborah Tannen）分别向我指出了这一点。——原注

口语例子：

Well no the problem is and this is what the psychologist has mentioned to me. these kids wont wont show any hope like the see you take a normal uh the average retarded child i mean the one who doesnt have any handicaps like blindness or deafness or something like that. he will improve a little bit. maybe a lot. it depends on how badly disturbed he is. but these people wont because theyre still going to no matter what happens theyre going to be living in a fantasy world. because theyre blind. and they have to imagine and they keep asking one question after the other and then nothing they say makes any sense and nothing is relevant to the situation. and it never will be because they well theres just such a sharp line of differentiation between the normal blind and then the emotionally disturbed blind.[①]
（不，问题是，这也是那个心理学家曾对我提到的。这些孩子不会有任何希望，就像你拿一个正常的，呃，普通的弱智儿童来说，我是说没有任何残疾的弱智儿童，比如，失明或失聪之类。他会有一点改善，也许很多，这取决于他的情况有多严重。但这些人不会，因为不管发生什么，他们都会生活在幻想的世界里。因为他们是盲人，他们必须依靠想象，不断地问一个又一个的问题，他们说的任何话都没有意义，也与实际情况无关。永远不会有意义，因为正常盲童和情绪失调盲童之间有巨大的差异。）

即使只是粗略地研究这类文章，也会发现多个不同层面的规律。其中的公式语很容易分离出来，试列举几条：

the problem is（问题是）
has mentioned to me（曾对我提到）
these kids（这些孩子）
you take（你拿……来说）
a little bit（一点）
maybe a lot（也许很多）
it depends on（这取决于）
no matter what happens（不管发生什么）
they're still going to（他们都会）
living in a fantasy world（生活在幻想的世界里）
one question after another（一个又一个的问题）
nothing they say makes any sense（他们说的任何话都没有意义）
relevant to the situation（与实际情况无关）

---

① 英文原文是对口语的转写，故有诸多不规范的地方。译文尽量贴合原文，故也有不规范的地方，后同。——译者注

sharp line of differentiation（巨大的差异）

emotionally disturbed（情绪失调）

"emotionally disturbed"（情绪失调）具有某种机构性和权威性的潜在含义。事实上，要在公式表达和非公式表达之间划清界限是不大可能的事。此外，在这个语境下，某些单词本身就是公式语，如 "disturbed"（失调）和 "normal"（正常）。它们整体符合公式语的界限，而后者则明显是在互动协商中被呈现和修正（或撤回、凸显）的。比如，在段落开始的时候，说话人明显想说 "the normal retarded child"（正常的弱智儿童），但在这个语境下，这个短语对门外汉来说与另一个公式语 "the normal child"（正常儿童）相冲突，于是说话人又进行了第二次尝试，即 "the average retarded child"（普通的弱智儿童），可是正如之前所言，这看起来也不合适［试与 "the average child"（普通的儿童）比较］，最后不得不放弃寻找合适的公式语，转而进入语篇更具体的层面，即明确地解释形容词 "normal" 包含的特征：

these kids wont wont show any hope like the see you take a normal uh the average retarded child i mean the one who doesnt have any handicaps like blindness or deafness or something like that.（这些孩子不会有任何希望，就像你拿一个正常的，呃，普通的弱智儿童来说，我是说没有任何残疾的弱智儿童，比如，失明或失聪之类。）

需要指出，这篇特殊文章显然有某种 "健康护理职业专家" 的旧行话，由此混入了一些只有特殊专家才有的怪话。比如，你可能已经注意到文中到处都是 "will/wont（将要/将不）"，而不是现在时，正出自 "健康护理职业专家" 手册！但是我们很难找到没有此类特征的文章。关键在于，所有语篇在某种程度上都是专家语篇，与说话人的个性（如个人履历）、环境和话题相协调。这正是浮现语法的要点，即语言的 "异质性"（heteroglossic）（Bakhtin，1981：281），必须成为语言学描写的必有部分，而不应该被当作与语言编码及其结构无关的独立事项搁置起来。

其中的一些短语从结构语法视角来看是不合适的。比如，以 "You take a ..." 开头的短语，你必须把它分析成主语-动词结构，但是它在独白中的真正功能和从结构视角出发被预测到的功能非常不同。它并非要把 "taking" 的行为归于第二人称主语，事实上，它只有一个功能，并且是通过整体表达出来的，即为语篇语境引入一个新的假想案例。但是我们很难把该功能整合到同质的语法系统中，因为同质语法系统的假设只存在于孤立的句子层面，而且是从理想个体说话人的视角出发的。

语言学家所期待的系统性在语言中当然存在，但是存在的方式更为复杂。语言系统不应被视为现成和同质的东西——否则 "例外" 现象就必须被当作棘手的不规则现象搁置一边，而应该被视为不同形式的共同发展，且这种共同发展是通过真实话语的横向联想发生的。相似性会从个别公式语往外扩散，其扩散方式由多种因素驱动。例如：

（i） 音位相似 [押韵、半谐韵（assonance）]: he's likely to → he's liable to

（ii） 语境相似: I persuaded him to → I convinced him to

还有其他各种共振。然而，它们并不会合并为某种统一语法，或让人提出某种统一的心理表征来统摄。

❷ 优选小句（preferred clause）

以上所述都是为了把语法观念拉回到语境中（recontextualizing），不是废除它，而是要搁置这个概念，把它与语篇中出现的规律（我们称之为"浮现语法规律"）分离开来。但正如我们所见，浮现语法对待语法的态度与所谓的"先验语法"（a priori grammar）截然不同：

（1）语篇中的规律多种多样且变动不居。因此，被称为"语法"的浮现规律和被称为"修辞"或"公式"的其他规律之间并不是泾渭分明的。

（2）语法是浮现而非在场的，或者说，它从来都不"存在"，而是在不断地出现。换言之，没有"语法"，只有"语法化"，即只有不断趋向结构的运动。我们可以对这种结构做出典型概括。当然，确实会有很多被称为"语法"的现象是相对稳定和统一的，但这里想强调的是，把语法领域限定在相对固定和稳定的现象上是非常武断的。

（3）浮现语法的主要描写任务是识别出构建语篇的常见策略，这是一些具有语言内外普遍性、且并行走向语法化的策略。

因此，如果语篇研究以描述浮现规律为目的，那么最好先确定频繁出现和相对稳定的小句类别。这里最有用的概念是皮特·贝克（Pete Becker）提出的"图形"（figure）概念。"图形"指的是格式高度标准化且允许在少数受限位置进行替换的短语或小句。它具有基本的内部结构，但更接近某种公式语而不是自由生成的"句子"。既然语篇不是预制的，那么大部分语篇便是由少量的这种图形集合而成的。当然，兰布雷希特的"优选小句单位"（preferred clause unit）概念也有相通之处，但只有贝克的"图形"概念能处理大量的这类小句单位。下面是来自古英语的例子（Plummer，1892）：[①]

[1] ond þa geascode he þone cyning,（然后他发现了国王，）
     lytle werode,（带着一小群人，）
     on wifcuþþe,（一个少女，）
     on Merantune,（在默顿，）

---

① 译文参考了［英］怀特洛克、塔克编译，寿纪瑜译，2004，《盎格鲁－撒克逊编年史》，北京：商务印书馆，2004年，52—53页。——译者注

ond hine þær berad,（在那里追上了他，）

ond þone bur utan be eode,（然后从外面包围了那个小屋，）

ær hine þa men onfunden,（在人们意识到他之前，）

þe mid þam kyninge wærun;（和国王在一起的那些人；）

[2]　þa ridon hie þider,（然后他们上了马，）

ond his aldormon Osric,（还有他的市议员 Osric，）

ond Wiferþ his þegn（以及他的大乡绅 Wiferth）

ond þa men,（和一些人，）

þe he be æftan him læfde ær,（他早先甩在后面的那些人，）

ond þone æþeling on þære byrig metton,（在庄园遇到了王子，）

þær se cyning ofslægen læg...（在被杀国王所躺的地方……）

［然后，他的市议员 Osric、他的大乡绅 Wiferth 和早些他甩在后面的人上了马，在国王被杀的院子里发现了王子……（公元755年）］

这里，"动词起始小句"（verb-initial clause）是一种便捷的语篇（如叙事语篇）构建方式，前面通常有一个时间副词，如þa（"然后"）；这类小句通常用来表明动作发生的背景，也可能包含一些介绍环境和参与者的名词。例如：

ond þa geascode he þone cyning,（然后他发现了国王，）

lytle werode,（带着一小群人，）

on wifcuþþe,（一个少女，）

on Merantune,（在默顿，）

þa ridon hie þider,（然后他们上了马，）

ond his aldormon Osric,（还有他的市议员 Osric，）

ond Wiferþ his þegn（以及他的大乡绅 Wiferth）

ond þa men,（和一些人，）

后面是一系列"动词结尾小句"（verb-final clause）。其中，词汇名词短语得到的表征最少。这些"动词结尾小句"由诸如ond（"和"）之类的小品词、一个或多个不受"格"限制的位于开头的代词、词汇名词、副词或动词等构建而成。

ond hine þær berad,（在那里追上了他，）

ond þone bur utan be eode,（然后从外面包围了那个小屋，）

ær hine þa men onfunden,（在人们意识到他之前，）

þe mid þam kyninge wærun;（和国王在一起的那个人；）

这并不是说各种小句通过删除和移位从一个不变的超形式中派生出来，而更像是结构从一个微小核心往外扩散，进而又形成新的核心（借用鲍林格的隐喻来说——很像恶性细胞转移），由此形成具有"家族相似性"的一系列小句。图形的特征之一是尽量避免同一个图形里出现多个词汇名词的短语表达。为此，例[2]中的多个施事"他们""他的市议员Osric""他的大乡绅Wiferth"和"一些人"才会分布在几个短语里，其中，只有 *hie*（"他们"）保留在了图形里。兰布雷希特在法语口语方面的研究（如 Lambrecht，1987）显示，其语法大部分都用来保存这种外部形式的"优选小句单位"。

❸ 马来语中的作格：一种浮现的结构

最后，我将讨论浮现语法对形态学的影响。浮现语法的一个主要假设（或工作假设）是：一个表达使用得越多，就越有可能获得结构，即实现跨文本的一致并成为变异和扩展的基础。"沃特金斯法则"（Watkins' law）正说明了这一点（Watkins，1962：93-96；Collinge，1985：239-240）。卡尔弗特·沃特金斯（Calvert Watkins）指出，词形变化的第三人称单数形式可能成为新词形变化的基础。沃特金斯的发现最有趣的地方在于：人称之间存在不对称，它们在语篇中扮演着截然不同的角色，并最终会影响词形变化的发展。

在马来语的书面文本中（本研究使用的文本来自 Abdullah，1932 和 Abdullah，1928），占优势的高频小句类型包含一个后带附缀"作格"代词的及物动词，后接一个简单的词汇受事。这类小句出现在多种语境中，如例[3]是叙事语篇（narrative），例[4]是操作语篇（procedural discourse），其中，"动词+附缀"复合体用斜体表示：

[3]　Hata maka *di-panggil-nya* aku masok ka dalam bilek（之后他把我叫进了屋子）
　　　tempat ia menulis,（他在那里写东西，）
　　　maka *di-tulis-nya* sa keping surat;（写完了一封信；）
　　　sa telah sudah,（当他完成之后，）
　　　maka *di-buka-nya* peti-nya,（他打开了他的箱子，）
　　　di-ambil-nya tiga puloh ringgit,（拿出了30美元，）
　　　di-unjokkan-nya surat serta wang itu,［交给（我）信件和钱，］

[4]　Maka erti salang itu,［沙浪法（处决法）意味着，］
　　　di-ikat-nya kaki tangan orang itu,（他们要绑住人的手和脚，）
　　　lalu *di-dudokkan-nya* di-haluan perahu,（把他放在船头，）
　　　di-kayohkan-nya kapada sa buah anak sungai.（把他划到河流的回水地带。）

例文中独特的小品词 *maka* 和 *lalu* 相当于古英语中的 *ond*，动词有一个前缀 *di-*，用来与第三人称施事保持一致，后附缀 -nya 一般表示"他或他们（作格）"，这样就构成了以 di-V-nya［表示"他或他们+动词过去时（+它）"］开头的及物小句。把这些及物小句和一些其他独特类型的小句串在一起，并在必要时替换为新的名词和动词，语篇就被构建出来了，此时图形的基本形状保持不变。

这些图形的论元结构分析主要依据杜波依斯（Du Bois）的"优选论元结构"（preferred argument structure）理论展开（Du Bois，1985）。施事通常连续作为话题，既可以是零形式，也可以加后附缀 nya。词汇名词大多是非施事，如受事、间接宾语和其他斜体成分。如果结构中有词汇施事，就会有介词 oleh（"通过"）出现。但值得注意的是，词汇施事相对较少。例如：

[5]　maka anak-nya perempuan itu pun hendak menangkap ikan itu,（他的女儿试图捡起鱼来，）
　　　sa-telah di-tangkap-nya dari ekur-nya,（当她抓到了鱼的尾巴时，）
　　　maka di-kebaskan oleh [ERG.] ikan itu tangan-nya,（鱼在她的手中抖动，）

[6]　maka anjing itu hendak pergi menchari ayer di-sungai itu,（狗下到了河边去找水，）
　　　maka tiba-tiba di-sembar oleh [ERG] buaya.（突然被一条鳄鱼咬住了。）

[7]　Maka oleh [ERG] Tuan Farquhar（法科先生）
　　　di-suroh-nya ambil bangkai buaya itu,（让他们抓住了鳄鱼的尸体，）
　　　di-gantong-nya di-pohon jawi-jawi.（他把它挂在无花果树上。）

例[5]有两个词汇名词：施事 oleh ikan itu（通过那条鱼）和通格 tangan-nya（她的手），动词是 di-kebaskan（抖动）。例[6]的施事格短语是 oleh buaya（通过鳄鱼），受事是上一个小句延续下来的，为零形式；动词是 di-sembar（咬住）。及物性施事表现为词汇名词，如例[6]中的 buaya（鳄鱼），如果它们在语篇中是实指参与者，那么就要使用介词 oleh。"实指"通常为特指（definite），即已在前面语篇中被提及；但这个名词也有可能是新信息，就像在这个例子中，其个体性（individuation）取决于后文是否提及。如果词汇施事既不是旧信息，也没有被后文提及，即不是语篇中的实指参与者，那么就不能用 oleh。例如：

[8]　ada yang di-makan harimau（有些被老虎吃了）

其中，harimau（老虎）是 di-makan（吃）这一及物动词的词汇施事。这些"非特指、非实指"名词就像施事格代词一样，没有介词，直接放在动词词干的后面。

现在，"优选论元结构"理论可以解释为什么词汇施事之前要出现作格介词了。

词汇施事若在语篇中被高度标记，就会有一个特殊标志，施事格介词 *oleh*。但是像例 [8] 中 *harimau*（老虎）这种非特指、非实指的词汇施事也不应缺少格标记，相反，它的标记程度甚至还要高于特指和实指词汇施事——我将在下面的第（iii）点再提这个问题。

虽然优选小句单位中的大多数及物施事都紧跟在动词后面，但词汇及物施事也可以出现在小句之外，这与我们在古英语中看到的外置名词短语被置于核心小句之外的方式非常相似。因此，在例 [7] 中，作格施事被放在了动词前面、小句之外。

作格"外置"的例子还有很多，特别是像例 [7] 一样，多个后续小句共享一个词汇施事。这样，作格短语就有了一个范围，可以扩展到许多小句，而且拥有了作为独立小句的特征。

现在，我想说这种现象正在发生：介词性的（词汇）作格正从"连续动词"结构（"serial verb" construction）浮现出来，"连续动词"结构有时会复现在原先的小句形式中，正如英语中的不定冠词有时会出现在反映了其实指意义的语境中。我的理由如下：

（i）介词 *oleh* 起初是动词，这无可争辩。该动词的复合形式仍然存在，如 *beroleh*（获得）和情态动词 *boleh*（能够，得以）。它们暗含了"获得，实现，管理，完成"等意思，这似乎很符合从动词到作格介词的语法化类型。

（ii）例 [9] 很好地说明了施事格小句有可能独立于动作小句，其中的动词加了前缀 *meng-*，而非总是与作格一起出现的 *di-* 形式（即被动形式）。

[9]　Maka *oleh* Grandpre memberikan-lah　　surat itu　ka tangan Enche　Ha
　　　而且　*oleh* [名字]　　meng: 给 小品词　　信 冠词给　递交　先生 [名字]
　　　"而且 Grandpre 把信交给了 Ha 先生。"

这里令人惊讶的是，例中的论元"Grandpre"竟依次由两个小句共享。

（iii）如上所述，带 *oleh* 的作格施事总是特指或实指的。换句话说，带 *oleh* 的词汇施事保留了话题/施事特征，而且体现了对施事/话题的确定性（即特指还是非特指）约束。相反，非实指的词汇施事不是 *oleh* 的合适话题，而非词汇（如代名语）施事总是附着于主动词上。

（iv）当作格施事与动作小句分离时，动作小句也通常有一个附着的施事格标记 *-nya*，即施事被提及两次，如例 [7]。这与前面由单独的小句引出一个施事、而后再次提及的情况完全相同。

这作为经典的语法化案例经常在文献中被提及。但这里想要强调的是，我们不仅要理解形式过程，也要理解这种形式过程从语篇语境中浮现出来的方式。换句话说，形式是依附于具体而特定的话语的。只有结构的这种前文本性（prior textuality）才能解释它为什么保留了其他外部小句的特征。因此，我们看到，一种允许词汇施事在特定语境条件下被合并到核心小句中的新策略浮现出来了，它很有可能涉及话题连续性差异的问题。

❹ 结论

下面我将以若干三段论来结束本文，它们是从雷德福（Radford）有关转换生成句法的教材中的前几页得出来的（下文来自 Radford，1981，着重号也来自原文）：

"一门语言的语法是什么？乔姆斯基对此给出了一个本质上属于心灵主义的答案：语法是一门语言的母语者的语言能力模型（即系统描写），正是这种能力使他能够流利地说出和理解语言……因此，一门语言的语法是流利母语者的语言能力模型。"（p. 2）

"……在下面的句子中：
（1）He thinks that John is wrong.（他认为约翰错了。）
母语者的语法能力（他有关这门语言的语法知识）告诉他，*he* 与 *John* 的所指并非同一人。"（p. 3）

三段论：

[1A] 一门语言的语法是流利母语者的语言能力模型。
[1B] 模型是一种系统描写。
因此，
[1C] 一门语言的语法是对流利母语者语言能力的系统描写。

[2A] 语法能力是母语者有关这门语言的语法知识。
[2B] （=[1C]）一门语言的语法是对流利母语者语言能力的系统描写。
因此，
[2C] 语法能力是母语者有关流利母语者的语言能力系统描写的知识。

[3A] "……在下面的句子中：
（1）He thinks that John is wrong.（他认为约翰错了。）
母语者的语法能力（他有关这门语言的语法知识）告诉他，*he* 与 *John* 的所指并非同一人。"（p. 3）
[3B] =[2C]语法能力是母语者有关流利母语者的语言能力系统描写的知识。
因此，
[3C] ……在下面的句子中：

（1）He thinks that John is wrong.（他认为约翰错了。）

母语者有关流利母语者的语言能力系统描写的知识告诉他，he 与 John 的所指并非同一人。

我们可以看到，"语法"从第2页获得了理论上难以驳倒的生命，即语法是母语者"语言能力"的"模型"。但请注意，"语法"到了第3页突然不再是语言学家的构想，也不再是对被认为存在于说话人行为底层能力的形式特征的描述了，而是成了知识本身。它已经从语言学家的理论变成了为说话人所拥有的东西。形式语法学家总是急于谴责语篇语言学家"混淆"了"语法"概念，而且经常指责他们不懂这些所谓的基本概念，但是我们看出雷德福也犯了错误。

毫无疑问，"语法"是一个令人恼火且难以捉摸的概念。要对"语法"有一个清晰的概念是很容易的，只需给"语法"下一个抽象的定义即可，但要在语言实践中贯彻使用这个定义又完全是另外一回事。这种不对称表明，相对于观察者、言语情境的参与者以及我们关注的特定现象，语法的概念从本质上具有不稳定性和不确定性。这也表明，我们应该对心理表征规则假设持怀疑态度，同时也要摒弃我之前引用的弗罗姆金的观点，即说话人拥有一个随时可用的抽象语言系统，且只要说话人需要，就能自动"通达"这个系统。

参考文献

- Abdullah, I. A. Q. 1928. *Kesah Pelayaran Abdullah*. Singapore: Malaya Publishing House.
- Abdullah, I. A. Q. 1932. *Hikayat Abdullah*. Singapore: Malaya Publishing House.
- Bakhtin, M. M. 1981. Discourse in the novel. In M. Holquist (ed.), *The Dialogic Imagination: Four Essays*. Austin: University of Texas Press. 259-422.
- Becker, A. L. 1979. The figure a sentence makes: An interpretation of a classical Malay sentence. In T. Givon (ed.), *Discourse and Syntax*. London: Academic Press. 243-260.
- Bolinger, D. 1976. Meaning and memory. *Forum Linguisticum* 1: 1-14.
- Bosworth, J. & Toller N. T. 1898. *An Anglo-Saxon Dictionary*. Oxford: Oxford University Press.
- Clifford, J. 1986. Introduction: Partial truths. In J. Clifford & G. Marcus (eds.), *Writing Culture. The Poetics and Politics of Ethnography*. Berkeley: University of California Press. 1-26.
- Collinge, N. E. 1985. *The Laws of Indo-European*. Amsterdam: John Benjamins BV.
- Culler, J. 1982. *On Deconstruction: Theory and Criticism After Structuralism*. Ithaca:

Cornell University Press.

❏ Du Bois, J. 1985. Competing motivations. In J. Haiman (ed.), *Iconicity in Syntax.* Amsterdam: John Benjamins BV. 343-365.

❏ Fromkin, V. 1985. Linguistics. In "Major trends in research: 22 leading scholars report on their fields." *The Chronicle of Higher Education.* Sept. 4. 12-13.

❏ Hopper, P. J. & Martin, J. 1987. Structuralism and diachrony: The development of the indefinite article in English. In A. G. Ramat, O. Carruba & G. Bernini (eds.), *Papers from the 7th International Conference on Historical Linguistics.* Amsterdam: Benjamins. 295-304.

❏ Lambrecht, K. 1984. Formulaicity, frame semantics, and pragmatics in German binomial expressions. *Language* 60: 753-796.

❏ Lambrecht, K. 1987. On the status of SVO sentences in French discourse. In R. Tomlin (ed.), *Coherence and Grounding in Discourse.* Amsterdam: John Benjamins BV. 217-262.

❏ Morgan, J. 1981. Some observations on discourse and sentence grammar. *Studies in the Linguistic Sciences* 11: 137-144.

❏ Newmeyer, F. 1983. *Grammatical Theory: Its Limits and Possibilities.* Chicago: University of Chicago Press.

❏ Plummer, C. (ed.), 1892. *Two of the Saxon Chronicles, Parallel.* Oxford: Clarendon Press.

❏ Radford, A. 1981. *Transformational Syntax: A Student's Guide to Chomsky's Extended Standard Theory.* Cambridge: Cambridge University Press.

❏ Sadock, J. 1984. Whither radical pragmatics? In D. Tannen (ed.), *Georgetown University Round Table Conference on Linguistics.* 139-149.

❏ Smith, B. H. 1978. *On the Margins of Discourse.* Chicago: University of Chicago Press.

❏ Staten, H. 1984. *Wittgenstein and Derrida.* Lincoln: University of Nebraska Press.

❏ Watkins, C. 1962. *Indo-European Origins of the Celtic Verb.* Dublin: Institute of Advanced Studies.

❏ Wittgenstein, L. 1958. *Philosophical Investigations* (3rd edition). Trans. by G. E. Anscombe. New York: Macmillan.

（责任编辑：钱军　李桂东）

书评

一部反映认知语言学最新进展的导论
　　——《认知语言学完整指南》述评

认知语言学的发展与展望
　　——《写给语言学家的认知语言学》介评

一部反映认知语言学最新进展的导论
——《认知语言学完整指南》述评

北京外国语大学　彭志斌*

Vyvyan Evans. 2019. *Cognitive Linguistics: A Complete Guide*. Edinburgh: Edinburgh University Press.

❶ 引言

自Ungerer和Schmid在1996年出版第一部认知语言学导论性著作以来（Ungerer & Schmid, 1996），业界先后出版了几部有影响力的导论性著作，但在2006年之后再无有影响力的导论性著作问世。最近10余年，认知语言学有了长足的发展，我们迫切需要一本囊括认知语言学最新进展的著作。为了填补这一空白，Evans教授于2019年出版了《认知语言学完整指南》一书。Evans教授曾在2006年和Green教授合作出版了《认知语言学导论》一书（下文简称"2006版导论"）(Evans & Green, 2006)，受到学界一致好评。《认知语言学完整指南》继承了2006版导论的优点，内容翔实、条理清晰、深入浅出，同时囊括了认知语言学的最新进展，新增了"认知语言学的拓展与应用"，体现了认知语言学最近10多年的跨学科研究趋势，包括认知社会语言学（社会认知语言学）、认知批评话语分析、认知文体学、认知叙事学、认知诗学、认知语言学视野下的手势研究和手语研究等。

❷ 内容简介

全书共30章，分5个部分。具体内容如下：

第一部分为"认知语言学事业"，概述认知语言学的本质、基本假设和研究范围，共7章。第1章论述语言的两大功能：象征功能和交际功能。在认知语言学中，符号被理解为象征集合（symbolic assembly），即形义配对体。由于强调语言的交际

* 作者简介：彭志斌，北京外国语大学外国语言研究所博士研究生。研究方向：认知语言学。Email：zhibin@bfsu.edu.cn。通信地址：100089北京外国语大学外国语言研究所。

功能，认知语言学是一种基于使用的语言研究范式。认知语言学既研究语言系统也研究概念系统。第2章介绍认知语言学的基本承诺、研究方法和研究领域。尽管认知语言学理论繁多，但都秉承两大承诺：概括性承诺和认知承诺。前者认为语言的各个层面具有相同的建构原则（structuring principles），语言研究的重要任务就是找出这些普遍原则；后者认为语言和语言组织反映了人类的普遍认知能力。认知语言学的研究领域可以分为三大块：概念结构、语义结构和语法。这三部分是该书的主体部分，即第二、三、四部分。第3章和第4章讨论时间和空间在语言中的表征。第5章论述语言使用对语言知识形成的重要性。认知语言学坚持"基于使用"的假设，认为语言知识来源于语言使用。我们的心理语法是通过对大量具体语言使用实例的"抽象化"和"图式化"建构而成的。第6章讨论语言使用如何影响语言演变和语言习得。作者介绍了"话语选择理论"，该理论认为语言自身不会改变，其改变是由于人们使用语言的方式发生了改变。当现有语言不能满足交际需要时，使用者就会进行言语创新，再进行传播扩散，形成新的规约化成分，得到进一步的复制和传播。在语言习得观上，作者指出，语言习得的两大关键认知能力是型式发现能力（pattern-finding ability）和意图读取能力（intention-reading ability）。第7章比较了认知语言学和形式语言学在语言起源、语言普遍性、儿童母语习得、大脑模块论、语义普遍性、语言与思维的关系六个方面的对立观点。

第二部分为"概念结构"，共6章。第8章介绍认知语言学研究概念结构的两条指导原则：（1）概念结构源自体验；（2）语义结构反映概念结构。第9章通过介绍体验的本质，以及意象图式来说明第一条指导原则。意象图式是概念结构形成的原初单元，直接与体验相关，它的形成说明概念结构产生于人与世界的互动体验。第10章通过介绍Talmy的认知语义学来说明第二条指导原则，即语义结构反映概念结构。直接与基本的体验认知相关的图式意义可被分成许多不同的图式系统，每一个图式系统产生一种与特定体验有关的意义。因此，语义结构反映概念结构，概念结构源自体验。第11章通过讨论人类思维形成概念的范畴化方式来体现这两条指导原则。思维基于原型来形成范畴，范畴成员具有不同的隶属度，形成原型效应。第12章聚焦认知语言学的一个主要理论——概念隐喻。第13章讨论由概念隐喻发展而来的两种理论：基本隐喻和概念转喻。基本隐喻源自直接感知和体验，为复合隐喻提供体验基础，而概念转喻是指在同一认知域中通过某一事物来突显另一事物的认知机制。

第三部分为"语义结构"，共7章。第14章介绍认知语言学研究语义结构的两条指导原则：（1）语义结构是百科知识的；（2）意义建构蕴含模拟（simulation）。第15章从总体上介绍了意义的百科知识观。百科知识来源于人与人或人与世界之间的互动体验。语义结构为概念系统提供通道，对任何语言单位意义的理解均离不开与之密切相关的百科知识。第16章介绍了框架语义学和Langacker的认知域理论。框架语义学认为，语言单位的理解必须基于其所在的框架。认知域是一种包括心智经验、概念或概念复合体、表征空间等的认知实体，它为语言单位的理解提供必要的背景知识。第17章介绍认知语言学如何用各种语义网络理论（semantic network theory）来建构语义关系，包括Lakoff 的辐射性范畴理论和Langacker的网络概念（network conception）。本章还讨论了认知语言学的词汇多义观点，主要阐述了Tyler 和Evans提出的原则性多义方法。第18章介绍该书作者所提出的可及语义学（Access Semantics）。该理论主要讨论词汇表征和意义建构，也被称为词汇概念与认知模型理论（LCCM theory）。与其他语义理论相比，其不同之处在于，它主张语言系统所编码的语义结构与概念系统所编码的语义单位（概念）在本质上并不相同。虽然二者都对意义建构起着主导作用，但二者在模拟建构（building simulation）中扮演着完全不同的角色。第19章介绍心理空间理论，它解释在线话语中语言触发单元（linguistic prompt）如何激活概念结构单元而建构意义。心理空间理论为后来的概念整合理论奠定了基础，这是第20章的主要内容。

第四部分为"语法"，共7章。第21章介绍认知语言学研究语法的两条指导原则：基于象征的假设和基于使用的假设。基于象征的假设认为语法的基本单位是形式和意义的配对体，即构式。基于使用的假设认为语言使用者的心智语法来源于对具体语言实例进行抽象后所得的符号单位。第22、23、24章详细阐释了Langacker的认知语法。第22章聚焦词类。第23章通过讨论词、短语和句子的结构来说明认知语法的构式观。第24章介绍认知语法对英语时、体、态的研究。第25章和第26章讨论构式语法。第25章指出构式语法产生的动机源于对习语的研究，讨论了Fillmore 和 Kay对构式语法所做的先驱性研究。第26章介绍了Goldberg的论元结构构式语法，Croft 的激进构式语法，以及Bergen和Chang 的体验构式语法。Goldberg将构式语法的研究对象从习语等边缘现象延伸到常规语言现象，即论元结构构式。Croft 的激进构式语法认为词类和语法关系都派生于构式，构式才是构成句法结构的基本单位。Bergen和Chang的体验构式语法与其他构式语法理论的主要区别在于其对语言理解，尤其是语言在线处理过程的重视。第27章转向了认知语言学的历时研究，探讨了语法化现象。认知语言学认为语法化的产生源于意义层面的变化，意义的变化引起语言形式的变化，而这种意义的变化又是语言使用的结果。

第五部分为"认知语言学的拓展与应用"，共3章。第28章介绍认知语言学的社会转向，主要介绍了Croft 和 Harder对"社会认知语言学"的研究，其基本假设为：社会互动也是语言的一个本质特征，语言既是一种心理现象也是一种社会现象。将认知语言学家和社会语言学结合起来而开展的研究，则被称为"认知社会语言学"，主要从认知语言学视角关注语言变异等社会语言学问题。第29章介绍认知语言学视角下的叙事和文学研究。主要介绍了Talmy和Turner的认知叙事研究。Talmy认为人类的认知中存在一个叙事系统，即一套使叙事成为可能的原则。读者和作者在解读或构建文本时都受到这一叙事系统的制约。Turner认为故事（story）是我们的核心思维方式，故事的形成是通过概念隐喻的意象图式投射的。概念整合在复杂故事的构建中也起着至关重要的作用。认知诗学借助认知语言学的理论工具，探究文学文本的风格对读者的潜在影响。该书最后一章，即第30章，讨论了认知语言学视野下的手势研究和手语研究。一方面，认知语言学的各种理论工具被用于解释手势和手语在交际和语言中的作用，加深了我们对手势和手语的本质的理解；另一方面，这些非言语的研究又为认知语言学的理论提供了汇流证据。

❸ 简要评析

3.1 优点

第一，该书脉络清晰、浑然一体。由于认知语言学流派众多、理论多样，导论性著作很容易陷入孤立罗列理论的窠臼。作者跳出了这一窠臼，梳理了各种理论之间的关系，将其统摄于认知语言学的"两大承诺"之中。基于两大承诺，作者把认知语言学的主要研究内容分为"概念结构、语义结构和语法"三部分，且针对每个部分分别提出了两条指导原则以把这些理论整合于一体。作者在"概念结构""语义结构"和"语法"部分都先单列一章来介绍其两条基本假设，目的在于呈现对应部分各种理论之间的关系，便于读者掌握理论间的有机联系。

第二，内容呈现注重循序渐进。该书在论述时并不是把各种艰涩的理论和盘托出，而是遵循了循序渐进的认知规律。比如，第一章讲解语言的"象征功能"时，就对"语法"部分Langacker的"象征单位"和形义配对体的"构式"进行了简要论述。在第四部分第21章论述"语法"的基本假设时，作者再次论述"象征假设"，并进一步介绍Langacker的"认知语法"。最后，在第22、23、24章中，作者对认知语法进行了详细论述。采用这种逐步展开的方式大有裨益，即使读者对这些理论一无所知，也会在这种不断的回归和深化过程中留下深刻印象。

第三，条理性强，注重衔接。作者在每个部分中都设置了导言，概括了本部分内容之间的联系，每章也有导言和总结。这些承上启下的导言和总结让该书成为了一个有机的整体，非常便于读者理解。

3.2 与2006版导论相比的改进之处

尽管该书使用了2006版导论的大量内容，但它是Evans教授独立完成的，内容上有大的变动，结构上亦有大的调整。相比而言，该书具有以下改进：

第一，体现了10余年来认知语言学的最新发展。进入21世纪，认知语言学步入了繁荣发展阶段。一方面，理论继续纵深发展；另一方面，陆续向其他学科拓展，为相近学科所用，形成了认知语言学的跨学科研究趋势。但学界尚无囊括这些新进展的导论书，该书填补了这一空白。与2006版导论相比，该书新增了第五部分"认知语言学的拓展与应用"，共3章，包括认知社会语言学（社会认知语言学）、认知批评话语分析、认知文体学、认知叙事学、认知诗学、认知语言学视野下的手势研究和手语研究。

第二，进行了结构重组。2006版导论分为4大部分，由综述、语义、语法和结语组成，而该书分为5大部分，将"语义"分成了两部分：概念结构和语义结构。这一变动是作者深思熟虑后进行的改进，反映了作者对认知语言学的新认识。作者认为，认知语言学的研究领域并不能按照传统语言学分支分为语义和语法，因为认知语言学家不仅研究直接的语言现象（语义和语法），而且极为关注语言现象背后所反映的概念结构。该书修正了2006版导论提出的"语义结构就是概念结构"这一基本原则，认为"语言系统所编码的语义结构与概念系统所编码的意义单位（概念结构）具有本质上的不同"（p. 357）。基于以上考虑，作者将认知语言学对"概念结构"的研究从"语义"部分脱离出来，其主要理论包括意象图式、原型范畴理论、理想化认知模型（ICMs）、概念隐喻和概念转喻。

第三，对部分内容进行了调整。该书对以下内容进行了拓展：其一，2006版导论将概念隐喻和转喻列为一章，且对概念转喻介绍较少，该书将基本隐喻和概念转喻新列一章，二者均被视为由概念隐喻发展而来的两个理论，这样既厘清了概念转喻和隐喻之间的关系，又有更多篇幅来介绍概念转喻的最新进展；其二，2006版导论对"空间概念化"和"时间概念化"仅用了一小节篇幅介绍，该书将其拓展为两章，进行了较为详细的论述；其三，在"语义结构"部分增加了"可及语义学"（第18章），该语义理论是作者对自己提出的"词汇概念与认知模型理论（LCCM）"的最新发展，使其成为一种与其他语义学理论具有相同地位的、完整的语义学理论。

3.3 局限

该书也有值得商榷的地方。首先，尽管该书展现了一些前沿研究，但关注度不够。虽然新增了认知语言学跨学科应用研究，但主体部分对各理论的介绍大多停留在2006版导论，没有介绍理论的新近发展。以概念隐喻为例，蓄意隐喻（Steen, 2008, 2011）、多模态隐喻、概念隐喻多层观（Kövecses, 2017, 2020；彭志斌, 2020）等均未涉及。其次，该书在封面标有"第二版"，但严格来说，该书并非2006版导论的第二版。该书书名有更改，且为Evans教授独立完成，该书的版权页也未标注该书是某一版本的第二版。最重要的是，Evans教授在"序言"（包括全书）中自始至终未谈到该书是2006版导论的第二版，仅在"致谢"中指出该书借用了2006版导论的一些内容。

参考文献

❏ Evans, V. & Green, M. 2006. *Cognitive Linguistics: An Introduction*. Edinburgh: Edinburgh University Press.

❏ Kövecses, Z. 2017. Levels of metaphor. *Cognitive Linguistics* 28(2): 321–47.

❏ Kövecses, Z. 2020. *Extended Conceptual Metaphor Theory*. Cambridge: Cambridge University Press.

❏ Steen, G. 2008. The paradox of metaphor: Why we need a three-dimensional model of metaphor. *Metaphor and Symbol* 23(4): 213–41.

❏ Steen, G. 2011. The contemporary theory of metaphor: Now new and improved!. *Review of Cognitive Linguistics* 9(1): 26–64.

❏ Ungerer, F. & Schmid, H. J. 1996. *An Introduction to Cognitive Linguistics*. London: Longman.

❏ 彭志斌，2020，概念隐喻多层观：概念隐喻的新进展。《中国社会科学报》2020年9月22日第3版。

（责任编辑：苏祺）

认知语言学的发展与展望
——《写给语言学家的认知语言学》介评

郑州大学　苑趁趁　杜小红*

Margaret E. Winters & Geoffrey S. Nathan. 2020. *Cognitive Linguistics for Linguists.* Gewerbestrasse: Springer.

❶ 引言

历经四十余年的蓬勃发展，认知语言学已成为一个重要的语言学流派。随着其研究范围的不断扩展，越来越多其他语言学领域的学者开始关注认知语言学研究。有不少普及性著作相继问世，受到学界广泛关注的有Ungerer和Schmid（1996）、Croft和Cruse（2004），以及Evans和Green（2006）。然而，这些著作侧重对基本概念和基本原理的介绍，通常作为入门教材使用，适用于语言学基础薄弱的学生，并不能满足非认知语言学领域的语言学研究者的需求。《写给语言学家的认知语言学》（*Cognitive Linguistics for Linguists*）正是在这一背景下应运而生的。

该书是Springer Briefs系列丛书中的一本，由美国韦恩州立大学的Margaret E. Winters和Geoffrey S. Nathan两位教授合著。二人在认知语言学形成之初便从事该领域的研究，并长期讲授语言学史课程，因而能宏观地把握认知语言学的纵向发展及其与其他语言学理论的横向对比。其中，Winters主要关注历史语言学和语言演变，Nathan主要从事认知语言学框架下的音系学研究。

*　作者简介：苑趁趁，郑州大学外国语与国际关系学院讲师、博士、在站博士后。研究方向：认知语言学。Email：yuanchen@yeah.net。通信地址：450001郑州大学外国语与国际关系学院。杜小红，郑州大学外国语与国际关系学院教授、博士，通讯作者。研究方向：认知语言学。Email：dxh@zzu.edu.cn。通信地址：450001郑州大学外国语与国际关系学院。

本文系教育部人文社科青年项目"汉英小句时间表达的认知对比研究——情境植入视角"（项目编号：2021-ZZJH-220）和教育部人文社科项目"英汉独词句的认知对比研究——情境植入视角"（项目编号：17YJA740010）的阶段性成果。

❷ 内容简介

全书共六个章节，分别介绍了认知语言学的起源、发展背景、概念基础和研究方法、相关研究案例、在其他语言学领域的应用，以及有待进一步研究的问题。

第一章包括三个方面。首先，通过对比指出认知语言学区别于生成语言学的两大共识：在语义和语法方面，语义是第一位的；在心理现实性方面，人们基于一般认知能力实现对语言的认知，大脑中不存在自主的"语言器官"。其次，对认知语言学理论名称的变化进行了梳理，从"认知语法"（cognitive grammar）到"空间语法"（space grammar），到"认知语义学"（cognitive semantics），再到"认知语言学"（cognitive linguistics），初步阐述了认知语言学的语法观、语义观和认知观。最后，通过回顾生成语义学、认知科学和欧洲前结构主义等理论，探讨了认知语言学的思想来源。

第二章分别以早期的共时和历时研究为例，介绍了认知语言学的理论背景。作者首先对共时研究进行了梳理，并指出"在某种意义上，认知语言学的先驱不是对其他学者而是对他们自己的反抗"（rebelling against themselves）（p. 13）。例如，Langacker对英语被动结构的研究，以及Lakoff提出的格式塔语法均体现出对生成语义学的反思与批判，反映了认知语言学的思想萌芽。其中，Langacker主张所有的语言单位都有意义，Lakoff认为格式塔是可分析的，整体大于其组成部分之和。Lindner和Brugman对介词的探讨、Langacker对生成语言学中tough移位（tough-movement）的研究，以及Lakoff对英语there存现结构的讨论，均论证了语法语素和语法结构的意义，体现出认知语言学"任何语言单位都有意义"的思想。Lakoff和Johnson的研究说明隐喻是人们理解抽象概念的认知方式，是人们认识世界的一般认知能力。最后，作者介绍了早期的历时研究，包括基于原型理论对词汇演变和语法演变的探讨。

第三章概述了认知语言学理论的概念基础和研究方法。概念基础包括语义基础和心理学基础两个方面。在探讨语义基础时，作者指出，认知语言学有两个假设。其一，语言是象征性的，所有语言形式都有意义。作者援引Langacker对语法语素的分析以及Goldberg等人的构式语法研究进行了论述。其二，语言单位通常具有多义性，且多个义项彼此联系形成辐射型的原型范畴。作者以Geeraerts对词汇fruit的分析为例，对此进行了阐释。

就心理学基础而言，作者介绍了原型范畴理论和样例理论（exemplar theory），并对Fauconnier和Turner提出的概念整合理论进行了讨论。作者指出，语言心理学不仅关涉范畴化和概念的形成，还开始关注语言习得和量化转向（quantitative turn）问题，而认知语言学基于使用的模型（usage-based model）是促进这一发展的原因之一。同时，基于使用的模型影响了语言习得研究的研究方法。作者从基于使用的构建主义（constructivist）出发，分析了影响语言习得的因素，包括频率和突显度（salience）。

早期的认知语言学研究主要采用内省法，基于母语人士的直觉对心智活动展开研究，其有效性受到质疑。作者介绍了两种新的研究方法：（1）基于实验的研究（lab-based）；（2）基于语料库和大数据的共时和历时研究。

第四章通过案例分析、介绍了认知语言学在各语言学领域中的应用，并梳理了认知语言学在句法、形态学、词汇以及音系学等方面的共时与历时研究。在句法方面，作者以van Hoek、Deane和Achard等人的共时研究为例，说明认知语言学对生成语言学所关注的句法问题进行了统一的解释，以Winters对法语否定标记语法化的历时研究为例，阐释了认知语言学对句法问题的探讨。

在形态和词汇方面，词汇和形态构成连续统。从名词fruit（水果）到介词over（在……上面），再到语法语素"过去分词"，甚至到句法构式"what's X doing Y"（简称为"WXDY构式"，可译为"X在Y处干什么？"），每个语言单位都可视为一个辐射型范畴（radial category）。作者以Kay和Fillmore对句法构式what's X doing Y的研究为例进行了论述。历时研究则集中于辐射型范畴语义集（semantic set）的变化，包括：（1）语义集内部、跨语义集的变化；（2）语义集原型的变化；（3）意象图式的转变。

在音系学方面，Nathan基于认知语言学理论对音位变体进行了探讨。他将音位看作由多个音位变体构成的原型范畴，包括音位原型和基于原型的扩展，从而对语言的产出和理解做出新的阐释。相关的历时研究则以认知语法理论为指导原则考察音位演变，包括音位的融合以及音位集内部或外部的分裂等情况。最后，作者将音系学与形态学、词汇、句法有效地统一起来。他们指出，音位的音位集与语言单位的语义集具有共同特征，均为辐射型范畴。不同之处在于，语义扩展通过隐喻、转喻、意象图式的转变实现；音位扩展则受语音因素的影响，与发音和听觉有关，可视为基于语音的意象图式的转变。

第五章聚焦认知语言学的发展以及新的研究方向，主要包括语言习得、社会语言学、诗学和文学。作者介绍了认知语言学中与语言习得相关的理论基础，即基于使用的模型以及频率和浮现（emergence），并指出认知语言学框架下的习得观是基于使用的习得（usage-based acquisition）。二语习得和母语习得并无本质区别，都是在使用中实现的（Achard & Niemeyer, 2008）。

此外，认知语言学在社会语言学、诗学和文学领域都有所应用和发展。认知语言学强调语言的使用，个人的使用往往以语言系统为基础，而语言系统是社会互动的结果。因此，越来越多的学者开始关注社会因素对语言使用的影响。同时，也有研究尝试将隐喻和概念整合理论用于对诗学和文学的分析。

第六章指出，认知语言学在两个方面有待进一步探索。一方面是认知语言学理论内部的问题，即语言形式和意义之间的关系。认知语言学的理论假设是"语法是象征性的，语法结构象征一定的语义结构"，但实际上很难证明句法和语义之间的普遍映射关系。虽然单词、复合词等形式无一例外都有意义，但要证明所有语法词素和语法结构都有意义则颇为棘手。理论上，只要存在任何没有意义的语言形式，该理论假设就会被证伪。因此，证明语法形式普遍具有语义仍是一项待完成的工作。

另一方面是各语言学理论共同面临的问题，即应寻求多途径的解释而非依赖单一的动因。比如，现有研究通常把频率视为解释原型形成、语言演变和语言习得的唯一动因，作者认为存在其他影响因素，如文化突显度和自然度（naturalness）。就文化突显度而言，日本的鹤数量不多，但该动物在其文化中具有重要地位，因此，日本人仍然把鹤视为原型。在音系学方面，受生理和认知能力的限制，音位的自然度会影响原型的形成和音位的演变。这说明很多语言学问题有待从多个角度展开深入研究。

作者在本章结尾探讨了认知语言学与其他语言学理论之间的关系，尤其是认知语言学主要思想在当前形式语言学理论中的体现。现有的形式语言学理论可分为两类：一类以Chomsky、Radford等人基于"最简方案"的研究为代表，其理论假设与认知语言学几乎对立；另一类以Pollard和Sag以及Levine等人的研究为主，他们提出的具有形式取向的语言学理论借鉴了认知语言学的某些观点，主要包括中心语驱动短语结构语法（Head-Driven Phrase Structure Grammar）、词汇功能语法（Lexical-Functional Grammar）和形式音系学理论——优选论（Optimality Theory）。

❸ 简评

该书以认知语言学理论的发展为主线，从起源、萌芽、发展、最新进展以及有待解决的问题等方面对认知语言学进行了全面系统的介绍。纵观全书，既有对认知语言学领域主要研究的综述，又包括具体的案例分析，是非常实用的导读性著作。综合来看，与同类著作相比，该书具有以下特点：

首先，该书短小精悍，可读性强，具有高度的概括性。正如作者所言，该书的主要目标读者是"圈外"非认知语言学领域、希望初步了解认知语言学的语言学者，以及有一定语言学基础的研究生（p. vii; p. 2）。因此，与以往偏重基本概念、动辄数百页的教材不同，该书是一本高度凝练的小册子。全书以有限的篇幅，从宏观上梳理了认知语言学的起源和发展脉络，侧重对认知语言学核心思想和主要研究的介绍，而非对基本概念的阐释。因此，对于非认知语言学领域的语言学者，以及那些"望'大部头著作'而却步"的学者和学生来说，他们可以通过该书高效、快速地实现对认知语言学的宏观把握。

其次，该书详细论述了认知语言学的发展起源，增强了全书的系统性。与同类著作相比，该书对认知语言学兴起的背景与思想缘起进行了深入讨论，将认知语言学的起源与认知语言学早期研究、基本思想、发展过程等有机地结合起来，结构浑然一体。通过对其发展背景的介绍，读者可以认识到认知语言学与生成语言学，尤其是生成语义学的区别与联系，从而将认知语言学置于整个语言学的发展进程之中，避免"只见树木，不见森林"的现象。

再次，该著作既涵盖共时研究也注重对历时研究的介绍。要实现对语言现象的描写和解释，必须将共时研究和历时研究结合起来（沈家煊，1999：17）。历时和共时研究同等重要，不可偏废（张普、石定果，2003）。目前广为流传的认知语言学普及性著作（如Ungerer和Schmid，1996；Croft和Cruse，2004）；Evans和Green，2006）涉及的研究大多是共时的，历时研究相对较少，只有Evans和Green专列了一章探讨语法化问题。相比之下，《写给语言学家的认知语言学》涵盖了大量的历时研究。在关注共时研究的同时，该书对各阶段多个方向的历时研究进行概述，对认知语言学做出了更为全面的介绍。例如，第二章中基于原型理论对语言演变的研究，第三章中基于语料库和大数据的历时研究方法，第四章中认知语言学在句法、形态学以及音系学等方面的历时研究，第六章对影响语言演变的因素的探讨。

基于作者的研究背景，该书还加入了认知语言学理论下的音系学研究。音系学是语言学的一个重要分支，但目前认知语言学家对音系的阐述比较零散，尚未形成学科体系（赵永峰，2010），当前的认知语言学导读性著作对相关研究鲜有提及。该书补充了认知视角的音系学研究，比如Nathan基于原型理论对音位变体的讨论。作者尝试将音系学与形态学、词汇和句法统一起来，分析音位集与语义集的共同特征，并对影响音位演变的因素进行了探讨。

最后，该书还在一定程度上反映了认知语言学研究的最新进展。除了介绍Langacker、Lakoff、Fillmore等人的经典研究，作者还以Geeraerts和Hoffman等人对经典研究问题的最新探讨为补充，对认知语言学基本理论和基本思想做出了进一步阐释。随着认知语言学的不断发展，认知语言学在二十一世纪初出现了社会转向和量化转向（牛保义，2018）。该书第五章专门探讨了认知语言学在母语习得、第二语言习得、社会语言学、诗学和文学等领域的发展和应用。最后一章还指出了生成语法一些最新研究所体现的认知语言学观点。这些讨论有助于读者把握当前的研究动态，对不同领域、不同理论的交叉融合进行反思。

当然，该书也存在一些不足。比如，在内容上，没有涵盖一些较为重要的新进展，包括认知语言学与教学、翻译和批评话语研究的融合。这是该书的一个遗憾。同时，对个别研究只进行了蜻蜓点水式的介绍，不足以使读者准确理解和把握其主要内容与核心观点。

总而言之，该书系统全面地介绍了认知语言学的理论基础和最新发展，与其他同类入门书籍在目标读者和内容侧重方面有所不同，可以互为补充。因此，无论是想了解认知语言学的其他语言学领域的学者，还是具有一定语言学基础的研究生，该书都值得一读。

参考文献

❑ Achard, M. & Niemeyer, S. 2008. Cognitive linguistics, language acquisition and pedagogy. In M. Achard & S. Niemeyer (eds.), *Cognitive Linguistics, Second*

  Language Acquisition, and Foreign Language Teaching. Berlin/New York: Mouton de
  Gruyter. 1-12.

❏ Croft, W. & Cruse, D. A. 2004. *Cognitive Linguistics*. Cambridge: Cambridge University
  Press.

❏ Evans, V. & Green, M. 2006. *Cognitive Linguistics: An Introduction*. Edinburgh:
  Edinburgh University Press.

❏ Ungerer, F. & Schmid, H. J. 1996. *An Introduction to Cognitive Linguistics*. London:
  Longman.

❏ 牛保义，2018，认知语言学研究的现状与发展趋势。《现代外语》（6）：852-863。

❏ 沈家煊，1999，《不对称和标记论》。南昌：江西教育出版社。

❏ 张普、石定果，2003，论历时中包含有共时与共时中包含有历时。《语言教学与研
  究》（3）：40-47。

❏ 赵永峰，2010，认知音位学初探。《外语学刊》（5）：26-30。

（责任编辑：苏祺）

语言学沙龙

从"语言"到"语言学"：北京大学外国语言学及应用语言学学科史考察（上）

从"语言"到"语言学"：
北京大学外国语言学及应用语言学
学科史考察（上）

北京大学　高一虹　高彦梅等*

[提　要]　本文基于大量史料，梳理了北京大学外国语学院外国语言学及应用语言学的学科发展史。所涉及的专业范围主要是以英语为背景的语言学教学与研究，时间范围为20世纪70年代末，到2021年年底。40多年的史料梳理显示，外国语言学的研究和教学生长于外语教学这片土壤，萌芽于改革开放初期对国外语言学和语言教学理论的学习。经过在"英语语言文学"学科框架内较长时间的生存和缓慢发展，逐渐增强了学科的独立性，完成了从"语言"到"语言学"的转变。当下学科发展势头很好，但也面临着一些有待思考和解决的问题。梳理学科的发展是对历史沿革进行的一次较为全面的记录，同时也希望对我国相关学科建设提供北京大学的历史注脚和反思。

[关键词]　外国语言学及应用语言学；学科史；北京大学

❶ 概述

2021年10月北京大学外国语学院外国语言学及应用语言学研究所（简称"语言

*　本学科史的梳理是北京大学外国语学院外国语言学及应用语言学研究所全体教师的成果。具体分工如下：高一虹，访谈、收集史料、撰写上篇第1、2、3小节主体部分；高彦梅，访谈、收集史料、撰写上篇第4小节和第3.4小节中应用语言学、英语教学会议部分；郑萱，访谈、整理和汇总资料、撰写下篇第5小节"学科的稳步发展"；胡旭辉，访谈、撰写下篇第6小节"现存困境与未来展望"；苏祺，汇总语言所师生成果；冯硕，查阅历史档案，收集与课程、毕业论文相关的史料；罗正鹏，访谈。课题组向所有接受访谈和提供材料的师生表示诚挚的谢意，也欢迎读者对本文可能出现的错误予以更正和补充。

主要作者简介：高一虹，北京大学外国语学院教授，外国语言学及应用语言学研究所所长（2010年至2021年）。研究方向：社会语言学。Email: gaoyh@pku.edu.cn。通信地址：100871 北京大学外国语学院。高彦梅，北京大学外国语学院长聘副教授、外国语言学及应用语言学研究所副所长（2010年至2021年）、所长（2021年底至今）。研究方向：系统功能语言学、语义学、外语教育。Email: ymgao2013@126.com。通信地址：100871 北京大学外国语学院。

所")成立10周年,借此机会,我们对"外国语言学及应用语言学"这一学科在北京大学的发展脉络做一次梳理,并对学科的未来发展做出展望。

"学科"的意义有两个层面:学科设置和历史沿革。在学科设置层面,"外国语言学及应用语言学"是教育部颁布的《授予博士、硕士学位和培养研究生的学科、专业目录》①列出的一个二级学科,在外语学科内部有其独立性。在历史发展过程层面,该学科是在复杂的动态系统中发展变化的,并没有固有不变的形态,与外语语种的教研有千丝万缕的联系。由于具体语境现实和研究者背景的局限,本文所说的"学科"范围主要指以英语为学科背景的语言学教学和研究,包括学科设置和历史发展两个层面。尽管在其发展中也涉及多语种的交叉,但其他语种的语言学学科发展仍需专门梳理。材料的时间范围是20世纪70年代末到2021年年底。梳理学科的发展,一方面是对历史沿革做一次较为全面的记录,另一方面也希望对我国外国语言学及应用语言学学科建设提供北京大学的历史注脚和反思。

本文的主要材料来源包括:(1)从北京大学档案馆、北京大学图书馆以及教务部门查询到的20世纪80年代以来的课程开设记录,硕士生、博士生毕业论文题目和研究方向等信息;(2)2021年3月至2022年2月,对相关17位教师、10名语言所毕业生进行独立访谈的资料,包括口头访谈录音和对访谈问题的书面回应;(3)2010年语言所成立后的教学和研究管理记录,包括研究生培养方案、科研成果、毕业生去向等;(4)王东亮(2008)主编的《学路回望:北京大学外国语言文学学科史访谈录》②的英语语言部分;(5)相关教师和毕业生提供的照片。

对于不同来源的材料信息不一致的情况,我们根据以下原则处理:(1)尽量采用有文字记载的档案;(2)对于没有文字记载的史实,尽量以多人叙述一致为准,略去难以多方印证的细节;(3)呈现不尽一致的陈述和材料来源。此外,出于篇幅考虑,本文对于访谈的引用较多采用了转述。访谈实录转写或书面回应的全文,拟在受访者同意的前提下,以其他形式发表。

❷ 英语学科框架中的语言学萌芽

2.1 语言学萌芽的初现

北京大学的外国语学科,传统上是以语言和文学的教学和研究为主导的。"文化大革命"之后,改革开放带来了教育的春天,1977年,高考恢复,高等教育百废待兴。当时北京大学的英语专业与法语、德语、西班牙语一同设在"西方语言文学系"(简称西语系)内。作为一个新的教研方向,英语专业的语言学课程开设是从20世纪80年代初开始的。这也是北京大学外国语学科中语言学的最初萌芽。当时有三股力量汇集起来促成了这一萌芽。

---

① 该文件的1990年版,在"外国语言文学"下面列出了"语言学与应用语言学";1997年版,在"外国语言文学"下面列出了"外国语言学及应用语言学"。

② 王东亮主编,2008,《学路回望:北京大学外国语言文学学科史访谈录》。北京:北京大学出版社。

　　第一股力量，是"请进来"。改革开放之初，教育部与英国文化协会等机构合作，邀请一些语言学知名学者到我国讲学，激发了英语教师如饥似渴的学习热情。胡壮麟、王逢鑫参加了1977年在北京语言学院（今北京语言大学）举办的讲习班，讲座专家为英国著名语言学家利奇（Geoffrey Leech）和语言教育家纳托尔（Christine E. Nuttall），内容包括语法、语言学、交际教学法等。祝畹瑾参加了1978至1979年在北京外国语学院（今北京外国语大学）举办的高年级英语教师培训班，讲座内容包括欧洲语言学传统理论与近时流派如索绪尔（F. de Saussure）的结构主义语言学、乔姆斯基（N. Chomsky）的生成语言学、弗斯（J. R. Firth）和韩礼德（M.A.K. Halliday）的功能语言学、伯恩斯坦（B. Bernstein）的两种语码观等。这些讲学使学员第一次接触到"语言学"（linguistics），引发了他们对语言学相关领域的学习和研究兴趣（胡壮麟、王逢鑫、祝畹瑾访谈，2021）。北京语言学院讲习班结束的时候，有些学员写文章介绍学习成果，这些成果可能是国内最早的外国语言学论文（胡壮麟，1977，1978；方立、胡壮麟、徐克容，1978）[①]。除了短期的讲习和培训之外，外国专家的课程还被正式纳入学校的教务系统，在北京大学西语系英语专业20世纪80年代的课程表中，选修课包括"语义学""句法结构"等。

　　第二股力量，是"走出去"。一批出国进修访学的教师从国外直接引进了语言学的理论。例如：1979年至1981年，胡壮麟受教育部委派，与胡文仲等人赴澳大利亚学习，他在悉尼大学选择学习语言学，师从韩礼德教授，主攻系统功能语言学。学习的课程还包括"语音学""音位学""语篇语言学（Textual Linguistics）"等。胡壮麟在悉尼大学获得优等文学硕士学位（M.A. Honors）后回国（图1），1982年开始在北京大学英语系开设了多门语言学课程（胡壮麟访谈，2021）。

图1　1981年4月，在悉尼大学告别韩礼德
左起：龙日金、韩礼德、胡壮麟

---

① 胡壮麟，1977，纳特女士介绍的一些教材编写原则和外语教学法。《语言教学与研究》增刊1：42–62。
　胡壮麟，1978，论英语关系结构。《语言教学与研究》增刊2：79–93。
　方立、胡壮麟、徐克容，1978，谈转换–生成语法。《外语教学与研究》（2）：61–72。

1980至1981年，祝畹瑾作为校际交流教师赴美国密歇根州立大学（Michigan State University）边学习边工作。在那里，她主修了"语言学概论""社会语言学概论""话语分析"三门课程，并独立研究社会语言学，师从Carol Myers-Scotton（图2）。回国后，她于1982年开设了社会语言学课程。在彼时很多人对社会语言学的价值尚不理解和认可的情况下，她的探索得到了外语界前辈许国璋先生的支持和鼓励（祝畹瑾访谈，2021）。许国璋（祝畹瑾，1992：4）在"语言学系列教材"总序中，回应对社会语言学的质疑："有人问，这……也算是学问？是的，这是学问。因为这是有方法，有程式，才能获取的学问。"[①]

图2　1981年夏，祝畹瑾与Carol Myers-Scotton
在其密歇根州立大学办公室

　　1977年秋，青年教师姜望琪被派往英国进修（图3），前两年主要学习英语和文学。1979年9月，他前往利兹大学（University of Leeds）攻读语言学硕士学位，主修了乔姆斯基派的"句法学""语音学""音系学"课程，也选修了"语义学""社会语言学""心理语言学"等课程，为日后的教学和科研打下了较为宽泛的基础。1980年9月，他获得硕士学位回到北京大学。1981年春季，他为1977级学生开设了普通语言学课程，这是北京大学外语学科开设的最早的语言学课程（姜望琪访谈，2021）。

---

① 见祝畹瑾编著，1992，《社会语言学概论》。长沙：湖南教育出版社。

图3　1978年春，姜望琪于伦敦泰晤士河畔

　　第三股力量，是"本土生根发芽"，即英语教师在本土实践的基础上总结英语语言和英语学习的规律。王逢鑫高中时师从丁用宾先生学习英语，对丁先生讲的句子的同义改写（paraphrasing）开始感兴趣，这一兴趣持续到大学阶段。后来他成为英语教师，由于对中学、大学本科、研究生阶段重复学习英语句法的现象不满，他尝试在传统的词法、句法之外另辟新路，从语义入手教授英语，积累了很多同义词卡片。后来他出版了第一部专著《英语意念语法》（北京大学出版社，1989），书名是与系主任李赋宁先生商量决定的。这里的"意念"与他熟谙的"paraphrasing"是一脉相承的。尽管接触西方的"意念语法"是后来的事，但王逢鑫基于本土实践、为教学服务的"英语意念语法"与西方"意念语法"的理念不谋而合。沿着此路走下去，王逢鑫后来致力于语义学、词典学的系统研究和教学，特别是在模糊语义方面颇有建树（图4）。

图4　2021年10月，王逢鑫参加商务印书馆《英语世界》创刊40周年出版座谈会

"请进来""走出去"和"本土生根发芽"这三股力量汇聚起来，形成了20世纪80年代英语语言学萌芽的面貌。除此之外，国内各语种、各学校之间的相互交流和支持，也起了重要的促进作用。例如，北京大学中文系叶蜚声、北京外国语学院刘润清等老师，都为北京大学西语系英语专业开设过语言学课程。

2.2 "英语语言"与"语言学"：学科定位的双重性

1983年，北京大学西语系中的英语专业独立出来，成立了"英语语言文学系"，简称英语系。当时的系主任是李赋宁，胡壮麟是系副主任之一。为了完善英语系的教学，给学生开出足够丰富的课程，李赋宁鼓励当时还是讲师的胡壮麟开设研究生课程。英语系的语言（学）方向应该说是从那时正式开始的，第一批学生当中有后来成为语言学教师的钱军、何卫等。

当时的语言学相关学科发展状态具有双重性，一方面是"英语语言文学"框架下的"英语语言"，另一方面是具有独立学理和学科系统的"语言学"。

1983年，胡壮麟成为硕士生导师，按系主任李赋宁的要求开始招收语言方向的硕士生。1987年，经教育部批准，胡壮麟开始招收博士生。那时的学科方向存在一定的双重性。从英语系的视角来看，语言学的建设置于"英语语言文学"的大框架之下。据胡壮麟本人回忆，那时的研究生招生和培养方向是"英语语言文学"之下的"英语语言"，并非"英语语言学"，这与1952年高校院系调整的"英语语言文学专业"的两个方向是一致的。作为英语系的副主任（1983年11月至1985年6月）、主任（1985年6月至1993年5月），他是尊重以文学为重的传统的，认为语言学的学习主要是为了服务英语教学。这是李赋宁和教育部交给他的任务（胡壮麟访谈，2021）。"语言学"即"英语语言"，这应该也是当时历史背景下的必然。

另一方面，语言学本身的学科系统性、独立性也逐渐体现出来。以课程设置为例，20世纪80年代，英语系的相关课程开设情况如下：

1981年春季学期，姜望琪为改革开放后入学的第一批英语系本科生，即1977级开设了"普通语言学"课程（姜望琪、胡壮麟访谈，2021），由于教务系统尚未完善，在档案馆中并没有该学期的课程记录。档案馆中最早的语言学课程记录是从1982年春季学期开始的，包括三门课程：胡壮麟的"应用语言学"、祝畹瑾的"社会语言学"、（中文系）叶蜚声的"语言学史"。整个80年代，基本上每学年都开设语言学课程，初期一个学期有两三门，后期有时一个学期有十门之多，但总体上数目不平均，每年基本都有非本系的中外专家开课。中方教师开设过两次及以上的课程包括"普通语言学"（姜望琪、胡壮麟）、"理论文体学""文艺文体学""英语语体学"（胡壮麟）、"词汇学"（林筠因）、"社会语言学"（祝畹瑾）、"应用语言学"（胡壮麟、高一虹）、"语义学"（黄震华，对外经济贸易大学；胡壮麟）、"西方语言学史""语用学"（刘润清，北京外国语学院）等。开过一次的课程包括"英语语音学"（胡春鸯）、"英汉语法比较"（姜望琪）、"英语教学法""系统功能语言学"（胡壮麟）等。此外，根据受访者回忆，开设相关课程的还有北京语言学院的方立（胡壮麟访谈，2021）等。也就是说，当时校外和国外专家的支持、补充有重要的作用。

由上可见，这个时期有一部分课程明显是为"英语语言文学"大框架服务的，也体现了语言学与文学的密切联系，如"英语语体学""英语教学法""理论文体学""文艺文体学"。另一方面，也有相当一部分课程是语言学的基础子领域，至少从课名来看，并不受具体语种的限制，如"普通语言学""语义学""应用语言学""社会语言学""语用学"。还有一些课程聚焦于具体的语言学理论，有一定深度，如"系统功能语言学"。1986年，英语系完善了教学大纲，区分了必修课和选修课，之前就已由英语教研室指定给本科生开设的"普通语言学"课程，成为必修课。"语言学"的独立学科萌芽已经出现。

自成一体的教材，是学科独立性的重要标志。1988年9月，胡壮麟、刘润清、李延福主编的英文版《语言学教程》（第一版）由北京大学出版社出版；姜望琪、高一虹参与了部分章节的编写（图5）。这本教材以中国高校英语专业学生为读者对象，系统地介绍了语言学学科知识。自此，英语系本科生的"普通语言学"课程就以此为教材。后来，它成为国内其他高校英语专业广泛使用的教材，多次再版并获奖。该教材也是"语言学"学科体系被引入中国的一个里程碑。同期出版、影响较大的教材还包括《系统功能语言学概论》（第一版，胡壮麟、朱永生、张德禄，湖南教育出版社，1989）。

图5　1988年9月，《语言学教程》首版

学术研讨会是学科走向成熟的另一个标志。1989年8月3日至5日，在胡壮麟的组织下，北京大学发起召开了第一届全国系统功能语法研讨会（图6、图7）。参加会议的有北京大学教务长王义遒、外语界专家季羡林、李赋宁、许国璋等，也有第一次参加学术会议的青年教师、研究生。例如，当时英语系硕士二年级学生李淑静，在会议上做了题为"语气和汉语译文语气系统"的发言，这是她第一次参加学术会议，会议浓厚的学术氛围给她留下了深刻印象。她的论文后来被收录于会议论文集，

她也以此为题撰写了学位论文（李淑静访谈，2022）。作为聚焦语言学理论及其应用的研讨会，能在当时的社会背景下组织召开很不容易，且会议讨论气氛热烈，对青年学者产生了较大影响，实属难得。会议成果见《语言系统与功能：1989年北京系统功能语法研讨会论文集》（胡壮麟主编，北京大学出版社，1990）。

图6 1989年，第一届全国系统功能语法研讨会在北京大学临湖轩举行
前排：（左起）李赋宁、许国璋、胡壮麟、季羡林、王义遒
后排：左三李淑静（研究生）、右一张华（研究生）

图7 许国璋先生在第一届全国系统功能语法研讨会上发言

学科的双重性，或者说模糊性、多元性，在研究生培养中有所体现。1986届的硕士生导师包括英语系（由英语专业、大学英语两个教研室组成）一批德高望重的老先生，如张祥保、周珊凤、林筠因、王珉源、杜秉正，他们当中很少有人系统接受过当代语言学训练，大多数人也没有给英语系研究生开设过课程，但对于英语及

英语教学有深刻的认识和丰富的经验，乐意听从英语系的安排，承担对研究生的指导工作，因此也成为很重要的支持力量。导师们的指导风格大多比较开放，学生选题的独立性较强。尽管"专业"都是"英语语言文学"，1986届硕士生在毕业论文封面上标示的"研究方向"各异，包括"英语语言与教学"（钱军等，张祥保指导）、"英语教学"（郑利民，杜秉正指导）、"翻译理论"（张世耘，胡壮麟指导）、"文体学"（林庆新、钟旭辉，胡壮麟指导；张颖凡，林筠因指导）、"语言学"（何卫，王珉源指导）。后几届学生的情况大致相似，有些偏向英语教学，如"英语语言与教学"（1989届吴晋康，孙亦丽指导）、"教学法"（1990届贾向东，陈孝模指导），"电脑辅助外语教学"（1989届曾立诚，胡壮麟指导），有些偏向（英语）语言学，如"英语语言学"（1988届程雪如、1990届冯坚，胡壮麟指导）、"英语文体学"（1989届赵际生，胡壮麟指导）、"应用语言学"（1990届陈冬梅，王逢鑫指导；李冰梅，胡壮麟指导）、"语言学"（1989届张照进，胡壮麟指导）。

1986届硕士研究生何卫，其毕业论文题目是"英汉冠词系统比较研究"，采用生成语言学和语言逻辑，特别是集合论作为理论视角。对于毕业论文的"研究方向"定位，他自己选择了"语言学"，得到了导师王珉源的认可。何卫说，他受益于王珉源对他在英语语言、英汉比较和翻译方面的训练，王珉源也很支持他的语言学学习和探索。在答辩时有评委问到汉语何以有冠词，何卫从生成语言学视角回应，认为汉语具有"零冠词"。王珉源先生也当众给予支持，认为像何卫这样从现代语言学视角来看英汉比较是有新意、有创意的。何卫认为自己学习和研究的是"语言学"。通过学习胡壮麟等老师开设的课程，他得到了较为系统的现代语言学视角和方法的训练。那届学生的毕业论文选题方向不一，但多少都受到了语言学视角乃至方法的影响（何卫访谈，2022）。

尽管在"英语语言文学"的专业框架内生长，客观上自有学理体系的"语言学"学科羽翼仍逐渐丰满。

❸ 英语学科框架中的语言学缓慢成长

在20世纪90年代至21世纪第一个10年的20年中，北京大学英语系框架内的语言学经历了一个缓慢但坚实的成长期。这个时期，学科发展有以下六个主要特征。

3.1 "语言学"课程设置和研究生培养向系统化前进

在课程设置方面，20世纪90年代，英语系语言学类的课程比之前增多了，且比较稳定，每个学期在7门左右。本系教师的常设课程除了20世纪80年代开设过的课程之外，还有"语音学"（胡春鹭）、"语义学"（王逢鑫）、"系统功能语法"（胡壮麟、钱军）、"语篇分析"（胡壮麟）、"英语教学法"（王逢鑫）等。

90年代的课程层次更丰富了，例如，同一个领域开设本科生层次的"导论""引论"课和研究生层次的"专题"课。以祝畹瑾的课程为例，本科生课程是以讲授为主的"语言与社会"，研究生课程是以研讨为主的"社会语言学"。一些课程名称发生了变化，如胡春鹭80年代的课程名为"英语语音学"，90年代为"语音学""语音学导论"，去掉了修饰语"英语"。之前由外籍专家或校外专家开设的课程，此时由本校教师常年开设，如"语用学"（姜望琪）、"语言哲学"（何卫）。一些课程有了更年轻的教师接班，如"词汇学"（孙亦丽）、"英语语体学""文艺文体学"（申丹）、"社会语言学"（高一虹）。本校教师新开设的课程还包括"语篇分析"（胡壮麟）、"语言学史"（钱军）、"语言逻辑"（何卫）、"语言与文化/语言文化专题""语言学研究方法"（高一虹）等。整体而言，课程的设置逐渐丰富、系统，"语言学"学科的特点凸显，学科梯队逐步形成。21世纪的第一个10年持续了以上状况，还增加了"认知语言学"（高一虹）、"中西修辞传统"（刘璐）等课程。尽管有些课程始终保持在"英语"学科的框架内，如为本科生开设的"英语结构""英语词汇学"（钱军）、"现代英文写作修辞传统"（刘璐），以及为研究生开设的"英语教学法"（张薇），但以"语言学"为中心词的课程已经形成一定体系，特别是在研究生层次。

90年代，在硕士生博士生培养过程中，语言学的学科取向更加清晰。硕士毕业生的"研究方向"包括"英语语言学"（1992届封宗信、罗郁，1993届童智敏，1994届田剪秋，胡壮麟指导）、"理论语言学"（1992届马爱德，胡壮麟指导）、"社会语言学"（1993届王振光，1995届赵杨，1996届杨健、赵斌斌，祝畹瑾指导）、"应用语言学"（1997届王海昕，高一虹指导）等。此外，这一时期开始出现博士毕业生，博士论文的"研究方向"从一开始就有了明确的语言学导向，如胡壮麟指导下的"系统功能语法"（1991届王振亚）、"应用语言学"（1992届高一虹）、"语言学"（1994届钱军、刘世生，1996届范亚刚，1997届田贵森）、"英语语言学"（1997届范文芳）。21世纪的第一个10年，语言学的学科取向更加稳定、牢固。

3.2 涌现了一批语言学前沿成果和学科带头人

在这20年中，教师的职业发展观念逐渐从"纯教学"转向"科研主导"。共有3名语言学相关方向的国外大学博士毕业生（申丹、张薇、刘璐）、2名本校在职博士毕业生（高一虹、钱军）回到英语系教师队伍中。老、中、青三代学者都在各自的领域努力耕耘。胡壮麟在系统功能语言学领域（例如，《语篇的衔接与连贯》，上海外语教育出版社，1994）、王逢鑫在语义学和词汇学领域（例如，《英语情态表达法》，商务印书馆香港有限公司，1990）、祝畹瑾在社会语言学领域（例如，《社会语言学概论》，湖南教育出版社，1992）居国内领先水平。胡壮麟在多个学术机构担任重要职务，包括全国高校功能语法教学研究会、国际系统功能语言学会、中国语言与符号学研究会、高校外语专业教学指导委员会等，学术影响广泛。

在较年轻的一辈学者中，申丹很快走到文体学领域的国际前沿，发表了多篇论文。例如：《文体学、客观性与规约》（"Stylistics, Objectivity, and Convention"），发表于《诗学》（*Poetics*）17（3），1988；《现实主义小说翻译中的句法与文学意义》（"Syntax and Literary Significance in the Translation of Realistic Fiction"），发表于《巴别塔》（*Babel*）38（3），1992。她被聘为两大文体学权威期刊（英国）《语言与文学》（*Language and Literature*）编委（1999年至今）和（美国）《文体》（*Style*）顾问

（2011年至今），以及欧洲《文学语义学杂志》（*Journal of Literary Semantics*）编委
（2008至2021年），并在2004至2012年担任中国修辞学会文体学研究会首任会长，
后任名誉会长，成为文体学的学科引领者（图8）。

图8　1998年，申丹在未名湖边

　　姜望琪在语用学领域（例如，《语用学——理论及应用》，北京大学出版社，
2000）、高一虹在社会语言学和跨文化交际领域（例如，《语言文化的认识与超越》，
外语教学与研究出版社，2000）、钱军在布拉格学派研究领域（例如，《结构功能语
言学——布拉格学派》，吉林教育出版社，1998）崭露头角。姜望琪在中国功能语言
学会和中国语用学研究会任职，高一虹在中国社会语言学会、中国跨文化交际学会
（2019年更名为跨文化交流研究委员会）任职。2009年，钱军因其有关布拉格学派的
研究获得捷克共和国外交部授予的扬·马萨里克铜质奖章。这些都体现了北京大学
外语学科语言学学者的学术影响力。

3.3　创建并持续开展了民间学术活动——语言学沙龙

　　语言学沙龙是一个系列民间学术活动，范围虽小但持续时间长。最早的参与者
高一虹回忆："该沙龙是1990年秋由英语系的几位青年教师和研究生自发组织的，最
早大约有六七人参加，每周一天吃午饭的时间，大家端着饭盘聚在教工宿舍十六楼
钱军或刘锋的房间里，聊一些共同感兴趣的语言学研究话题。一般先由一个人'主
侃'，然后大家七嘴八舌甚至唇枪舌剑……记得那时自己刚开始做博士论文，被左
一个、右一个的问题搅得一头雾水，在沙龙里跟大家'对侃'之后，每每觉得云开
雾散"（高一虹访谈，2021）。后来大家相继搬出了集体宿舍，活动地点改到了英
语系办公室，参加的人更多了。从1995年3月至2005年4月，语言学沙龙保留了满
满7本活动记录。第一本笔记的封皮是钱军的字迹，他模仿"布拉格语言学小组"
（cercle linguistique de Prague）的历史传统，为语言学沙龙起了一个法语名字cercle
linguistique de Pékin（图9）。语言学沙龙还邀请著名学者来做演讲，Eugene Nida、

Lesley Milroy、陆俭明、徐通锵、徐烈炯先生都做过语言学沙龙的客人。很多主讲专家都没有报酬。为了活动方便，胡壮麟曾为语言学沙龙拉到两千元赞助，英语系张华也曾捐款两千元。这些有限的经费一般用作主讲专家的交通费，以及部分校外专家的微薄课酬。语言学沙龙也吸引了北京其他一些高校的师生参与。①

图9　语言学沙龙活动记录（第1册至第7册）

1999年外国语学院成立后，英语系原来每周一次的语言学沙龙与东语系每月一次的语言学研讨合并为外国语学院的语言学沙龙，基本上每两周一次，参加者主要是以英语系为主的院内研究生和青年教师（高一虹，2002）。《语言学研究》首辑刊载了三篇语言学沙龙的文章，记述了语言学沙龙的活动，介绍了国际沙龙文化的传统，这是语言学沙龙首次正式发表文章。②外国语学院成立之后，语言学沙龙还申请到学院对重要讲座的经费支持，在相当程度上转变为在机构中开展的正式学术活动。2010年夏，语言所建立之前，语言学沙龙已经开展活动463期。③在这十年活动中，多语种、跨语种的交流丰富起来，师生的参与度比之前有了大幅提高。

作为持续开展的民间学术活动，语言学沙龙源于语言学青年学者们内在的学术兴趣，也进一步培养了这种兴趣。它也营造了一种纯粹的、智力探索的学术氛围。从2002年9月第336期开始，语言学沙龙活动就连续刊登在《语言学研究》上，持续至今。

3.4　举办了一系列具有影响力的学术会议

在开展民间学术活动的同时，机构层面也组织了一系列学术会议和学术交流活动。

在语言学理论方面，1992年11月23日至26日，中国社会科学院语言研究所国外语言学研究室和北京大学英语系联合举办的第四届国外语言学研讨会在北京大学召开（图10）。到会的正式代表有44名，还有40余位北京各高校的语言学研究生、教师列席。北京大学英语系主任胡壮麟主持了开幕式。社科院语言所所长刘坚、北京大学副校长梁柱、北京大学英语系李赋宁、《国外语言学》主编卫志强、香港大学梁

---

① 高一虹，2002，"语言学沙龙"十年随想。《语言学研究》第一辑：186-188。
② 高一虹，2002，详见脚注5。沈弘，2002，论沙龙与学术繁荣。《语言学研究》1：195-202。刘锋、凌建侯、高一虹整理，2002，语言学沙龙笔记：第324期。《语言学研究》1：195-202。
③ 2011，北京大学外国语学院语言学沙龙2009—2010年度活动情况。《语言学研究》9：319-320。

长城分别致辞。会议的主题是"认知科学与语言学",与会代表就这一跨学科的前沿领域进行了研讨。①

图10　1992年11月,第四届国外语言学研讨会

　　1995年7月18日至22日,第22届国际系统功能语言学大会在北京大学召开(图11)。这次会议由北京大学英语系与香港理工大学英语系联合承办,共邀请到来自23个国家和地区的代表95名,国内代表116名。②这是国际系统功能语言学大会首次在中国内地召开,也是继1989年第一届全国系统功能语法研讨会之后,北京大学组织的另一次重要的系统功能语言学学术活动。会议之前,清华大学举办了功能语法讲习班,会议期间,北京大学举行了聘任韩礼德为客座教授的仪式(图12)。系统功能语言学大会的分组会场由北京大学英语系语言学方向研究生担任主持人。学生们不仅很好地保证了会场的正常运行,而且在与学者的交流过程中激发了对于系统功能语言学的学习热情。会议以及相关活动对国内的系统功能语言学发展起到了推动作用。

图11　1995年7月,第22届国际系统功能语言学大会

① 会议纪要见《北京大学学报》(哲学社会科学版)1993(1):124。
② 会讯见《外语教学与研究》1995(4):50。

图12　1995年7月，北京大学聘任韩礼德为客座教授仪式
站立者左起：高一虹（翻译）、胡壮麟、梁柱（副校长）、韩礼德、
胡家峦（英语系主任）

　　在社会语言学领域，2005年10月25日至27日，全球化背景下中国的英语与认同圆桌会议在北京大学举行（图13）。这是一次只有十二个人参加，但有一定深度的小型研讨，由墨尔本大学教育学院Joseph Lo Bianco、Jane Orton和北京大学外国语学院高一虹联合策划，北京大学外国语学院承办。所有参会者都是受邀的，包括周庆生（中国社会科学院民族学与人类学研究所）、曲卫国（复旦大学）、李战子（南京国际关系学院）、徐大明（南京大学）、文秋芳（北京外国语大学）、周燕（北京外国语大学）等。会议聚焦中国的英语与认同问题，在召开前就要求参会者提供会议论文全文，在会上有较为激烈的争论、深入的研讨。该会的会讯和六篇英文论文发表于《中国社会语言学》2005年第2期。

图13　2005年10月，全球化背景下中国的英语与认同圆桌会议代表合影

　　2006年12月8日至10日，第五届中国社会语言学国际学术研讨会暨第五届全国社会语言学学术研讨会在北京大学召开（图14）。会议由北京大学、墨尔本大学、教育部语言文字应用研究所和中国社会语言学会联合主办，北京大学外国语学院外国

语言学及应用语言学研究所（虚体，见下文）承办。主题为语言与认同、领域语言研究，主旨报告人包括Joseph Lo Bianco（墨尔本大学教育学院）、李宇明（教育部语言信息管理司）、Bonny Norton（加拿大不列颠哥伦比亚大学）、姚喜双（教育部语言文字应用研究所）、胡壮麟（北京大学）。会议期间还进行了青年学者奖竞赛（图15、图16），北京大学博士生主持并举办了博士生沙龙。尽管当时在国内，将语言与认同联系起来考察还没有得到广泛认可，本次会议的研讨，包括主旨报告的引领和北京大学师生的研究成果呈现，对这一领域的研究起到了推动作用，促进了青年学者的成长。[①]在2005年会议和部分2006年会议成果的基础上，Joseph Lo Bianco、Jane Orton和高一虹主编了英文论文集《中国与英语：全球化与认同困境》(*China and English: Globalization and the Dilemmas of Identity*)，由Multilingual Matters出版社于2009年出版。

图14　2006年12月8日，北京大学英杰交流中心，第五届中国社会语言学国际学术研讨会暨第五届全国社会语言学学术研讨会代表合影

图15　北京大学师生为青年学者奖参赛者博士生李玉霞（前排左三）加油

---

① 会讯见《语言教学与研究》2007(1):96。

图16 祝畹瑾为青年学者奖竞赛做点评

　　在应用语言学、英语教学领域，20世纪90年代至21世纪第一个10年的20年间，英语系大学英语教研室举办了三次具有重要影响的国际会议。1997年7月，赵杨组织召开了大学英语教学国际学术研讨会，会议由北京大学和亚洲基督教高等教育联合董事会共同主办，英语系大学英语教研室筹办。来自全球十几个国家和地区的约200名学者参加了会议。李赋宁出席开幕式并致开幕词，美国哥伦比亚大学Clifford Hill致闭幕词。

　　2007年4月30日至5月4日，北京大学与澳大利亚格里菲斯大学合作，在澳大利亚布里斯班联合举办了第一届北京大学—格里菲斯大学语言教学国际研讨会 [Inaugural Symposium of Peking University-Griffith University Research and Learning Center (Applied Linguistics)]。胡壮麟与英语系大学英语教研室的李淑静（英语系副主任）、辜正坤、黄必康、姜望琪、高彦梅（大学英语教研室主任）等参加了会议（图17），胡壮麟、李淑静、高彦梅、黄必康在访问澳大利亚期间还拜访了韩礼德、哈桑夫妇（图18）。

图17 2007年5月4日布里斯班，第一届北京大学—格里菲斯大学语言教学国际研讨会
期间，格里菲斯校长Ian O' Connor（左5）设晚宴招待北京大学代表团

图18 2007年4月28日,在悉尼韩礼德住所,北京大学教师拜访韩礼德夫妇
左起:黄必康、李淑静、胡壮麟、哈桑、高彦梅、韩礼德

2008年10月10日至12日,两校合作在北京大学举办了第二届北京大学—格里菲斯大学语言教学国际研讨会 [The 2nd Symposium of Peking University-Griffith University Research and Learning Center (Applied Linguistics)](图19)。格里菲斯大学组织了代表团参会。来自国内外的200多名代表参加了会议。该会议的论文集《语言学习与新技术》由李淑静、高彦梅主编,2010年3月由北京大学出版社出版。

图19 2008年10月,第二届北京大学–格里菲斯大学语言教学国际研讨会在北京大学举行

3.5 创立跨语种的虚体研究所和语言学集刊

1999年6月,北京大学英语系、东语系、西语系、俄语系四个系合并,成立了外国语学院,这为语言学学者的跨语种联系和语言学的跨语种研究提供了便利条件。2000年4月7日,挂靠在外国语学院下的虚体机构"北京大学外国语学院语言学研究所"正式成立,主要人员包括名誉所长季羡林、所长赵杰(东语系)、副所长高一虹

（英语系）、秘书宁琦（俄语系）。季羡林在成立大会上发表了讲话。与会领导和专家在讲话中强调了多语优化组合的重要性，汉语、民族语、外国语三结合研究的必要性以及语言学的实用性和创新性。虚体语言所成立后，跨语种的语言学活动增多了，外国语学院语言学教师内部交流及对外交流均有所加强（图20）。

图20　2001年6月，虚体语言所接待台湾学者来访
左起：高一虹、郭赛华（台湾"清华大学"教授）、赵杰、郭赛华友、宁琦

虚体研究所成立之后，在赵杰、王辛夷（俄语系）的积极沟通下，学校和学院领导对创建语言学出版园地给予了支持。2002年12月，《语言学研究》第一辑由虚体语言学研究所编辑，北京大学出版社出版（图21）。当时《语言学研究》每年一辑，编委会由6人组成：王文融（法语系）、王辛夷（俄语系）、赵杰（东语系）、高一虹（英语系）、钱军（英语系）、彭广陆（日语系）。跨语种的虚体研究所和语言学集刊的创立，凸显了语言学学科的独立性。

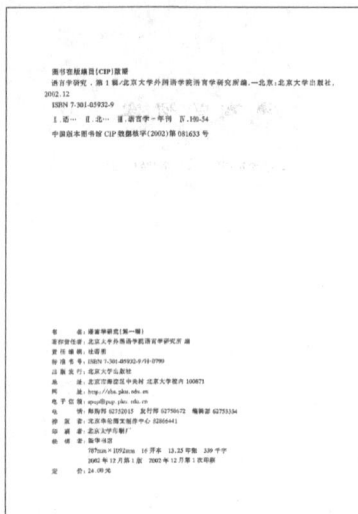

图21　2002年12月，《语言学研究》第一辑封面和版权页

2005年4月，外国语学院根据国务院学位委员会和国家教委公布的学科目录[①]，将虚体研究所的名称由"语言学研究所"更名为"外国语言学及应用语言学研究所"。新的二级学科开始孕育。

3.6 在"英语语言文学"学科框架内，语言学的发展受到较大限制

语言学学科羽翼的逐渐丰满，使其与学科框架内起主导作用的文学的竞争和矛盾也逐渐突显。当"语言"成为"语言学"，就很难融合于"英语"这把伞下面了。这些矛盾体现在招生考试题目、人才引进、课程开设等诸多方面。在21世纪初，英语系一般每年招收二十几位硕士生，其中语言学方向的比例相对较少且逐渐递减，从开始的近40%，到后来的12%左右。在实体研究所成立并开始招生之前，"英语语言文学"连续四年一个年级只有两三名语言学方向的硕士生，难以支撑系统的教学。在岗年轻教师有较繁重的语言基础课教学工作，并非都能很快投入专业教学和科研。老一辈教师退休、生病、调动，引进新人又很困难。学科人才青黄不接，一些传统必修课程（如系统功能语法）的开设都变得困难。语音、句法、语义这三门语言学的核心课程，从未在同一个时期全部开设过。

1999年6月外国语学院成立后，在学科上文学仍然为主导，语言学在英语系的生存空间较小。与此同时，国务院学位委员会和国家教委颁布的《授予博士、硕士学位和培养研究生的学科、专业目录》（1997）已规定在"外国语言文学"一级学科下面设置"外国语言学及应用语言学"的二级学科，全国多所学校都有承载这个二级学科的实体机构。文学主导、语言学薄弱的北京大学外国语学院，在与兄弟院校的一级学科评估竞争中处于不利地位。学院领导开始思考以英语为主要背景的"外国语言学及应用语言学"二级学科点的建立。

❹ 外国语言学学科的诞生

外国语言学及应用语言学二级学科的建立，经历了初期酝酿、项目启动和学科成立三个阶段。

4.1 初期酝酿

2004年，北京大学外国语学院第二届领导班子上任，程朝翔为院长，李政为分管学科的副院长。上任初期，领导班子提出了多个学科建设设想，"增设'外国语言学及应用语言学'二级学科博士点和硕士点并设立实体的系一级单位是其中之一"（程朝翔访谈，2021）。在外国语学院框架内增设外国语言学及应用语言学二级学科点和实体研究所，学院的初衷包括以下三个方面的考虑："（1）外国语学院是一个多语种的大院，研究和教授东方（包括东亚、东南亚、西亚、非洲）和西方的多种语言；既有现代语言，又有古代语言。这些语言以及语言背后的文化千差万别，差异很大。而建立一个跨语言的研究和教学平台，便于整合全院资源，凝练学科方向。

[①]《授予博士、硕士学位和培养研究生的学科、专业目录》（1997年颁布），http://www.cdgdc.edu.cn/xwyyjsjyxx/sy/glmd/267001.shtml（2022年3月1日下载）

（2）20世纪以来，西方学界经历了所谓的'语言学转向'，语言学统领哲学、文学、文化学等诸多人文学科，建立语言学研究平台有利于全院的人文学科发展。（3）我们的时代是科技的时代，自然科学的发展也不能不关注。外国语言学可以与技术语言学、计算语言学等进行交叉，推动跨学科研究和教学。"（程朝翔访谈，2021）

还有一个驱动力是教育部2004年的第一次学科评估。通过评估，学院总结了多年来取得的显著成绩，同时对比兄弟院校，在学科建设方面也进行了反思。"学院主要领导认识到，学院的二级学科组成存在明显的短板，一是没有'欧洲语言文学'这个二级学科，二是没有'外国语言学及应用语言学'这个二级学科……相比之下，国内几个主要外国语言类兄弟院校的外国语言文学一级学科下的二级学科设置齐全"（李政访谈，2021）。学院班子在多次讨论后达成共识：启动和建设"外国语言学及应用语言学"这个二级学科。之所以有这样的决定，是因为"学院各专业都有从事外国语言学研究的师资力量，师资队伍年龄结构合理，梯队完整，主要教师的研究可以涵盖多个研究方向，有力支撑二级学科硕士和博士招生的要求……同时，该学科的设置符合国际一流大学学科设置的现状和发展方向。所以，建设'外国语言学及应用语言学'二级学科有充分的必要性"（李政访谈，2021）。

4.2　项目启动

在学院成立之初的工作交流中，程朝翔院长提出启动二级学科"外国语言学及应用语言学"博士点的建设工作。此后多年，程朝翔、李政与英语系高一虹、俄语系王辛夷、日语系彭广陆等教师反复协商，经过较长一段时间的沟通，学院逐步了解了各方意见，推出了第一步计划（程朝翔访谈，2021；李政访谈，2021）。

2009年6月至7月，学院组织外国语学院语言学方向的多位教师一起商讨未来的"外国语言学及应用语言学"二级学科的整体架构。参加会议的教师包括程朝翔、李政、高一虹、胡壮麟、姜望琪、高彦梅等。通过多次会议协商，确定了该学科三个主要的博士生培养方向：理论语言学、社会语言学和现代外语教育。硕士生培养方向为：语言学。课程体系参考国内外国语言学及应用语言学系的课程体系，进行了统筹规划，初期开设了博士生必修课程（"理论语言学问题研讨""学术阅读与评价"）和硕士生必修课程（"系统功能语法""语言学理论与流派""句法学""语言学研究方法"），后来又增设了"形态学导论""计算语言学""语料库语言学""二语习得""语言学学术写作"等课程，同时将部分英语系原有的语言学方向硕士选修课程（如"语音学""语义学""语言哲学""语篇分析""英语教学法"等）转到该二级学科中，逐步健全了课程体系。

2009年8月，学院正式向学校学位办公室提交了"外国语言学及应用语言学"二级学科建设的申请报告，12月获得学校批准。

4.3　学科成立

在申请增设这个二级学科的同时，学院还启动了学科的行政建制，为成立语言学研究所做准备（李政访谈，2021）。之所以设立"研究所"而不是"系"，是因为"研究所"与"系"不同，只招硕士和博士研究生，不招本科生。学科点得到外国语学院各系的大力支持。英语系部分教师调到语言所工作，语言学方向教师可以保留英语系编制，在语言所开设课程并招收研究生。语言所的6个硕士生招生名额是从英语系份额内划拨的（程朝翔访谈，2021）。学院还向学校研究生院招生办公室专门提交申请报告，请求单独为新设立的二级学科划拨招生名额。最后，学校专门划拨了一个硕士招生名额给外国语学院，用于外国语言学及应用语言学二级学科的招生（李政访谈，2021）。

2010年7月，作为教学和科研实体的外国语言学及应用语言学研究所正式成立，由高一虹担任所长，高彦梅担任副所长。下设3个专业方向，各有一位教授作为学科带头人：理论语言学（姜望琪）、社会语言学（高一虹）、现代外语教育（胡壮麟）。同年，根据申丹建议，文体学方向从英语系转到此学科点招生。

2010年9月，语言所开始招收第一批"推免"硕士研究生。同年10月，语言所举办了挂牌仪式（图22）。来自北京市各高校和北京大学各兄弟院系的语言学专家出席了挂牌仪式（图23）。2011年秋，第一批硕士生和博士生入学。

图22 2010年10月16日，外国语言学及应用语言学研究所挂牌仪式
前排左起：高一虹、耿琴（校社科部副部长）、胡壮麟、程朝翔（院长）

图23 2010年10月16日，外国语言学及应用语言学研究所挂牌仪式集体合影

2010年，外国语言学及应用语言学研究所的成立，使北京大学外国语言学的教研获得了实体机构的"家"，标志着从"语言"到"语言学"的学科身份转变。

From "Language" to "Linguistics": A Historical Review of Foreign-Language-Based Linguistics and Applied Linguistics at Peking University (I)

Abstract: Based on a large amount of historical evidence, this article reviews the emergence and development of Foreign-Language-Based Linguistics and Applied Linguistics at Peking University, China. The review covers mainly English-based linguistic research and teaching from the end of the 1970s to the end of 2021. The review of over forty years of history reveals that the teaching and research of foreign-language-based linguistics and applied linguistics was seeded in foreign language teaching. It germinated with the import of international linguistic and language teaching theories amidst China's opening to the world. While slowly developing within the framework of "English language and literature," it completed its disciplinary identity turn from "language" to "linguistics." Current dilemmas are discussed in view of future development. In sketching and reflecting on a panorama of the historical evolution of the discipline, this review hopes to provide a Peking University-based historical footnote and reflection for the construction of linguistics related disciplines in China.

Key words: foreign-language-based linguistics and applied linguistics, history of discipline; Peking University

（责任编辑：郑萱）

讣告
《语言学研究》编委段晴教授逝世

《语言学研究》编委段晴教授因病于2022年3月26日在北京逝世，享年68岁。

段晴教授1953年5月生于北京，曾师从季羡林先生，专攻印度学。1987年起在北京大学任教，讲授梵语、巴利语、犍陀罗语、中古伊朗语等语言及相关文献课程。她主持建立了北京大学梵文贝叶经与佛教文献研究所，对西藏梵文贝叶经和新疆出土梵语、胡语文献展开研究，为我国东方学科的发展殚精竭虑，鞠躬尽瘁。

长期以来，段晴教授为《语言学研究》做出了诸多贡献。2002年，她曾为首辑《语言学研究》贡献大作《素材是人文科学的基础——从一件叙利亚文书谈起》。2010年，《语言学研究》改版后，段晴教授担任编委，承担了相关冷门绝学领域的审稿。2020年，她为《语言学研究》第28辑主持了"丝路之畔的古代印度伊朗语"专栏。段晴教授的辞世是学术界的重大损失，对此我们谨致深切的哀悼。

《语言学研究》编辑部

《语言学研究》征稿启事

《语言学研究》由北京大学外国语学院外国语言学及应用语言学研究所编辑、高等教育出版社出版发行。《语言学研究》创立于2002年，开始每年一辑，2011年起改为每年两辑，已被收录为中文社会科学索引（CSSCI）来源集刊（2014–2015，2017–2018，2021—2022）。

《语言学研究》旨在为广大语言学研究者提供发表见解、探讨各种学术问题的场所。来稿可对现有语言学研究进行梳理、评述，对学科发展提出设想，或者以理论为指导对某个文本/话语片断进行描述，展开实证研究等。我们特别希望投稿者能就各种学术问题展开争鸣，提出新的观点、新的理论模式，以进一步推动语言学科的健康发展。

《语言学研究》现有栏目包括语言学理论研究、具体语言研究、语言对比研究、语言应用研究、书评等，欢迎广大语言研究者踊跃投稿。

《语言学研究》的审稿期为三个月。请登录以下网址投稿：

http://yuya.cbpt.cnki.net/WKE/WebPublication/index.aspx?mid=yuya

也可将稿件发送至编辑部邮箱：ling_research@126.com。

来稿文责自负，但编辑部有权对拟用稿件做必要的文字修改与删节。《语言学研究》拒绝一稿多投。如发现一稿多投的情况，将不再接受投稿人的任何稿件，并通告有关期刊。

附：《语言学研究》体例

1. 首页：中、英文题目，作者姓名、单位、学历、职称、研究方向、通信地址、电话、电邮。

2. 次页仍以中、英文题目开始，下接"提要"（中文200字左右，英文100词左右）；"关键词"（3至5个），以分号隔开。

3. "关键词"后开始"正文"（论文一般不超过10 000字；书评5 000字）

    a. 正文章节标题或小标题独占一行，且一律用阿拉伯数字（从1开始）表示，形式为：1 1.1 1.2 …… 2 2.1 2.2 ……

    b. 正文一律采用脚注；

    c. 正文行文中的非汉语姓氏一律使用外文原文；

    d. 例句编号用[1]的形式；

    e. 重要术语如果首次在国内语言学期刊上出现，请随后附上外文原文。

    f. 文内夹注的文献放在括号内，如（Chomsky, 1965: 12）。

4. 参考文献：只列引用文献，先外文后中文，按作者姓氏（中文姓氏按其拼音）字母序排。文献依次为作者姓名、出版年、文献题名、书/刊名、版次、出版地、出版者、（或期数）及起止页码。外文书/刊名以斜体书写，实词首字母大写；外文论文篇名以正体书写，仅篇名首字母大写。例：

Halliday, M. A. K. & Hasan, R. 1985. *Language, Context, and Text: Aspects of Language in a Social-Semiotic Perspective.* Victoria: Deakin University Press.

Harris, Zellig. S. 1952. Discourse analysis: A sample text. *Language* 28: 474–494.

Coupland, N. 2014. Social context, style, and identity in sociolinguistics. In J. Holmes and K. Hazen (eds.), *Research Methods in Sociolinguistics: A Practical Guide.* West Sussex: Wiley Blackwell. 290-303.

克里斯特尔（David Crystal）（编），沈家煊（译），2004，《现代语言学词典》。北京：商务印书馆。

朱瑞熙，1990，宋元的时文——八股文的雏形。《历史研究》（3）。2001年收录于《嘐城集》：1–22。上海：华东师范大学出版社。

5. 文中图表或插图请附清晰的原图文件（tif. 或 eps. 格式）。